KB189302

선으로 읽는 신심명

禪으로 읽는 신심명

김태완 번역 및 설법

침묵의 향기

# 차 례

## 일러두기

**1.** 〈신심명(信心銘)〉은 중국 선종(禪宗)의 제3대 조사인 승찬(僧璨; ?-606)의 작품이다. 본래 명칭은 〈삼조승찬대사신심명(三祖僧璨大師信心銘)〉으로서 《경덕전등록》 제30권에 수록되어 있으며, 승찬 대사가 선종의 근본 취지를 73수의 시로 나타낸 것이다. 신심(信心)은 곧 믿는 마음이요, 진실한 마음으로서 이 마음이 둘이 아님을 밝힌 것이 〈신심명〉이다. 이 마음은 둘이 아니어서 취하고 버릴 수가 없다는 것은 곧 대승불교의 요점이요, 선(禪)의 가르침이다.

**2.** 〈신심명〉은 부대사(傅大士)의 〈심왕명(心王銘)〉, 우두법융(牛頭法融)의 〈심명(心銘)〉, 영가현각(永嘉玄覺)의 〈증도가(證道歌)〉, 석두희천(石頭希遷)의 〈참동계(參同契)〉 등과 더불어 선종의 역사에서 가장 유명한 선시(禪詩)로서 초기부터 널리 읽히며 많은 영향을 끼쳤다.

**3.** 여기에 연재하는 무심선원 김태완 원장의 신심명 강의는 지리산에서 2007년 8월 1일부터 4일까지 총 12시간에 걸쳐 행한 것을 녹취한 것이다.

권두시

도(道)가 무엇인지 묻지 말게나.
물을 수도 없고 답할 수도 없는 것이라네.


물을 때에도 다른 것이 없고
답할 때에도 다른 것이 없다네.


무엇을 하여도 다른 것이 없고
아무것 하지 않아도 다른 것이 없다네.


숨을 쉰다.
여기에 어떤 이유가 필요한가?


꽃을 본다.
여기에 무슨 말이 필요한가?


바람 소리를 듣는다.
여기에 무슨 근거가 필요한가?

이런저런 생각을 한다.
여기에 무슨 도가 필요한가?


이런저런 말을 주고 받는다.
여기에 어떤 이치가 필요한가?


부처를 찾지 말게나.
지금 당장 이것 이외에 다른 부처는 없다네.


도를 찾지 말게나.
도라는 이 말 이외에 다른 도는 없다네.


부처가 되지도 말고 중생이 되지도 말게나.
부처와 중생은 이름 없는 한 사람이라네.


번뇌에 머물지도 말고 해탈을 구하지도 말게나.
번뇌와 해탈은 한 물건의 다른 이름이라네.


번뇌도 없고 해탈도 없으면
허공처럼 걸림 없고 구름처럼 가볍다네.


부처도 아니고 중생도 아니면
순간순간이 한결같고 하나하나가 다름이 없다네.

생각하고 말하고 행동하지만
생각하지 않고 말하지 않고 행동하지 않는다네.

도도 없고 나도 없고 세계도 없고
배고프면 밥 먹고 목마르면 물 마신다네.

있는 것도 아니고 없는 것도 아니고
한결같아 오고 감이 없다네.

하나하나의 일이 알맞지 않음이 없고
생각하고 말함에 사람이 따로 없다네.

삶을 고민하지 않고 죽음을 걱정하지 않고
봄이면 꽃을 보고 가을이면 단풍을 본다네.

참으로 이 진실을 알고자 한다면
순수한 믿음으로 귀를 기울이게나.

믿음이 순수하면 바로 그대가 진실이고
믿음이 순수하지 못하면 그대가 마구니로다.

## 삼조 승찬 대사에 관하여

　북체 천평 2년에 나이 마흔을 넘긴 거사가 있었는데, 스스로 찾아와서 이름도 말하지 않고 절을 하고서 이조(二祖) 혜가(慧可) 스님에게 물었다.

　"저의 몸이 중풍에 걸려 있습니다. 스님께서 죄를 씻어 주십시오."

　"죄를 가져오너라. 너의 죄를 씻어 주겠다."

　거사가 잠시 묵묵히 있다 대답했다.

　"죄를 찾을 수가 없습니다."

　혜가 스님이 말했다.

　"너의 죄를 다 씻어 주었다. 불·법·승에 의지하여 머물러라."

　"이제 스님을 뵙고서 승(僧)을 알았습니다만, 불(佛)과 법(法)은 무엇을 일컫는지 모르겠습니다."

　"이 마음이 부처요, 이 마음이 법이다. 법과 부처는 둘이 아니다. 승보 역시 그러하다."

　"오늘 비로소 죄의 본성이 안에 있는 것도 아니고, 밖에 있는 것도 아니고, 중간에 있는 것도 아님을 알았습니다. 그 마음이 그러한 것처럼 불과 법도 둘이 아닙니다."

혜가 스님이 그를 그릇으로 여겨 곧 머리를 깎아 주고는 말했다.

"너는 나의 보배이니 이름을 승찬(僧璨)이라고 해야겠다."

그해 3월 18일에 광복사에서 구족계를 받았는데, 이날 이후로 병이 점차 나아졌다. 시봉한 지 2년이 지나자, 혜가 스님이 말했다.

"보리달마 스님이 멀리 인도에서 오셔서, 정법안장과 가사를 신표로서 비밀리에 나에게 전하셨는데, 내가 이제 너에게 준다. 너는 잘 지켜서 끊어지지 않게 하여라. 나의 게송을 들어라."

본래 인연에는 땅이 있으니,
땅에 있는 종자에서 꽃이 나온다.
본래 종자가 없었다면,
꽃 역시 피지 않았을 것이다.

삼조(三祖) 승찬 스님은 어느 곳 사람인지 알 수 없다. 처음 채가자로 혜가 스님을 찾아갔다가, 출가하여 법을 전해 받고는 서주의 환공산에 숨어 살았다. 후주 무제가 불교를 탄압하자 승찬 스님은 태호현에 있는 사공산으로 건너가 이곳저곳 머물며 십여 년을 지냈는데, 스님을 알아보는 사람이 없었다.

수 개황 12년, 사미인 도신(道信)은 나이가 14세였는데 스님을 찾아와 절하고 말했다.

"스님께서 자비를 베푸시어 해탈 법문을 들려주십시오."

스님이 물었다.

"누가 너를 묶었느냐?"

"묶은 사람은 없습니다."

"어찌 다시 해탈을 찾느냐?"

도신은 말끝에 크게 깨달았다. 절에서 일하며 9년을 지낸 뒤, 길주에서 계를 받고 더욱 열심히 시봉하였다. 승찬 스님은 여러 번 현묘한 뜻을 가지고 도신을 시험해 본 뒤, 그 인연이 무르익은 것을 알고는 드디어 의법(衣法)을 부촉해 주고 게송을 하였다.

꽃과 종자는 모두 땅에 인연해 있으나,
땅에 있는 종자에서 꽃이 나온다.
만약 사람이 종자를 뿌리지 않는다면,
꽃도 땅도 없을 것이다.

스님이 다시 말했다.

"옛날 혜가 스님께서 나에게 법을 주시고, 뒤에 업도(鄴都)로 가서 교화를 행하시다가 30년 뒤에 돌아가셨다. 이제 내가 너를 얻었으니, 어찌 여기에 머물러 있겠느냐?"

곧 나부산으로 가서 2년을 노닐다가 다시 옛날 있던 곳으로 돌아갔는데, 달을 넘기도록 사람들이 분주히 찾아와서 크게 보시를 베풀었다. 스님은 사부 대중을 위하여 심요(心要)를 자세히 설한 뒤, 법회 자리에 있던 큰 나무 아래에서 합장하고 서서 임종하였으니, 수 양제 대

업 2년 10월 15일의 일이었다. 당 현종이 감지선사(鑑智禪師)라 시호
하였고, 탑은 각적(覺寂)이라 하였다.

                                         − 〈오등회원〉 중에서

# 머리말
-지리산 여름 법회에서

날씨도 더운데 여기까지 오시느라고 다들 수고 많이 하셨습니다. 지금이 하루 중에서 제일 더운 시간인데, 더울 때나 추울 때나 덥거나 춥거나 우리가 느낌을 따라가고 생각을 따라가면 더운 게 따로 있고 추운 게 따로 있지만, 지금 이것(손가락을 세우며)이 분명하면 더울 때도 다른 것이 없고 추울 때도 다른 것이 없습니다. 더워도 변함없이 다만 이것(손가락을 세우며)이고, 추울 때도 다만 이것(손가락을 세우며)입니다. 더위가 따로 있지 않고 추위가 따로 있지 않으며, 다만 지금 이 하나(손가락을 세우며)가 있을 뿐입니다.

이번 여름 법회의 자료는 《신심명》인데, 《신심명》이라 해도 별다른 내용이 있는 건 아닙니다. 여기(손가락을 세우며)에는 다른 내용이 있을 수 없습니다. 생각을 따라가고 모양을 따라가고 느낌을 따라가면 이런 것과 저런 것이 있지만, 아무리 이런 것이 어떻고 저런 것이 어떻다고 해도 실제로는 바로 이것(손가락을 세우며)밖에 없습니다. 여기(손가락을 세우며)에서 신심명이 어떻고, 여름이 어떻고, 겨울이 어떻고, 춥고, 덥고, 이런 이야기 저런 이야기를 하는 것입니다. 단지 이것(손가락을 세우며)인데, 생각을 가지고 살기 때문에 자꾸 이런 게 있고 저런 게 있고, 덥다 춥다 하며 차별을 지어 말하고 생각하는 것입니다.

그러나 어떻게 생각을 하고 어떻게 이야기를 하더라도 실제로는 이런저런 게 따로 있지 않습니다. 언제나 있는 것은 바로 이것(손가락을 세우며)입니다. 여기(손가락을 세우며)에서 덥다 하고 춥다 하고, 아침이라 하고 낮이라 하고 저녁이라 합니다. 이것(손가락을 세우며)이 분명하면, 아침이라 하든 낮이라 하든 저녁이라 하든 밤이라 하든 덥다 하든 춥다 하든 아무 차이가 없습니다. 그냥 이것(손가락을 세우며)입니다. 모든 차별 있음이 곧 아무 차별 없음이니, 한결같습니다. 말하자면, 차별과 차별 없음이 둘이 아닌 겁니다.

중요한 것은 생각으로 이해하는 것이 아니라, 진실로 여기(손가락을 세우며)에 있어서 이것(손가락을 세우며)이 분명해야 하는 겁니다. 차별 있음과 차별 없음은 이렇습니다. 지금 "3시 5분입니다"라는 말을 듣고 뜻으로 헤아리면 차별이 있겠지만, 이것(손가락을 세우며)이 분명하면 "3시 5분입니다"에 차별이 전혀 없어요. 여기(손가락을 세우며)에서는 아무리 차별을 해도 차별이 없습니다. 언제나 이(손가락을 세우며) 하나의 일이 있을 뿐입니다. 1년 365일, 하루 24시간, 한 순간도 다른 일이 없어요.

이것(손가락을 세우며)은 덥다 춥다 하고 분별하여 개념을 세워 말할 수 있는 것이 아닙니다. 그런데 우리는 차별을 하는 데 너무 익숙해져 있습니다. 춥다 덥다 하는 말은 서너 살 먹은 아이들도 다 아는 말이죠. 우리는 차별에는 너무다 익숙해 있지만, 아무리 차별해도 전혀 차별 없는 여기(손가락을 세우며)에는 아주 어두워요. 차별에는 너무나 익숙한데, 온갖 차별이 전혀 차별이 아닌 여기(손가락을 세우며)에는 아주 어둡단 말입니다. 그래서 이것을 한 번 확실히 밝혀서 스스로가 "아! 이런 일이 있구나", "원래 이렇구나!" 하고 확인해야 합니다. 이것을 확인하는 것을 일러 불교, 도(道), 공부, 선(禪), 마음공부라고 말합니다.

보통 사람들은 종교를 신념의 체계라고 말하는 경우가 있습니다. 신념의 체계니 믿음의 체계니 하고 말하면 개념을 가지고 말하는 것입니다. '진리는 이런 것이다', '신은 이런 것이다', '부처는 이런 것이다', '깨달음은 이런 것이다'라는 개념을 세워 놓고, 그 개념을 그냥 믿는다면 그건 참된 종교가 아니고 단순히 우리의 생각일 뿐입니다.

참된 종교는 모든 개념으로부터의 해방이라고 할 수 있습니다. 모든 이름과 개념들은 우리가 필요에 따라서 만들어 낸 것입니다. 필요에 따라 만들었다가 필요할 때 사용하고 필요 없으면 내버리는 것이지요. 우리가 만든 것을 절대시하고 우리 자신을 그것에 구속시킨다면, 그것은 어리석은 짓입니다. 세속 생활에서는 필요에 따라 이런 일들을 일상적으로 행하고 있지만, 나와 세계의 본질을 찾는 종교에서는 우리 자신이 만든 개념을 가장 먼저 내버려야 합니다.

이것(손가락을 세우며)은 우리가 만들 수도 없고 내버릴 수도 없습니다. 만들 수도 없고 내버릴 수도 없는 여기(손가락을 세우며)에서 모든 개념을 만들기도 하고 버리기도 합니다. 신(神)을 만들고 부처를 만들고 깨달음을 만들고 어리석음을 만들고 선(善)을 만들고 악(惡)을 만들어서, 필요에 따라 사용하고 필요 없으면 내버리지요. 그러므로 모든 개념은 만들어진 허풍선이일 뿐입니다. 그러나 이것(손가락을 세우며)은 만들 수도 없고 내버릴 수도 없습니다. 여기(손가락을 세우며)에는 어떻게도 손을 댈 수가 없어요.

그런데 우리의 세속적 종교는 보고 듣고 배운 개념과 스스로 생각하고 판단해서 만들어 낸 개념을 세워 놓고는 그것을 진실이라 여기면서도, 정작 매 순간 그런 개념을 만들어 내고 알아차리고 기억하고 있는 이것(손가락을 세우며)은 오히려 내팽개쳐 버리고 있습니다. 자기가 만들어 놓은 개념에 자기가 구속되어 끌려 다니고 있습니다. 그러니까 완전히 거꾸로 뒤집혀 있는 겁니다. 이름은 진리이지만 실상은 허풍선이 개념일 뿐이지요. 이렇게 본말이 뒤집혀 있으니 우리에게 번뇌가 있는 겁니다. 종교가 사람을 해방시켜 주고 자유롭게 해 주고 편안하게 해 주어야 하는데, 도리어 종교가 사람을 구속하여 고통스럽게 만들고 있습니다. 결국 자신이 만든 것에 자신이 속아서 이런 고통이 있는 것입니다.

오늘 여기서 가리켜 드리고자 하는 것은 이렇게 뒤집힌 것을 바로잡는 것입니다. 그러므로 제 말씀을 올바로 듣고자 하시면, 지금까지 배운 모든 개념, 이름, 판단, 신념 등 이러한 것들을 전부 지금 당장 포기하십시오. 당장 포기하기 어려우시면 우선 보자기에 싸서 눈에 보이지 않는 곳에다 밀쳐놓으십시오. 모든 신념과 개념을 내려놓고, "진실로 무엇인가?" 하는 의문에 자리 잡고 귀를 기울이십시오. 그렇게 귀를 기울이실 때, 어디에도 속하지 않고, 어떤 모양도 없고, 이름도 아니고 개념도 아닌 이것(손가락을 세우며)을 확인하는 길이 열릴 것입니다. 《신심명》에서 말하는 것이나 제가 말씀드리는 것이 단지 이(손가

락을 세우며) 하나를 말씀드리고 있는 것입니다. 불교에서 말하는 것
도, 선(禪)에서 가리키는 것도 바로 이것(손가락을 세우며)입니다.

　이것(손가락을 세우며)을 가리키는 불교의 방식은 보통 이렇습니다.
"이쪽과 저쪽을 나누어 어느 하나를 취하고 어느 하나를 버리는 것이
아니다", "법이라는 것은 분명히 있지만 안에 있는 것도 아니고, 밖에
있는 것도 아니고, 중간에 있는 것도 아니다." 이런 말은 아무리 생각
해 보아도 막연히 그러려니 할 뿐, 분명한 판단이 서지 않고 개념이 만
들어지지 않습니다. 판단을 할 수 없게끔 말하고, 개념을 세우지 못하
게끔 가리키는 것이 바로 불교에서 진리를 가리키는 방식입니다. 생
각이 갈 곳을 잃게 만들면, 허망한 생각의 그물에서 벗어날 가능성이
생기게 됩니다.

　그러나 생각을 가지고 이해되게끔 말해 주면, 그것은 진리를 가르
치는 것이 아니라 그저 지금까지 수십 년간 쌓아온 개념 위에 또 하나
의 개념을 더해 주는 데 불과합니다. 그것은 사람을 구해 내는 것이 아
니라, 더 깊은 물 속으로 더 깊은 진흙 속으로 밀어 넣어 구속시키는
것입니다. 이처럼 이것(손가락을 세우며)은 개념으로 이해시켜 줄 수 있
는 것이 아닙니다. 단지 이렇게(손가락을 세우며) 바로 가리켜 드릴 뿐
입니다. 모든 것이 여기(손가락을 세우며)에 다 있으면서도, 이것(손가락
을 세우며)은 아무것도 아닙니다. 숨을 쉬든 땀을 흘리든 덥다고 느끼
든 말을 하든 무얼 하든 이것(손가락을 세우며)을 떠나서 따로 있는 것
이 아니에요. 여기(손가락을 세우며) 있는 겁니다. 여기(손가락을 세우며)
분명한데, 생각을 가지고는 판단할 수 있는 게 아닙니다. 이것(손가락
을 세우며)을 일러 직지인심(直指人心; 마음을 바로 가리킴)이라 합니다.

무엇이 직지인심일까요?

"3시 10분입니다."

3시 10분이라고? 누구나 다 아는 말이잖아? 이렇게 생각하고 넘겨 버리면 이것(손가락을 세우며)을 놓친 것입니다. 모든 개념이 사라지고 모든 분별이 없는 곳이 어디냐? "3시 10분입니다." 여기가 바로 모든 개념과 분별이 없는 곳입니다. 그런데 이것은 생각을 없애고 생각에서 해방되는 것이 아니에요. 이것은 생각 속에서 생각에서 해방되는 것이고, 개념을 사용하면서 개념에서 해방되는 겁니다. 이것(손가락을 세우며)은 이쪽과 저쪽을 나눌 수도 없고, 취하고 버릴 수도 없어요. 여기(손가락을 세우며)에서는 어떻게 손을 쓸 수가 없어요. 손쓸 수 없는 처지에서 계속하여 여기(손가락을 세우며)에 마음을 두고서 가르침에 귀를 기울이시면 어느 순간 문득 모든 문제 상황이 사라집니다. 뭐가 진리입니까?

"오늘 날씨가 덥습니다."

이런 한마디 말에서 문득 문제가 사라지는 겁니다.

보통 마음공부라고 하면, 마음의 다양한 심리 상태나 경험들을 이렇게 저렇게 분별하여, 이런 경험을 거쳐서 이렇게 저렇게 공부해 간다고 생각할 수 있습니다. 그러나 그런 여러 가지 경험은 단지 허망한 분별에 불과합니다. 눈으로 보든 내면에서 느끼든 그냥 허망한 분별일 뿐입니다. 이것(손가락을 세우며)하고는 아무 관계가 없어요. 이것(손가락을 세우며)은 눈으로 보고 귀로 듣고 하는 식으로 인식할 수 있는 것도 아니고, 마음 속에서 느끼거나 인식할 수 있는 어떤 경험도 아닙니다. 이것(손가락을 세우며)에 대해서는 어떻게 설명할 수도 이해할 수도 없어요. 다만 이것(손가락을 세우며)이 한 번 확인될 때가 있어요. 확인되면 전체가 다만 하나입니다. 일체가 하나로서 아무 차별이 없어요. 나와 진리의 구분도 없고, 나와 세계의 구분도 없고, 주관과 객관의 구분도 없어요.

# 신심명 73수 전문

삼조 승찬 지음 | 김태완 역주

신심명 73수 전문

1.

至道無難  지극한 도(道)는 어렵지 않으니
唯嫌揀擇  다만 가려서 선택하지만 말라.

2.

但莫憎愛  싫어하거나 좋아하지만 않으면
洞然明白  막힘 없이 밝고 분명하리라.

3.

毫釐有差  털끝만큼이라도 차이가 있으면
天地懸隔  하늘과 땅 사이로 벌어진다.

4.

欲得現前  도가 앞에 나타나기를 바란다면
莫存順逆  따라가지도 말고 등지지도 말라.

22

5.

違順相爭　등짐과 따라감이 서로 다투는 것
是爲心病　이것이 마음의 병이다.


6.

不識玄旨　현묘한 뜻을 알지 못하니
徒勞念靜　헛되이 생각만 고요히 하려 애쓴다.


7.

圓同太虛　두루두루 큰 허공과 같아서
無欠無餘　모자람도 없고 남음도 없다.


8.

良由取捨　취하고 버림으로 말미암아
所以不如　본래 그대로 한결같지 못하다.


9.

莫逐有緣　인연을 쫓아가지도 말고
勿住空忍　빈 곳에 머물러 있지도 말라.


10.

一種平懷　한결같이 평등하게 지니면
泯然自盡　사라져 저절로 끝날 것이다.

11.

止動歸止　움직임을 그쳐 멈춤으로 돌아가면
止更彌動　멈춤이 더욱더 움직이게 된다.


12.

唯滯兩邊　오로지 양쪽에만 머물러 있어서야
寧知一種　어찌 한결같음을 알겠는가?


13.

一種不通　한결같음에 통하지 못하면
兩處失功　양쪽에서 모두 공덕을 잃으리라.


14.

遣有沒有　있음을 버리면 도리어 있음에 빠져들고
從空背空　공(空)을 따르면 도리어 공을 등지게 된다.


15.

多言多慮　말이 많고 생각이 많으면
轉不相應　더욱더 통하지 못한다.


16.

絕言絕慮　말이 끊어지고 생각이 끊어지면
無處不通　통하지 않는 곳이 없다.

17.

歸根得旨　뿌리로 돌아가면 근본을 얻고
隨照失宗　비춤을 따라가면 근본을 잃는다.


18.

須臾返照　잠깐이라도 돌이켜 비추면
勝脚前空　공(空)을 앞세우는 것보다 훨씬 낫다.


19.

前空轉變　공을 앞세워 이리저리 바뀌어 감은
皆由妄見　모두 허망한 견해 때문이다.


20.

不用求眞　참됨을 찾을 필요는 없으니
唯須息見　오직 허망한 견해만 쉬면 된다.


21.

二見不住　둘로 보는 견해에 머물지 말고
愼莫追尋　삼가하고 좇아가 찾지 말라.


22.

才有是非　옳으니 그르니 따지기만 하면
紛然失心　어지러이 마음을 잃게 된다.

23.

二由一有　둘은 하나로 말미암아 있으나

一亦莫守　하나 또한 지키고 있지 말라.


24.

一心不生　한 마음이 나지 않으면

萬法無咎　만 가지 일에 허물이 없다.


25.

無咎無法　허물이 없으면 법도 없고

不生不心　나지 않으면 마음이랄 것도 없다.


26.

能隨境滅　주관은 객관을 따라 소멸하고

境逐能沈　객관은 주관을 따라 사라진다.


27.

境由能境　객관은 주관으로 말미암아 객관이요

能由境能　주관은 객관으로 말미암아 주관이다.


28.

欲知兩段　두 끝을 알고자 하는가?

元是一空　원래 하나의 공(空)이다.

29.

一空同兩　하나의 공이 두 끝과 같으니

齊含萬象　삼라만상을 모두 다 머금는다.


30.

不見精麤　세밀함과 거칢을 나누어 보지 않는다면,

寧有偏黨　어찌 치우침이 있겠는가?


31.

大道體寬　대도는 바탕이 드넓어서

無易無難　쉬움도 없고 어려움도 없다.


32.

小見狐疑　좁은 견해로 여우같이 의심하면

轉急轉遲　서둘수록 더욱 늦어진다.


33.

執之失度　집착하면 법도(法度)를 잃고서

必入邪路　반드시 삿된 길로 들어간다.


34.

放之自然　놓아 버리면 본래 그러하니

體無去住　본바탕에는 가거나 머무름이 없다.

35.

任性合道　본성에 맡기면 도에 합하니
逍遙絕惱　한가하고 번뇌가 끊어진다.


36.

繫念乖眞　생각에 매달리면 참됨과 어긋나
昏沈不好　어두움에 빠져서 좋지 않다.


37.

不好勞神　정신을 피로하게 하는 것을 좋아하지 않는다면
何用疏親　어찌 멀리 하거나 가까이 할 필요가 있겠는가?


38.

欲取一乘　한 수레를 얻고자 하거든
勿惡六塵　육진 경계를 싫어하지 말라.


39.

六塵不惡　육진 경계를 싫어하지 말아야
還同正覺　바른 깨달음과 같아진다.


40.

智者無爲　지혜로운 자는 일부러 하는 일이 없지만
愚人自縛　어리석은 사람은 스스로를 얽어맨다.

41.

法無異法　법(法)에는 다시 다른 법이 없는데
妄自愛着　허망하게 스스로 좋아하고 집착한다.


42.

將心用心　마음을 가지고서 마음을 찾으니
豈非大錯　어찌 커다란 잘못이 아니랴?


43.

迷生寂亂　어리석으면 고요함과 시끄러움이 생기지만
悟無好惡　깨달으면 좋아함과 싫어함이 없다.


44.

一切二邊　모든 두 가지 경계는
良由斟酌　오직 헤아려 보기 때문에 생긴다.


45.

夢幻虛華　꿈 같고 허깨비 같고 헛꽃 같은데
何勞把捉　어찌 애써 잡으려 하는가?


46.

得失是非　얻고 잃음과 옳고 그름을
一時放却　일시에 놓아 버려라.

47.

眼若不睡　눈이 잠들지 않으면
諸夢自除　모든 꿈은 저절로 사라진다.

48.

心若不異　마음이 만약 다르지 않으면
萬法一如　만 가지 법이 한결같다.

49.

一如體玄　한결같은 바탕은 현묘하니
兀爾忘緣　그윽이 차별 인연을 잊는다.

50.

萬法齊觀　만법을 평등하게 보면
歸復自然　본래 그러함으로 되돌아간다.

51.

泯其所以　그 까닭을 없애 버리면
不可方比　견주어 비교할 수 없다.

52.

止動無動　그침에서 움직이니 움직임이 따로 없고
動止無止　움직임에서 그치니 그침이 따로 없다.

30

53.

兩既不成　둘이 이미 이루어지지 못하는데
一何有爾　하나가 어찌 이루어지겠는가?

54.

究竟窮極　마지막 끝까지 결코
不存軌則　격식을 두지 말라.

55.

契心平等　마음에 계합하면 평등하게 되어
所作俱息　하는 일이 모두 쉬어진다.

56.

狐疑盡淨　여우같은 의심이 깨끗이 사라지면
正信調直　올바른 믿음이 알맞고 바르게 된다.

57.

一切不留　아무것도 머물러 두지 아니하면
無可記憶　기억할 만한 것이 없다.

58.

虛明自照　텅 비고 밝아 저절로 비추니
不勞心力　애써 마음을 수고롭게 하지 않는다.

59.

非思量處　생각으로 헤아릴 곳이 아니니
識情難測　의식과 감정으로 측량키 어렵다.


60.

眞如法界　진실하고 변함없는 법계에는
無他無自　남도 없고 나도 없다.


61.

要急相應　재빨리 상응하고자 한다면
唯言不二　오직 둘 아님만을 말하라.


62.

不二皆同　둘 아니니 모두가 같아서
無不包容　품지 않는 것이 없다.


63.

十方智者　온 세상의 지혜로운 이들은
皆入此宗　모두 이 근본으로 들어온다.


64.

宗非促延　근본은 빠르지도 늦지도 않아
一念萬年　한 순간이 곧 만 년이다.


32

65.

無在不在　있거나 있지 않음이 없어

十方目前　온 세상이 바로 눈앞이다.


66.

極小同大　지극히 작은 것이 곧 큰 것과 같으니

忘絶境界　상대적인 경계를 모두 잊고 끊는다.


67.

極大同小　가장 큰 것이 작은 것과 같으니

不見邊表　그 가장자리를 보지 못한다.


68.

有卽是無　있음이 곧 없음이요

無卽是有　없음이 곧 있음이다.


69.

若不如此　만약 이와 같지 않다면

必不須守　반드시 지키지 말아야 한다.


70.

一卽一切　하나가 곧 모두요

一切卽一　모두가 곧 하나이다.

71.

但能如是　단지 이와 같을 수 있다면

何慮不畢　무엇 때문에 끝마치지 못할까 걱정하랴?


72.

信心不二　진실한 마음은 둘이 아니고

不二信心　둘 아님이 진실한 마음이다.


73.

言語道斷　언어의 길이 끊어지니

非去來今　과거도 미래도 현재도 아니로다.

# 첫 번째 법문

1.

至道無難　지극한 도(道)는 어렵지 않으니
唯嫌揀擇　다만 가려서 선택하지만 말라.

2.

但莫憎愛　싫어하거나 좋아하지만 않으면
洞然明白　막힘 없이 밝고 분명하리라.

3.

毫釐有差　털끝만큼이라도 차이가 있으면
天地懸隔　하늘과 땅 사이로 벌어진다.

4.

欲得現前   도가 앞에 나타나기를 바란다면
莫存順逆   따라가지도 말고 등지지도 말라.

5.

違順相爭   등짐과 따라감이 서로 다투는 것
是爲心病   이것이 마음의 병이다.

1.

至道無難　지극한 도(道)는 어렵지 않으니
唯嫌揀擇　다만 가려서 선택하지만 말라.

　이 두 구절의 말에 《신심명(信心銘)》에서 하고 싶은 이야기를 모두
담고 있습니다. 지극한 도(道)는 전혀 어려운 것도 아니고 멀리 있는
것도 아닙니다. 스스로 확인하면 하나도 어려울 게 없어요. 그저 너무
당연한 일일 뿐이죠. 사과가 나무에서 밑으로 떨어지는 것보다도 더
욱더 당연한 것이 도입니다. 모든 경우에 도가 당연합니다. 하늘에서
별이 반짝이고, 태양이 빛나고, 구름이 흘러가고, 바람이 불고, 비가
오고, 배가 고프고, 덥고, 춥고, 목이 마르고, 이 모든 경우에 도가 당
연합니다. 전부가 다 이것(손가락을 세우며)이란 말이에요.
　그러나 생각으로 판단하여 "일체는 다 마음이라 했으니 이것들이
모두 마음이지"라고 아는 것은 물론 여기(손가락을 세우며)에 통달한 것
이 아닙니다. 이것(손가락을 세우며)은 이해가 아니라 체험을 해야 합니

다. 도는 분별되는 사물이 아니고 배워서 얻는 지식이나 연습하여 익히는 기능도 아니지만, 공부하여 체험하지 않으면 모르는 겁니다. 도라는 이름의 어떤 대상이 따로 있는 것이 아니지만, 체험으로 확인하지 않으면 우리는 어리석은 인생을 살게 되는 것입니다.

《법화경》에도 이런 비유가 나오잖아요. 자기 주머니 속에 엄청나게 값비싼 다이아몬드가 있지만, 그 사실을 모르고 길거리에서 동전을 구걸한다고 말이에요. 도가 자신의 눈앞을 벗어나 따로 있는 게 아니고, 마음이 따로 있는 것도 아니고, 깨달음이 따로 있는 것도 아니에요. 누구에게나 언제나 도가 있습니다. 사실은 사람이 있고 세계가 있는 것이 아니라 도가 있을 뿐입니다. 그렇지만 확인하지 못하면, 마치 보석을 지니고서 거지 노릇하듯이 진리 속에서 망상에 시달리며 살 수밖에 없습니다. 그러므로 공부하여 도를 깨달아야 도의 혜택을 누릴 수가 있습니다. 자기 주머니 속의 다이아몬드를 발견하면 그걸 가지고 잘 먹고 잘 살듯이, 도를 확인하면 그 혜택을 누릴 수 있어요. 그것 때문에 우리가 공부하는 것이지요.

"지극한 도는 어렵지 않으니, 다만 가려서 선택하지만 말라." 문제가 무엇인지 딱 지적되어 있죠. 가려서 선택하는 게 문제다, 도가 어려운 게 아니고 분별이 문제다, 이건 이렇고 저건 저렇고 분별해서 개념을 세우는 그게 바로 문제라는 말입니다. 도가 어려운 건 아니라는 말이에요. 그러면 도를 알려면 아무 생각도 하지 말고 바윗덩어리나 나무토막처럼 죽어야 하느냐? 그런 건 물론 아닙니다. 이렇게 하는 것은 분별이 도가 아니라고 하니까 무분별이 도라고 다시 분별하는 짓입니다. 분별이 도가 아니듯이, 분별이 없는 무분별 역시 도가 아닙니다.

분별과 무분별은 또 하나의 분별일 뿐입니다. 그렇기 때문에 "분별이 망상이라면 분별하지 않으면 된다"고 이해하는 것은 어리석은 짓입니다. 이렇게 분별과 무분별, 있음와 없음의 양쪽을 왔다 갔다 하면, 중도(中道)는 꿈도 못 꾸는 겁니다. 중도에서는 양쪽이 없어요. 아무리 분별해도 분별이 없고, 아무 분별 없는 곳에서 얼마든지 분별할 수 있는 것이 바로 중도입니다.

그래서 생각으로는 전혀 접근할 수가 없어요. 잘 보십시오. 가리켜 드립니다.

"도가 뭡니까?"
"마이크입니다."

"도가 뭡니까?"
"마이크입니다."

만약 믿음이 깊은 사람이라면, "도가 뭡니까? 마이크입니다"라는 이 말에 앞뒤가 아득해질 겁니다. 즉각 바로 와 닿는 사람도 있겠지요. 그러면 다행이고, 와 닿지 않으면 앞뒤가 아득해질 것입니다. "도대체 저게 무슨 소리냐?" 하고 멍할 것이라는 말이죠. 이렇게 까마득하고 멍해야 공부하는 입장에 서는 겁니다. 앞뒤가 캄캄해서 생각이 갈 곳을 잃어버려야 비로소 올바른 공부의 길로 들어갈 가능성을 가집니다. 그런 처지에서 계속 이 문제를 마주하고 있으면 어느 순간 문득 체험이 옵니다.

인생은 꿈과 같다고 그러잖아요? 한번 지나가 버리면 그만이죠. 모든 것이 허망하게 지나가 버리지만, 오지도 가지도 않는 것이 분명 있습니다. 바닷가나 호숫가에 서서 바람 부는 날 물결이 밀려오는 걸 바라보세요. 물결이 끊임없이 밀려왔다 사라지고 밀려왔다 사라집니다. 물결은 허망합니다. 그러나 물은 그 허망함 속에서 애초에 오지도 가지도 않죠. 물결을 보면 허망하기 짝이 없지만, 물을 보면 허망함이 없습니다. 보이는 것은 물결이니, 물을 보는 것은 인식이 아니라 지혜입니다. 보이는 물결의 모양을 분별하여 어느 물결이 참된 물인가를 아무리 헤아려 봐야 어리석을 뿐입니다. 그러나 그렇게 헤아리지 않으면, 어느 물결을 보아도 물 아닌 것이 없습니다.

도(道)도 비슷합니다. "어떤 것이 도인가?" 하고 우리는 묻지만, "이 것이 바로 도다"라고 분별할 수 있는 것은 아닙니다. 분별에 발 딛고 있지 않은 사람에게는 도와 도 아님이 따로 없어요. 당장 눈앞에 있는 이것(손가락을 세우며)이 언제나 있는 것이지요. 그러므로 도는 안다, 모른다 하는 범주에 속하지 않습니다. 그럼 도대체 진실은 뭐냐? (탁자를 두드리며) 이것입니다. 이것(탁자를 두드리며)이 언제나 변함없을 뿐이죠. 도를 생각하든 세속사를 생각하든 무얼 하든지 간에 이것(탁자를 두드리며)은 변함없이 이것입니다. 다른 것이 없어요. 하늘의 별을 관찰할 때에도 이것(탁자를 두드리며)이고, 전자 현미경으로 원자를 관찰할 때에도 이것(탁자를 두드리며)이고, 음악을 하고 미술을 하고 문학을 하고 연극을 하고 운전을 하고 일을 할 때에도 이것(탁자를 두드리며)입니다. 이것(탁자를 두드리며)은 뭐냐? 무엇이라고 하면 이것(탁자를 두드리며)이 아닙니다. 도, 마음, 진리, 법, 본질 등의 이름은 이것(탁

40

자를 두드리며)에 붙인 이름이지만, 이것(탁자를 두드리며)에는 본래 이름이 없습니다.

이제 "도가 무엇입니까?" 하고 묻는다면, "시계입니다"라고 답합니다. 그럼 시계에 있는 쇠나 플라스틱이나 유리가 법이냐? 그건 아니에요. 그건 쇠고 플라스틱이고 유리지요. 그럼 시계라는 이름이 법이냐? 그것도 아니에요. 법이 시계 안에 있냐, 바깥에 있냐, 가운데 있냐? 이렇게 따져서 법을 알 수는 없습니다. 그럼 뭐가 법이냐? 시계가 법입니다. 뭐가 법입니까? 시계입니다! 한 번 스스로 확인해 봐야 합니다. 그러지 않으면 다만 모두가 개념에 불과한 겁니다. 종교는 개념이 아닙니다. 요즘 종교 문제로 나라 안팎이 꽤 시끄럽습니다. 종교란 이름으로 모두가 개념에 얽매여 있기 때문에 그런 온갖 시비와 갈등이 일어납니다. 종교를 개념화시켜 그 개념에 집착하니 시비와 갈등이 있어날 수밖에 없는 것입니다.

《금강경》에 보면 "성인(聖人)은 무위법(無爲法)으로서 범부(凡夫)와 차별이 된다"라는 구절이 있어요. 무위법이기 때문에 성스럽다는 뜻입니다. 무위법이라는 것은 개념을 세워서 취하고 버리고 하는 일이 없는 것이죠. 그러니 개념을 세워서 "성스러운 것은 이런 것이고, 세속적인 것은 이런 것이다"라고 한다면, 이것은 전혀 성스러운 것이 아닙니다. 이렇게 개념을 세워 분별하는 것이 바로 세속입니다. 이처럼 우리가 개념에 얽매이면, 개념들은 항상 상대적이기 때문에 서로 충돌하게 되어 있어요. 그러니까 끊임없는 갈등이 일어나는 것입니다. 종교가 사람을 편안하게 하고 해방시켜 주는 것이 아니라 끊임없이 투쟁하게 만든다면, 이런 종교는 사라져야 합니다. 이런 종교는 인간을 불행하게 만드는 원인이 되기 때문입니다.

물론 사람들은 어리석기 때문에 어떤 세뇌랄까 최면처럼 끊임없이 어떤 개념을 반복하고 주입시켜, "진리는 이런 것이고, 사람은 이렇게 살아야 한다"고 교육할 수도 있습니다. 그런 개념에 오염되어 로봇처럼 프로그래밍된 대로 살아갈 수도 있습니다. 그런데 이런 삶은 자신의 삶이 아니잖아요? 꿈 속에서 헤매는 것일 뿐, 깨어 있지 못한 겁니다. 사실 종교뿐만 아니라 세속의 삶이란 것이 모든 측면에서 그렇게 주입되고 교육된 개념에 얽매여 살아가는 것이죠. 심지어 우리가 타고난 본성이라고 여기는 욕망이나 감정도 좋아하고 싫어하는 측면에서는 역시 교육된 면이 있습니다.

선(禪)이니 불교니 하는 이름 아래 제가 여기서 말씀드리고자 하는 것은 그런 모든 꿈에서 깨어나라는 것입니다. 꿈을 진실이라 여기고 꿈 속에서 헤매는 것을 불교에서는 미혹(迷惑)이라고 합니다. 속아서 헤맨다는 뜻입니다. 꿈 속에서 행복하고 즐거운 꿈을 찾아 그 꿈이 영원하기를 바라는 것이 바로 중생(衆生)입니다. 그러나 영원히 행복한 꿈은 없습니다. 행복은 불행으로 말미암아 느끼는 상대적인 것이기 때문에 행복이 있으면 반드시 불행이 있습니다. 아직 불행이 찾아오기 전에도 불행해질까 봐 늘 두렵죠. 꿈은 결코 완전한 행복이 아닙니다. 그러므로 꿈에서 깨어나라고 하는 겁니다. 꿈에서 깨어나면 행복도 없고 불행도 없습니다. 꿈에서 깨어나면 모든 분별과 개념에서 풀려나니, 시비와 갈등에서 자유롭게 되는 겁니다.

이처럼 시비와 갈등에서 해방시키는 것이 참된 종교이고, 이런 종교는 인류, 아니 우주 전체를 하나로 통합하고 둘 아닌 세계, 갈등이 없는 세계로 만듭니다. 그런데 거꾸로 종교가 개념화되면 오히려 갈등을 불러일으킵니다. 역효과를 내게 되는 것입니다. 그래서 종교를 공부하려면 올바르게 해야 합니다. 어떤 것이 올바른 공부일까요? 어떤 개념이나 분별에도 물들지 않는 이것(탁자를 두드리며) 하나만이 유일하게 올바른 공부입니다. 이것(탁자를 두드리며)에 통하게 되면, 보고, 듣고, 느끼고, 아는 모든 경우에 다만 이 하나의 올바름이 있을 뿐입니다. 모든 개념을 필요에 따라 사용하면서도 어떤 개념에도 얽매이지 않게 됩니다. 그러므로 말을 하면서도 말하지 않고, 생각하면서도 생각하지 않고, 행동하면서도 행동하지 않는다고 할 수 있습니다.

이것을 비유하자면, 꿈 속에서 깨어 있는 것과 같습니다. 꿈 속에서 깨어 있지 못하면 꿈에 말려들어 온갖 허망한 일에 빠져서 헤어나지를 못합니다. 꿈 속에서 온갖 슬픔과 즐거움과 사랑과 미움 등의 갈등을 다 겪게 되겠죠. 꿈 속에서 깨어 있으면 슬퍼해도 슬픔이 없고 기뻐해도 기쁨이 없어요. 모르는 사람이 이런 말을 들으면 뜻도 없는 말장난처럼 들릴 수도 있습니다. 말의 뜻이 모순되니까 그렇게 생각하겠지만, 공부를 해서 진실한 모습 즉 실상(實相)을 맛보면, 생각으로는 모순되는 것들이 아무 모순 없이 모두 분리되지 않는 하나임이 밝혀집니다. 모든 모순과 분열이 실상에서는 전혀 모순도 분리도 없는 하나입니다. 그러니 실상은 생각으로 이해할 수가 없는 것입니다. 불교에서 "망상이 곧 실상이다"라거나, "색이 곧 공이고, 공이 곧 색이다"라거나, "있는 것이 없는 것이고, 없는 것이 있는 것이다"라거나, "하나가 다수요, 다수가 하나다"라거나, "한 순간이 영원이요, 영원이 한 순간이다"라고 하거나 뜻이 모순되는 말을 흔히 하는 것은 본래 분열도 모순도 없기 때문입니다. 그래서 《신심명》 첫머리에서 "지극한 도는 어렵지 않으니 다만 가려서 선택하지만 말라"고 말하고 있습니다.

예컨대 물이 어떤 것인가를 개념으로 설명하지 않고 직접 가리켜 주려면, 그 사람을 데리고 물가에 가서 손으로 물을 휘저으며 "이것이 물이다" 하고 가리켜 주겠지요. 직접 물을 가리켜 주려면 이렇게 해야 합니다. 모든 개념에 얽매여 있지 않은 실상을 가리키는 방법도 마찬가지입니다. 개념으로 설명할 수는 없고 언제나 바로 직접 가리킬 수밖에 없습니다. 그래서 직지인심(直指人心)이라고 합니다. 사람의 마음을 바로 가리킨다는 말입니다. 세계의 실상을 불교에서는 마음이라고 부르고, 그 마음을 바로 가리킨다는 말입니다. 어떻게 바로 가리킬까요? 말과 행동을 통하여 바로 가리킵니다.

마음을 바로 가리키는 말과 행동을 화두(話頭)라고도 합니다. 예컨대 "부처가 뭡니까?"라는 질문에 대하여 조주 스님은 "뜰 앞의 잣나무다"라고 답했어요. 마음이니 부처니 도(道)니 하는 것은 유일한 실상에 대한 다양한 이름들 가운데 하나입니다. 마음이라 하든 부처라 하든 모두가 유일한 하나의 실상을 지칭하는 이름입니다. "부처가 무엇입니까?" 하고 물으니 "뜰 앞의 잣나무다"라고 답했는데, "뜰 앞의 잣나무다"가 바로 화두입니다. 물론 이것은 저기 뜰 앞에 서 있는 잣나무라는 사물이 곧 부처라고 이해한 개념으로 말하는 것은 아닙니다. 물이 무엇인가를 묻는 사람에게 손으로 물을 휘저어 보이듯이, 부처가 무엇인지를 묻는 사람에게 "뜰 앞의 잣나무다"라고 직접 가리켜 주는 것입니다. 털끝만 한 틈도 없이 완벽하게 가리켜 준 겁니다. 개념에는 맞고 틀리고가 있지만, 직접 가리키는 실상에는 맞거나 틀리는 차별이 없습니다. 언제나 남지도 모자라지도 않게 가리킵니다. 부처가 무엇이냐는 질문에 저는 이렇게(탁자를 두드리며) 답합니다. 한 치의 남음도 모자람도 없이 정확하게 가리킵니다, 이렇게(탁자를 두드리며).

그러나 마음의 발길이 생각 쪽으로 간다면 벌써 이걸 놓쳤습니다. 마음의 발길이 이쪽(탁자를 두드리며)으로 와야 생각을 하면서도 생각이 아닌 이것(탁자를 두드리며)이 분명해집니다. 이 실상은 언제나 당장 여기에서 바로 가리킬 수 있을 뿐입니다. 이것(탁자를 두드리며)은 간접적으로 가리킬 수 있는 게 아니고, 시간차를 두고 가리킬 수 있는 것도 아닙니다. 이렇게(탁자를 두드리며) 즉각적으로 직접 바로 드러내고 바로 가리킬 수밖에 없어요. 그래서 선(禪)을 직지선(直指禪)이라고도 합니다. 마음의 진실한 모습에서는 어떤 틈도 있을 수 없습니다. 틈이란 전부 생각이 만들어 내는 헛된 것입니다. 꿈을 진실이라고 여기는 순간, 꿈 속의 온갖 모습들이 따로따로 있는 다른 사물처럼 보이듯이, 생각에 말려드는 순간 온갖 틈이 생겨서 따로따로 차별되어 버립니다. 그러나 꿈을 깨면 그 모든 차별은 사라집니다. 그러므로 실상은 불이(不二) 즉 "둘이 아니다"고 합니다. 조금의 틈도 없기 때문에 "여여(如如)하다"고도 합니다. 진실로 둘이 아니고 진실로 틈이 없다면, 지금 말하고 있는 이런 말들도 모두 차별이 없는 것입니다. 그러니까 말을 하되 말이 없고, 생각을 하되 생각이 없고, 행동을 하되 행동이 없다고 합니다.

"부처가 뭡니까?"라는 물음에 운문 스님은 "동산이 물 위로 간다"고 했습니다. 둘 없고 틈 없이 "동산이 물 위로 간다"입니다. 바로 가리키고 있습니다. 가리키는 자도 없고, 가리키는 대상도 없고, 가리키는 행위도 없이 바로 가리키고 있습니다. 그러므로 다만 "동산이 물 위로 간다"일 뿐, 그 이상도 없고 그 이하도 없습니다. 이것이 바로 "지극한 도는 어렵지 않으니, 다만 가려서 선택하지만 말라"입니다.

2.
但莫憎愛　싫어하거나 좋아하지만 않으면
洞然明白　막힘 없이 밝고 분명하리라.

　앞의 1번 게송과 표현은 다르지만 내용은 같습니다. "싫어하거나 좋아하지 않으면"이라는 말은 '가려서 선택하지 않는 것'이고, "막힘 없이 밝고 분명한 것"은 '어렵지 않은 도'이지요. 신심명의 73개 전체 게송이 모두 표현은 다르지만 내용은 같습니다. 이 하나(손가락을 세우며)의 진실을 여러 측면에서 말하고 있기 때문입니다. 진실은 이 하나 뿐이지만, 표현은 다양하게 할 수 있는 것입니다. 이 하나의 진실은 정해진 모습이나 이름이나 장소나 시간이 없으므로 정해진 표현도 없습니다. 그러나 이 하나의 진실을 확인하고 이 하나의 진실 속에 있는 사람은 생각할 줄도 알고 말할 줄도 알기 때문에 그때그때 나름의 다양한 표현이 나옵니다. 그 모든 표현이 결국 이 하나를 표현하고 있으므로 그 표현의 내용은 동일할 수밖에 없습니다. 사실 이 진실을 가리키는 모든 말이 표현은 달라도 내용은 같습니다.
　그런데 "싫어하거나 좋아하지만 않으면 막힘 없이 밝고 분명하리라"는 말을 듣고서 "인생이란 새옹지마(塞翁之馬)와 같으니, 싫어할 것도 없고 좋아할 것도 없지 뭐"라고 생각하는 사람도 있을 것입니다.

46

이렇게 생각해도 인생살이에 조금은 도움이 되겠지요. 그러나 그런 이해로는 막힘 없이 명백할 수는 없습니다. 막힘 없이 밝고 분명하려면 바로 이것(손가락을 세우며)을 확인하셔야 해요. 이것(손가락을 세우며)을 확인해야 《신심명》의 이런 말들이 다만 이것을 말하고 있음을 알게 됩니다. 이것(손가락을 세우며)을 확실하게 확인하면, 원래부터 다만 지금의 이것일 뿐이라는 사실이 분명해지고, 걸리고 막혔던 온갖 장애로부터 풀려납니다.

　이것(손가락을 세우며)은 누구의 소유물도 아니고, 사람에 따라 차별되는 것도 아닙니다. 그래서 진리는 평등(平等)하다고 하지요. 차별 없는 것이 진리입니다. 사람과 세계가 차별이 없고, 온갖 삼라만상이 차별이 없습니다. 불교에서는 평등한 법계(法界)라고 합니다. 법(法)이란 불교에서 진리를 가리키는 이름이자, 세계와 삼라만상을 가리키는 이름입니다. 세계와 삼라만상이 그대로 진리이고, 세계와 삼라만상이 아무 차별 없이 평등하다고 하여 평등한 법계라 합니다. 그렇기 때문에 사람만 진리를 말하는 것이 아니라, 나무도 진리를 말하고, 구름도 진리를 말하고, 매미도 진리를 말하고, 바람도 진리를 말하고, 선풍기도 진리를 말합니다. 온 우주의 삼라만상이 모두 진리를 말하고 있어요. 단지 어리석은 사람만이 자신의 생각에 갇혀서 우주의 삼라만상이 말하는 진리를 듣지 못하는 것뿐이지요.


3.

毫釐有差　털끝만큼이라도 차이가 있으면
天地懸隔　하늘과 땅 사이로 벌어진다.

"털끝만큼이라도 차이가 있으면"은 "틈 없이 하나가 되지 못하면"이라는 뜻이고, "생각에 사로잡혀 있으면"이라는 뜻입니다. "하늘과 땅 사이로 벌어진다"는 "스스로 만든 헛된 차별 속에 막혀 있다", "여전히 분별 속에 있다"는 뜻입니다. (밖에서 개 짖는 소리가 들림) 바로 이 소리입니다. 바로 이 소리가 명확하게 진리를 드러내고 있잖아요? 개가 왈왈 짖는 소리나 선풍기가 웅웅대는 소리나 지금 여러분이 "아, 졸려" 하고 느끼는 것이나 똑같이 이 진리를 드러내고 있습니다. 물론 밝지 못한 사람에게는 선풍기 소리는 선풍기 소리고 개 짖는 소리는 개 짖는 소리일 뿐이겠지요. 모든 것이 제각각 따로따로 차별되어 있겠지요. 따로따로 차별되어 있는 것이 곧 어리석음이요, 진리에 어두운 것입니다.

세속에서는 작은 것까지 잘 분별하는 것을 밝다고 하지만, 진리에서는 그것을 오히려 어둡다고 합니다. 진리에서 밝은 것은 언제나 차별 없는 전체에 밝은 것입니다. 미세한 먼지 한 톨에서도 차별 없는 전체를 보고, 가없는 하늘에서도 차별 없는 전체를 보는 것입니다. (다시 개 짖는 소리가 들림) 바로 이것이 털끝만큼도 차이가 없는 전체입니다. 지금 저 강아지 소리가 전체라면, 제가 드리는 한 마디 한 마디 말도 그대로 차별 없는 전체입니다.

4.

欲得現前　도가 앞에 나타나기를 바란다면
莫存順逆　따라가지도 말고 등지지도 말라.

48

앞과 같은 뜻의 말이죠. 도가 앞에 나타나기를 바란다면 따라가거나 등지거나 하는 그런 차별을 하지 말라는 말입니다. "따라가지도 말고 등지지도 말라"는 "좋아하지도 말고 싫어하지도 말라"는 말이죠. "도를 찾으면 도는 없고, 찾지 않으면 천지가 그대로 도다"라는 말이 있습니다. 이런 말을 잘못 이해하는 사람이 많습니다. 찾는다는 것은 도라는 이름에 해당하는 도라는 대상을 찾는 것입니다. 그러니 찾는 사람과 찾고자 하는 대상이 차별되어 벌써 도에서 어긋나 버립니다. 도는 언제나 차별 없는 전체입니다. 분리되면 이미 어긋난 것입니다. 도를 이름과 개념으로 분별하고 있기 때문에 오히려 도가 없는 것입니다. 그렇다고 "찾지 않으면 천지가 그대로 도다"라고 이해하는 것이 곧 도를 깨닫는 것은 아닙니다. 이렇게 이해하는 것 역시 분별된 개념일 뿐입니다.

그럼 도대체 도는 어디에 있습니까? 이것(죽비를 들어 올리며)이 도입니다. 이렇게 바로 가리켜 드릴 수밖에 없습니다. 그러나 이것을 생각으로 이해하면 어긋납니다. 생각을 하면 하늘과 땅만큼 벌어집니다. 그럼 아무 생각 없이 이렇게 (죽비를 들어 올리며) 죽비만 들면 바로 도입니까? 아무 생각도 없다면 '도'라는 이름은 또 어디에 있습니까? 생각이 있다와 없다는 말 역시 생각입니다. 그러므로 이것(죽비를 들어 올리며)은 생각이 있는 곳에서 깨닫는 것도 아니고, 생각이 없는 곳에서 깨닫는 것도 아닙니다. 그럼 도대체 어떻게 해야 합니까? (죽비를 들어 올리며) 이것이 도입니다.

5.

違順相爭 등짐과 따라감이 서로 다투는 것
是爲心病 이것이 마음의 병이다.


　등지고 따라감이 서로 다투는 것, 즉 "무시해 버릴까, 아니면 이걸 따라가야 하나?" 하고 갈등을 일으키는 것이 곧 마음의 병이다, 달리 말하면 분별하는 것이 바로 마음의 병이라는 말입니다. 중생의 마음을 분별심이라 그러잖아요. 이래야 하나 저래야 하나 하고 늘 선택의 기로에서 갈등하며, 이것을 선택하여 집착하고 저것을 선택하여 집착하는 것이 바로 분별심입니다. 물론 세속 생활은 온갖 차별 속에서 분별을 잘해야 원만하고 질서 있게 돌아갑니다. 그러므로 분별은 우리의 삶에 반드시 필요한 것입니다. 비가 오려는 날에는 우산을 들고 나가고, 추운 날에는 옷을 두껍게 입어야지요. 삶에는 분별이 꼭 필요합니다. 그러므로 우리는 어릴 때부터 분별 잘하는 법을 반복하여 교육받고 있습니다. 학문이란 것은 온갖 것들을 거칠게 또는 세밀하게 분별하고 무수한 개념을 세워서 그 개념들의 관계를 이해하도록 가르칩니다. 인류의 문명과 학문은 분별 위에 자리 잡고 있다고 할 수도 있습니다. 이처럼 분별은 인간의 가장 큰 장점입니다.
　그런데 분별만 알고 분별 속에서만 사는 삶은 우리에게 완전한 만족을 주지 못한다는 치명적인 문제가 있습니다. 더 나은 것과 더 못한 것을 분별하여 더 나은 것을 끊임없이 추구하는 것이 우리의 삶이지만, 그렇게 살면서도 우리는 언제나 불만족하고 있습니다. 아무리 무엇에 집착을 하고 뭔가를 추구를 해서 남한테 인정을 받아도 "이게 나한테

50

부족한 것을 해결해 줄 수 있는 건 아니다"라는 것을 알 수가 있습니다. 아무리 똑똑하고 명예가 높고 돈이 많아도 늘 우리는 스스로를 부족하고 불완전하다고 생각합니다. 그 중에 민감한 사람들은 "이 방향이 해결 방향이 아니다"라는 것을 알 수가 있습니다. 그런 사람은 이쪽 공부로 눈길을 돌리게 됩니다. 때로는 더 완전하고 만족스러운 존재라는 개념을 만들어 그것을 추구하기도 하죠. 여기에서 철학이 나오고 종교가 나옵니다. 그러나 '완전하고 만족스러운 존재'라는 개념이 우리를 완전하고 만족스럽게 만들어 주지는 못한다는 한계에 부딪힙니다.

요약하면, 뭔지 모르게 불안하고 불만족스러운데, 어떤 것이 안정되고 만족스러운지는 알지 못하는 것입니다. 이런 문제 상황에 부딪치면 분별하여 이해할 수 있는 데 한계가 있습니다. 시작은 '완전한 만족을 찾아서'라는 생각이 되겠지만, 실제 완전한 만족을 찾으려 할 때에는 생각은 별 도움이 되질 못합니다. 오히려 방해가 되지요. 그러나 포기하지 않고 관심을 기울이다 보면 어느 순간 이해할 수 없는 일이 갑자기 일어납니다. 절대 이해할 수 없는 일이 일어나고, 지금까지 뭔가 부족하게 느끼고 뭘 쫓아다니게 만드는 그런 내면의 갈증이 싹 사라져 버립니다. 그리하여 한가한 사람, 일 없는 사람이 됩니다. 열심히 일을 하면서도 한가하고 일 없는 사람이 되는 것입니다. 이것은 완전한 자유입니다. 이해할 수 없는 자유죠. 오직 스스로 직접 확인해 봐야 알 수 있는 일입니다. 이 자유 속에서 우리는 이것이야말로 자신의 궁극적인 진실이라는 사실도 알게 됩니다. 인간에게 이 이상의 비밀은 없습니다.

물질, 느낌, 생각, 욕망, 감정, 의식 등 온갖 경험들은 무한히 있지만, 그 무한한 경험이 결국에는 (죽비를 들어 올리며) 이 하나로 귀착됩니다. 텔레비전 화면에 온갖 그림이 나타난다고 해도 결국 그 모두는 단지 전기의 파동일 뿐이잖아요? 본질은 그렇게 간단한 것입니다. 마찬가지로, 우리에게 온갖 경험들이 있지만 결국 이것(죽비를 들어 올리며)입니다. 더 이상은 없어요. 무엇이 있다고 한다면, 그것은 모두 자신이 분별하여 만든 개념일 뿐입니다. 마치 텔레비전 화면의 그림을 분별하여 무엇이 따로 있다고 말하는 것처럼 어리석은 것이지요. 이것(죽비를 들어 올리며)을 확실히 확인하면, 더 이상 없다는 사실이 분명해집니다. "결국 이것뿐이로구나!"

불어오는 시원한 바람, 강아지 짖는 소리, 선풍기 소리, 제가 드리는 말씀들, 제 손가락을 지금 이렇게 올리는 것, 이 하나하나가 바로 궁극적 진리입니다. 그런데도 우리는 이 속에 다른 숨어 있는 진리가 있을 거야 하고 망상을 합니다. 사실 이것(죽비를 들어 올리며)을 확인하기 전에는 그런 망상을 떨쳐 버릴 수가 없어요. "지금 이것이 아닌 무언가가 있을 거야" 하고 끊임없이 막연히 기대하는 겁니다. 이것(죽비를 들어 올리며)을 확인하면 저절로 그런 망상은 사라져 버려요. 지금 있는 것에서 덧붙일 것도 없고 덜어 낼 것도 없습니다. 있는 그대로가 모두 수용되어 할 일이 없어집니다. 아무리 신비한 경험을 해도, 무슨 신통한 일을 겪어도 모두가 이것(죽비를 들어 올리며)일 뿐입니다. "내일 아침에 여기 누가 찾아올지 지금 눈에 다 보여"라고 예언하는 것이나, 지금 당장 시계를 쳐다보고 있는 것이나 아무런 차별이 없어요. 차별은 단지 당신이 생각에 말려들어 있다는 사실을 나타내는 것일 뿐입니다. 이것(죽비를 들어 올리며)이 분명해야 언제나 깨어 있습니다.

# 두 번째 법문

6.

不識玄旨　현묘한 뜻을 알지 못하니

徒勞念靜　헛되이 생각만 고요히 하려 애쓴다.


7.

圓同太虛　두루두루 큰 허공과 같아서

無欠無餘　모자람도 없고 남음도 없다.


8.

良由取捨　취하고 버림으로 말미암아

所以不如　본래 그대로 한결같지 못하다.

9.

莫逐有緣　인연을 쫓아가지도 말고
勿住空忍　빈 곳에 머물러 있지도 말라.


10.

一種平懷　한결같이 평등하게 지니면
泯然自盡　사라져 저절로 끝날 것이다.


11.

止動歸止　움직임을 그쳐 멈춤으로 돌아가면
止更彌動　멈춤이 더욱더 움직이게 된다.

6.

不識玄旨　현묘한 뜻을 알지 못하니
徒勞念靜　헛되이 생각만 고요히 하려 애쓴다.


"현묘한 뜻을 알지 못하니 헛되이 생각만 고요히 하려 애쓴다."

이것(탁자를 두드리며)을 가리켜서 현묘한 뜻이라고 했습니다. 보통 불교에서는 이것을 반야바라밀, 보리, 중도 등의 이름으로 부르는데, 여기에서는 '현묘한 뜻'이라고 했습니다. 이름을 어떻게 짓든 상관이 없습니다. 현묘한 뜻이라 하든, 보리라 하든, 반야라 하든, 하늘이라 하든, 땅이라 하든, 이름은 어쨌든 아무 상관이 없습니다. 이것(탁자를 두드리며)을 저는 "이것!"이라고 말합니다. 이것(탁자를 두드리며)을 알지 못하니까, 이것(탁자를 두드리며)을 확인하지 못하니까, 이것(탁자를 두드리며)에 익숙하지 못하니까, 이것(탁자를 두드리며)에 통달하지 못하니까, 헛되이 생각만 고요히 하려고 애쓰는 것이죠.

망상(妄想)이라는 말이 있죠. 망상이란 허망한 생각이라는 뜻입니다. 모든 생각은 허망합니다. 우리는 생각에 많이 휘둘리니까, 생각에 많은 괴롭힘을 받으니까, 이런 생각 저런 생각이 끊임없이 떠올라서 갈등이 생기니까 생각을 미워합니다. 그리하여 "아이구, 이 생각을 좀 벗어날 수 없나?", "어떻게 하면 생각을 없앨 수 있을까?" 하고 자기도 모르게 이런저런 궁리를 하고, 자꾸 생각을 내버리려고 애를 쓰게 됩니다. 그러나 생각을 버린다는 것은 이루어질 수 없는 바람입니다. 생각이라는 것은 취하고 버릴 수 있는 어떤 물건이 아니기 때문입니다. 생각이 어디에 있습니까? 안에 있습니까, 밖에 있습니까, 중간에 있습니까? 찾아보면 생각이라는 것은 어디에 있는 무엇이 아닙니다.

우리가 살아 있다는 것은 몸과 마음이 끊임없이 활동하고 있다는 것입니다. 마음이 끊임없이 활동하니까 생각도 끊임없이 나오는 것입니다. 우리가 살아 있는 한, 생각이 없어진다는 것은 있을 수 없는 일입니다. 그런데도 불구하고 우리는 생각이 싫어서 생각을 벗어나려고 발버둥을 치고 있습니다. 아니면 반대로 이렇게 말하기도 합니다. "생각을 다 그대로 인정하고 수용하고, 생각을 그대로 내버려두어라. 일어나든 사라지든 상관하지 말고." 그러나 이런 말은 그럴듯하게 들리지만 실제로는 별 효과가 없습니다. 이 역시 하나의 생각일 뿐이죠.

사실을 말하자면, 생각을 버리려고 하든 붙잡고 있으려고 하든 어느 쪽이든 별 의미가 없습니다. 다시 말해, 생각을 상대로 어떤 식으로 행동하든지 별 의미가 없습니다. 이런 행동은 진실에 접근하는 길로서는 적합하지가 않습니다. 진실은 생각이 있느냐 없느냐 하는 일과는 아무 관계가 없습니다. 생각이 있든 없든 진실은 아무 상관이 없어요. 진실은 생각을 가지고 있는 것과도 관계가 없고, 내려놓는 것과도 관계가 없고, 그냥 내버려두고 흐르는 대로 보고 있는 것과도 관계가 없습니다. 그러니까 생각을 상대한다는 것 자체가 별 의미가 없는 것입니다.

옛날 이조 혜가 스님은 달마에게 이렇게 말했습니다. "제 마음이 아픕니다. 제 마음을 편하게 해 주십시오." 이에 달마가 말했습니다. "그 아픈 마음을 가지고 오너라. 그러면 편하게 해 주겠다." 혜가가 "마음을 찾아도 찾을 수 없습니다"라고 하자, 달마는 "그러면 그대의 마음을 이미 편하게 해 주었구나"라고 말했습니다. 또 삼조 승찬은 혜가에게 말했습니다. "제가 지은 죄 때문에 이렇게 아픕니다. 저의 죄를 참회시켜 주십시오." 이에 혜가가 말했습니다. "좋다. 내가 죄를 사라지게 해 주겠다. 우선 그 죄를 한 번 나한테 가져와 보라." 승찬이 안과 밖 어디에서도 죄를 찾을 수 없다고 말하자, 혜가는 이미 그대의 죄를 없애 주었다고 말했습니다.

'마음'이니 '죄'니 하는 말들은 이름이요, 관념일 뿐입니다. 이름과 뜻은 있지만, 이름과 뜻 이외에 다른 무엇은 없습니다. 생각도 마찬가지입니다. 누군가가 "생각에 많이 휘둘립니다. 생각에서 해방시켜 주십시오"라고 하면, 이렇게 말해 보십시오. "생각이 어디에 있습니까? 생각이란 놈을 가져오시오. 생각을 눈앞에 가져오면 그 생각을 없애 버리겠습니다." 만약 진지하게 탐구하는 입장이라면, "생각이라는 게 실체가 없는 놈이로구나!" 하고 쉽게 판단하겠지만, 그렇게 판단한다고 해도 여전히 생각에 휘둘리는 일은 계속되고 생각에서 벗어나는 일은 전혀 해결되지 않을 것입니다.

생각의 문제는 그렇게 해결되지 않습니다. 이것(손가락을 세우며)이 분명해지면 생각은 더 이상 문제거리가 되지 않습니다. 바로 이것(손가락을 세우며)이죠. 이것(손가락을 세우며)이 분명해지면, 생각이 저절로 문제가 되지 않습니다. 어떤 생각을 하든 하지 않든 모두가 바로 이것(손가락을 세우며)입니다. 취할 것도 없고, 버릴 것도 없고, 부담될 것도 없고, 문제될 것도 없습니다. 다만 이것(손가락을 세우며)뿐입니다.

이것(손가락을 세우며)에만 관심을 가지십시오. 이것에만 관심을 가지고 이것만 보고 있으면, 생각이라든지 살아가면서 겪게 되는 온갖 일들이 마치 차를 타고 지나가면서 주변의 경치 구경하듯이 별로 의미가 없어요. 의미 없이 지나가 버립니다. 그렇다고 생각의 문제가 해결된 건 아니고, 해결이 되려면 이것을 한 번 확인하셔야 됩니다.

흔히 "번뇌를 소멸시킨다"고 하는데, 우리 대승불교는 번뇌를 상대로 하여 번뇌를 소멸시켜 번뇌가 없는 적멸(寂滅)이라는 열반을 추구하는 게 아닙니다. 표현은 "번뇌를 소멸시킨다"고 하지만, 이 말을 "번뇌는 내버리고 번뇌가 없는, 번뇌가 적멸된 열반을 얻는다"는 식으로 이해하면 옳지 않습니다. 이런 식의 이해는 취하고 버리는 분별입니다. 이런 분별은 대승불교의 가르침과는 전혀 맞지 않습니다. 대승불교는 번뇌의 실상(實相), 즉 번뇌라는 놈이 도대체 무엇인지를 밝히는 거예요. 다시 말하면, 온갖 번뇌의 실상은 곧 나 자신의 실상이고, 불법(佛法)의 실상이고, 깨달음의 실상이고, 마음의 실상이고, 이 우주의 실상입니다. 헤아릴 수 없는 온갖 경계를 우리가 분별해서 경험할 수 있지만, 그 실상은 딱 하나입니다.

이렇게 대승불교가 번뇌망상의 정체를 밝힌다고 하면, 무언가 굉장히 복잡하고 많은 일이 있는 것 같지만 사실 전혀 그렇지 않습니다. 실상은 다만 이것(손가락을 세우며) 하나뿐입니다. 우리가 흔히 듣는 말 가운데, "하나가 곧 전체요, 전체가 곧 하나다"라는 뜻인 "일즉일체 일체즉일"(一卽一切 一切卽一)이라는 말이 있습니다. 전체의 실상은 하나밖에 없다는 말이지요. 분별하면 헤아릴 수 없이 많은 것들이 있는 것 같지만, 이 모두의 실상은 이(손가락을 세우며) 하나뿐입니다. 이(손가락을 세우며) 하나만 명확해지면 모든 번뇌망상이 그대로 번뇌망상이 아닌 거예요. 번뇌망상이 곧 번뇌망상이 아닌 것입니다.

이것(손가락을 세우며)을 일러 법(法)이니 실상이니 하는 이름을 붙였습니다. 이것(손가락을 세우며) 하나만 밝히면 됩니다. 제가 가리켜 드리는 것도 다만 이것(손가락을 세우며) 하나뿐입니다. 단지 이것뿐입니다. 육체의 질병으로 비유를 들자면, 열이 나면 해열제를 먹고 두통이 있으면 진통제를 먹고 이렇게 증상에 따라 대처하는 것이 아니라, 다만 몸에서 나타나는 수만 가지 병 모두를 한꺼번에 소멸시켜서 일시에 본래의 건강한 몸으로 돌이킨다고 할 수 있습니다.

《금강경》 제3분에 이런 말이 있잖아요. 위없이 평등하고 바른 깨달음을 얻으려면 어떻게 해야 하느냐고 물으니, 세존께서 말씀하시길 "헤아릴 수 없이 많은 중생들을 모조리 해탈시키지만, 사실은 해탈한 중생이 전혀 없다"고 합니다. 헤아릴 수 없이 많은 중생들이 본래 중생들이 아니라 다만 하나의 실상일 뿐이기 때문에 이렇게 말하는 것입니다. 헤아릴 수 없이 많은 중생, 헤아릴 수 없이 많은 경계, 헤아릴 수 없이 많은 번뇌는 단 하나의 실상일 뿐이기 때문이지요. 그러므로 이(손가락을 세우며) 하나의 실상만 분명하면 즉시 아무 문제가 없어요. 모두가 분명해지는 겁니다.

죄의식이란 게 있죠? 어떤 잘못을 저지르면 우리는 죄의식을 가지게 됩니다. 그러면 우리는 "죄를 지었으니 참회를 해야 한다"고 생각합니다. 대부분의 사람들은 참회를 해야만 구원을 얻을 수 있다고 생각합니다. 그러나 불교에서 제시하는 구원의 길은 우리가 보통 이해하는 그런 참회와는 다릅니다. 불교에서는 죄 혹은 죄의식의 실상을 밝히기를 요구합니다. 죄 혹은 죄의식의 실상을 밝히면, 죄악과 참회라는 차별이 소멸해 버립니다. 잘못을 저지르면 죄의식을 가져야 하고 죄를 참회하여 죄의식에서 벗어나야 한다는 의미가 불교에서는 좀다른 것입니다.

《유마경》은 대승불교의 대표적인 경전 가운데 하나입니다. 《유마경》의 〈제자품〉에 이런 얘기가 나와요.

부처님께서 계율을 잘 지키기로 이름난 우파리에게 "그대가 유마힐을 찾아가 문병하여라"고 하시니, 우파리가 이렇게 말했습니다.

"세존이시여, 저는 감히 그분을 문병하러 갈 수가 없습니다. 까닭이 무엇인가 하면, 이런 기억이 있습니다. 옛날 두 명의 비구가 있었는데, 계율을 어기는 행동을 하여 부끄러워하게 되었습니다. 그들은 감히 부처님께 묻지는 못하고 저를 찾아와 물었습니다.

'우파리시여, 저희들은 계율을 범한 것을 진정으로 부끄럽게 여기고 있습니다만, 감히 부처님께 말씀드리지는 못하겠습니다. 원컨대 저희들의 의심과 후회를 풀어 주셔서 그 허물에서 벗어나게 해 주십시오.'

저는 곧 그들을 위하여 여법(如法)하게 설명해 주었습니다. 그때 유마힐이 찾아와 저에게 말했습니다.

'우파리시여, 이 두 비구의 죄를 더욱 무겁게 하시면 안 됩니다. 마땅히 곧장 죄를 소멸시키고, 그 마음을 어지럽히지 않게 해야 합니다. 까닭이 무엇인가 하면, 그 죄의 본성은 안에도 있지 않고 밖에도 있지 않고 중간에도 있지 않기 때문입니다. 부처님이 말씀하신 것처럼, 마음이 더럽기 때문에 중생이 더럽고 마음이 깨끗하기 때문에 중생이 깨끗합니다만, 마음은 안에도 있지 않고 밖에도 있지 않고 중간에도 있지 않습니다. 마음이 그러한 것처럼, 더러운 죄도 그렇고, 모든 법도 역시 그렇습니다. 우파리시여, 마음이 해탈을 얻을 때에 더러움이 있습니까?'

저는 대답했습니다.

'아니, 없습니다.'

유마힐이 말했습니다.

'모든 중생의 마음에 더러움이 없는 것 역시 마찬가지입니다. 우파리시여, 망상(妄想)이 더러움이면 망상 없음이 깨끗함이고, 거꾸로 됨이 더러움이면 거꾸로 됨 없음이 깨끗함이고, 나를 취함이 더러움이면 나를 취하지 않음이 깨끗함입니다. 우파리시여, 모든 법은 생기고 사라지면서 머물지를 않으니, 마치 환상과 같고 번개와 같아서 상대할 만한 법이 전혀 없고, 한 순간도 머물지 않습니다. 모든 법은 전부 허망한 견해이니, 마치 꿈과 같고 불꽃과 같고 물 속의 달과 같고 거울 속의 모습과 같아서 망상 때문에 생기는 것입니다. 이렇게 아는 것을 일러 계율을 받든다고 하고, 이렇게 아는 것을 일러 잘 참회시킨다고 합니다.'

이 말을 듣고 두 비구는 말했습니다.

'뛰어난 지혜로다. 이것은 우파리께서 미치지 못하시는 것이다. 계율을 지키는 입장에서는 말할 수 없는 것이로다.'

그러므로 저는 그분에게 문병을 갈 수 없습니다."

죄와 참회를 분별하는 우파리는 유마 거사 앞에서 입을 열 수가 없었지요. 죄가 어디에도 없다면 참회는 또 어디 있느냐는 말이에요. 죄를 짓는다, 참회를 한다는 이게 전부 분별심입니다. 우리가 분별심 속에 갇혀 있는 것이 바로 문제의 본질입니다. 이(손가락을 세우며) 실상에는 분별이 없어요. 아무런 차별도 분별도 없단 말이에요.

이조 혜가와 삼조 승찬 사이에도 같은 이야기가 있지요.

승찬이 혜가를 찾아와 절을 하고는 말했습니다.

"저는 몸이 병에 걸려 아픕니다. 스님께서 죄를 참회시켜 주십시오."

혜가가 말했습니다.

"죄를 가져오너라. 그대를 참회시켜 주겠다."

거사는 한참 말없이 있다가 말했습니다.

"죄를 찾을 수가 없습니다."

혜가가 말했습니다.

"그대의 죄를 다 참회케 하였다."

그런데 이런 이야기를 들으면 보통 사람들은 오해할 수도 있습니다. 죄도 없고 참회도 없으니 제멋대로 행동해도 아무 탈이 없겠구나

62

하고 말이죠. 어린아이 앞에서는 말을 가려서 해야 한다고 하듯이, 분별망상에 사로잡혀 있는 중생들 앞에서는 진리를 말하기가 어려운 것입니다. 오직 진실한 믿음을 갖춘 사람만이 진리의 가르침을 들을 자격이 있습니다. 그러므로 어리석은 중생들에게는 인과응보(因果應報)라는 업(業)의 법칙을 가르쳐서 함부로 행동하지 못하게 합니다. 그러나 참으로 진리에 목이 마르고 참된 믿음을 갖춘 사람에게는 분별로써는 이해할 수 없는 진리를 가르쳐서 그 분별망상에서 빠져나오도록 합니다.

진리가 분별 밖에 있다고 하는 말은 진리가 분별 밖에 있다고 분별하라는 가르침이 아닙니다. 진리가 분별 밖에 있다고 분별한다면, 모든 분별을 무가치하고 쓸데없는 것이라고 다시 분별할 것이고, 마침내 진리만 알면 되고 모든 분별을 무시하고 제멋대로 살아도 된다고 다시 분별하게 될 것입니다. 분별과 분별 없음을 이렇게 분별하는 것이 바로 모두 분별일 뿐인데도, 스스로 분별 속에서 분별을 없애고 있으니 이것이야말로 어리석은 것이지요. 마치 꿈을 깨어나는 꿈을 꾸는 것과 같습니다. 만약 진리가 분별 밖에 있다고 분별한다면, 진리도 결국 분별 속에 있을 뿐입니다.

진리가 분별 밖에 있다고도 분별하지 마시고, 진리와 비진리라는 생각도 하지 마십시오. 모든 것은 다만 이것(손가락을 세우며)일 뿐입니다. 죄라는 생각도 하지 마시고, 참회라는 생각도 하지 마십시오. 모든 것은 다만 이것(손가락을 세우며)일 뿐입니다. 이것(손가락을 세우며)에는 분별이 있느니 없느니 하는 일이 없어요. 우리가 얼마든지 분별을 하더라도 이 모든 분별이 다만 이것(손가락을 세우며)일 뿐입니다. 여기에는 죄의식도 없고, 참회도 없고, 진리도 없고, 허위도 없습니다. 필요에 따라 모든 개념을 만들어 사용하지만, 그 모든 개념들이 다만 이것(손가락을 세우며)일 뿐이어서 아무런 개념도 없습니다. 필요에 따라 무한한 분별을 행하지만, 그 모든 분별이 다만 이것(손가락을 세우며)일 뿐이어서 아무런 분별도 없습니다. 필요에 따라 모든 행위를 하지만, 그 모든 행위가 다만 이것(손가락을 세우며)일 뿐이어서 아무런 행위도 없습니다.

우리의 가장 큰 어리석음이면서도 우리가 전혀 눈치 채지 못하고 있는 것은, 바로 우리가 언제나 우리의 생각, 우리의 판단, 즉 우리의 분별에 지배당하고 있다는 사실입니다. 진리와 허위, 선과 악, 죄와 벌, 가치와 무가치, 신과 인간, 부처와 중생 등등 이 모든 개념들은 다만 우리가 만든 것일 뿐이라는 사실을 우리는 잊어버리고 있습니다. 물론 이런 모든 개념들은 필요에 의하여 만든 것들이지만, 어쨌든 우리가 만든 것들이지 우리와 상관없이 본래 있었던 것은 아닙니다. 그러나 우리는 이런 개념들에 너무 큰 의미를 부여한 나머지 마치 이런 개념들이 우리와는 상관없이 본래부터 있는 것인 양 착각하고 있습니다. 우리가 필요에 의하여 만든 도구가 도리어 주인이 되고 우리 자신이 도구에 지배를 당하는 어처구니없는 일이 벌어지고 있지만, 아무도 그 문제를 눈치 채지 못하고 있습니다. 아무리 편리한 도구라고 하더라도 도구는 도구일 뿐입니다. 도구가 주인이 될 수는 없습니다. 도구는 우리가 만들어 사용하는 것일 뿐입니다.

이처럼 자신이 만든 개념을 진실이라고 여기며 숭배하는 것을 가리켜 우상 숭배라고 합니다. 우상이란 바로 우리가 가지고 있는 모든 개념들입니다. 자신이 가진 개념은 진실이고 남이 가진 개념은 우상이라고 하는 어리석음을 범해서는 안 됩니다. 어떤 개념이든 어떤 이름이든 그 이름과 개념을 진실이라고 여긴다면 모두가 우상 숭배입니다. 우리가 갇혀 있는 감옥은 바로 우리가 만든 개념의 감옥입니다. 나는 이러이러한 것이다, 인간은 이러이러한 것이다, 신은 이러이러한 것이다, 진리는 이러이러한 것이다…… 이러한 모든 분별이 우리 자신을 구속하는 감옥입니다. 이러한 모든 분별은 단지 우리 자신이 만든 것일 뿐인데도, 그것들이 본래 그런 것인 양 여긴다면 헛것을 진실이라고 여기는 것입니다. 우리가 본래 그렇게 있는 본질이라고 할 수 있는 것은 어떤 개념도 이름도 아닙니다. 개념이나 이름을 알고 있을 때나 모를 때나, 분별을 하고 있을 때나 분별이 없을 때나, 의식이 있을 때나 의식이 없을 때나 본래의 우리는 아무런 차별이 없습니다. "이런 것이 바로 본래의 우리다"라는 분별을 할 수도 없고, 개념을 가질 수도 없어요. 다만 이것(손가락을 세우며)일 뿐이죠. 이런 까닭에 불교 공부, 선(禪) 공부는 곧 우리의 본래면목(本來面目)을 회복하는 공부라고 하는 것입니다.

그러므로 본래면목이라고 하는 것은 단순한 이름일 뿐, 본래면목은 이러이러한 것이다 하고 분별되는 개념이 있을 수는 없습니다. "진리(법)는 진리라는 무엇이 있는 것이 아니라 다만 이름을 진리라고 부를 뿐이다", "진리(법)라는 이름으로 어떤 것도 얻을 것은 없다"라고 《금강경》에서 말하고 있지 않습니까? 또 《반야심경》에서는 "코도 없고, 눈도 없고, 귀도 없고, …… 삶과 죽음도 없고, 삶과 죽음으로부터의 해탈도 없고, 깨달음도 없다", "생겨나지도 않고 없어지지도 않고, 더할 것도 없고 뺄 것도 없다", "얻을 것이 없다"라고 하고 있지 않습니까? 불교에서 "만법(萬法)에는 자성(自性)이 없다"고 하는 것은 바로 모두가 우리가 만든 이름일 뿐, 진실은 그런 이름이 아니라는 말입니다. 나아가 '있다'와 '없다', '맞다'와 '틀리다', '이다'와 '아니다'조차도 모두 이름이요, 개념일 뿐입니다. 이렇게 되면 더 이상 생각이 의지하여 머물 곳은 없습니다.

다만 이(손가락을 세우며)뿐입니다. 얻을 것도 없고 잃을 것도 없고, 취할 것도 없고 버릴 것도 없습니다. 다만 이(손가락을 세우며)뿐입니다. 이것(손가락을 세우며)은 감각적으로 확인할 수 있는 것도 아니고, 의식적으로 판단할 수 있는 것도 아니고, 손으로 잡아 볼 수 있는 것도 아니고, 눈으로 볼 수 있는 것도 아니고, 냄새 맡을 수 있는 것도 아닙니다. 이렇게 분별할 수 있는 것은 아니지만, 이것(손가락을 세우며)은 아주 분명한 겁니다. 분명한 거예요. 모두가 다만 이것(손가락을 세우며)입니다. 언제나 다만 이것(손가락을 세우며)일 뿐인데, 우리는 교육받고 자신이 분별하는 개념을 진실이라고 착각하고 있습니다. 분별이라는 꿈 속에서 개념이라는 환상을 볼 뿐, 전혀 밝게 깨어 있지 못합니다. 그러므로 어둠 즉 무명(無明) 속에 있다고 하는 것입니다.

진실도 없고 거짓도 없고, 꿈도 없고 깨어남도 없고, 단지 이(탁자를 두드리며)뿐입니다. 지금 하고 있는 모든 말이 다만 이(탁자를 두드리며)뿐이고, 듣고 있는 모든 말이 다만 이(탁자를 두드리며)뿐입니다. 이것(탁자를 두드리며)은 아는 것도 아니고, 느끼는 것도 아니며, 어떤 것이라고 말할 수도 없습니다. 이것(탁자를 두드리며)이라고 하는 수밖에 다른 길이 없습니다. 여기(탁자를 두드리며)에 한 번 통해야만 비로소 모든 분별이 쉬어지고 다만 이(탁자를 두드리며)뿐이게 됩니다. 여기(탁자를 두드리며)에서 모든 분별이 쉬어지고 막힘 없이 통합니다. 그러므로 도(道)에 통한다고 합니다. "도가 이런 거구나!" 하고 아는 것이 아니고, 아무런 견해도 개념도 없이 다만 이렇게(탁자를 두드리며) 통하는 것이죠. 통하는 것은 곧 분명한 것입니다. 이(탁자를 두드리며) 이상 더 분명한 것은 어디에도 없습니다. 그 무엇도 이(탁자를 두드리며) 이상 더 분명할 수 없습니다. 통하는 것은 진실한 것입니다. 이(탁자를 두드리며) 이상 더 진실한 것은 없습니다. 그 무엇도 이(탁자를 두드리며)보다 더 진실할 수는 없습니다.

아직 통하지 못하고 생각 속에 있는 사람은 여기(탁자를 두드리며)에서는 앞뒤가 꽉 막혀서 깜깜한 어둠 속에 있게 됩니다. 이것(탁자를 두드리며)에는 생각이 접근할 수가 없기 때문이지요. 분별로써는 손을 쓸 수가 없기 때문에 꽉 막히게 됩니다. 이(탁자를 두드리며) 앞에서는 어떻게 할 바를 모르게 됩니다. 그래서 흔히 은산철벽이 앞을 가로막는다느니, 온통 의문만 있을 뿐이어서 의문의 덩어리 즉 의단(疑團)이니 하는 말을 합니다. 이(탁자를 두드리며) 앞에서는 어떻게 할 수가 없어요. 어떻게 할 수는 없지만, 사실은 이처럼 꽉 막혀서 깜깜한 것은 좋은 일입니다. 생각에 의지하여 살아가는 사람은 이렇게 꽉 막혀서 깜깜하면 견디기 어려워하지만, 모든 선입견과 장애를 버리고 진리에 접근하려고 발심한 사람에게는 이처럼 꽉 막혀 깜깜한 것이 좋은 일입니다. 꽉 막혀 깜깜한 곳에 머물러 더욱더 생각이 쉬어지게 되면, 문득 이것(탁자를 두드리며)에 통하게 됩니다. 이것에 통하면 막힘과 통함, 깜깜함과 밝음의 차별이 사라져 버립니다. 이것(탁자를 두드리며)에 통하면, 단 한 순간도, 백만 분의 일 초도 다른 일이 없어요. 언제나 이 것(탁자를 두드리며)이고, 전체가 이것(탁자를 두드리며)입니다.

모든 것이 여기(탁자를 두드리며)에 있고, 다만 이것(탁자를 두드리며) 입니다. 그러므로 온 세계가 다만 마음일 뿐이고, 삼라만상이 모두 의 식일 뿐이라고 합니다. 이것(탁자를 두드리며)에 통해야 합니다. 이것 (탁자를 두드리며)에 통해야 비로소 상상할 수도 없고 이해할 수도 없는 이것(탁자를 두드리며)이 실감되고, 오직 진실한 것은 이것(탁자를 두드 리며)뿐이라는 사실이 분명해집니다. 다만 이(탁자를 두드리며) 하나가 진실할 뿐이고, 온 세계가 이(탁자를 두드리며) 하나의 진실일 뿐입니 다. 그러므로 허망함과 진실함이 따로 없습니다. 오직 이것(탁자를 두 드리며)일 뿐이죠. 선(禪)에서는 이른바 화두라는 것을 제시하는데, 화 두를 제시하는 것은 바로 이것(탁자를 두드리며)을 제시하는 것입니다. "도가 뭡니까?" 하고 물으니 "뜰 앞의 잣나무"라고 답했고, "부처가 뭡니까?" 하고 물으니 "똥 닦는 막대기"라고 답했습니다. 이런 답은 모두가 바로 이것(손가락을 세우며)을 보여 주고 있는 것입니다. 다만 이것(탁자를 두드리며)을 보여 줄 뿐입니다. 그러므로 화두에는 이해할 뜻이 전혀 없습니다.

다만 이것(탁자를 두드리며)을 보여 주고, 이것(손가락을 세우며)을 확 인시켜 주고 있을 뿐입니다. 여기(탁자를 두드리며)에 통하고 이것(손가 락을 세우며)이 확인되면, 온 몸에서, 온 존재에서, 온 우주에서 다만 이것(탁자를 두드리며)이 확인될 뿐입니다. 감각적으로 의식적으로 확 인하는 게 아닙니다. 온 우주와 내가 하나가 되어, 우주도 없고 나도 없이, 온 우주 전체로서 이것(손가락을 세우며)이 확인됩니다. 무정물

(無情物)이 진리를 말한다는 말이 있지요? 해가 진리를 말하고, 달이 진리를 말하고, 바람이 진리를 말하고, 나무가 진리를 말합니다. 한 순간도 빠짐없이 앞에 나타나는 모든 것이 전부 이것(손가락을 세우며)입니다. 다른 것이 없어요. 다르다는 생각이나 말조차도 다만 이것이죠.

오직 이(손가락을 세우며) 하나가 진실할 뿐, 두 번째는 없어요. 이것(손가락을 세우며)을 확인하여 충분히 익숙해지면, 지금까지 진실을 모르고 헛된 것들을 좇아 살았다는 사실이 비로소 실감됩니다. 전도(顚倒)된 중생이라는 말을 이해하게 됩니다. 진실로 이(손가락을 세우며)뿐인데, 지금까지는 이것(손가락을 세우며)을 모르고 모습과 분별에만 의지하여 살았으니, 이제야 비로소 안도의 숨을 내쉬는 것입니다.

불교에서는 흔히 마음을 마니주(摩尼珠)라고 하죠. 마니주란 투명한 수정 구슬입니다. 수정 구슬을 눈앞에 놓고 보면, 앞에 나타난 모든 장면이 그 안에 다 들어 있어요. 근데 수정 구슬 안에는 사실 아무런 모습이 없어요. 모습은 나타나지만, 그런 모습은 수정 구슬 속 어디에도 없습니다. 마음도 마찬가지입니다. 마음에 온 세계가 나타나지만, 마음을 떠나 다시 세계가 있는 것이 아닙니다. 마음이 곧 세계요, 세계가 곧 마음입니다. 마음과 세계가 따로 있지 않으므로, 마음이니 세계니 하는 것은 단지 이름으로 분별될 뿐이고 실제로는 아무런 분별이 없습니다.

물론 마음이 수정 구슬처럼 그렇게 실재하는 사물이라고 여겨서는 안 됩니다. 이런 이야기는 다만 진실에 접근시키려는 목적을 가진 하나의 비유일 뿐입니다. 이것(손가락을 세우며) 하나를 가리켜 드리기 위해서, 또 모습에 속지 말라는 취지에서 이런 비유를 드는 겁니다. 진실은 분별로써 이해할 수 없습니다. (손을 흔들며) 이것은 머리로써 판단할 수 있는 게 아니에요. (손가락을 튕기며) 이것이 전부입니다. 《화엄경》에 보면 "티끌 하나 속에 온 우주가 다 들어 있다"고 하잖아요. (손가락을 까딱거리며) 여기서 온 우주를 모조리 확인하는 겁니다. 차를 마신다, 시계를 본다, 선풍기를 튼다, 밥을 먹는다, 모기에 물렸다 하는 등의 모든 경우에 이 하나를 확인하는 것일 뿐입니다. 이 하나를 깊이 확인해 보면, 결국 겉으로 보이는 모양은 아무리 다양하게 나타나도 모두가 결국 이(손가락을 세우며) 하나일 뿐입니다. 겉으로 보이는 모습이 아무리 다양하게 나와도 확인되는 건 이거 하나뿐입니다.

앞에서 우상 숭배를 말씀드렸는데, 우상 숭배는 좋지 못한 것입니다. 왜 좋지 못하냐 하면 자기 스스로가 만든 자기의 생각을 주인으로 삼고, 그 생각을 만들고 있는 자기 자신은 오히려 종이 되어 주객이 전도되어 있기 때문입니다. 주객이 전도되어 자기가 소외되는 것이 바로 번뇌입니다. 주인도 손님도 여기(손가락을 세우며)에서 일시에 소멸되어 버립니다. 영가 현각 스님은 《증도가》에서 이렇게 말했습니다. "한 번 뛰어서 곧장 여래의 지위에 들어간다." 이것(손가락을 세우며)이 분명해지면 모든 분별망상이 일시에 소멸되죠. 다만 이것입니다.

이것(손가락을 세우며)은 복잡하고 현묘한 것도 아니고, 저 위에 있는 높고 어려운 것도 아닙니다. 도리어 가장 일상적이고, 가장 낮고 가장 가까운 것이죠. 이것이 바로 진리입니다. 다만 우리가 분별에 싸이고 허망한 관념에 의지하여 좋아하고 싫어하고 취하고 버리고 하는 습관을 익혀 온 세월이 오래 되었고, 또 깨달음은 높고 멀리 있는 것이고 진리는 현묘하고 어려운 것이라는 선입견을 가지고 있기 때문에 진리와 깨달음을 매우 생소하게 여길 뿐입니다. 진리와 깨달음은 어려운 것도 아니고 쉬운 것도 아닙니다. 다만 우리 자신의 본성을 확인하는 일이므로 누구나 마음만 먹으면 가능한 일입니다. 물론 시간은 좀 걸리겠지만, 참된 관심과 끈기만 있으면 반드시 자신의 본래면목을 되찾을 것입니다.

불교에서는 육도에 윤회하는 중생들 가운데 사람만이 깨달을 수 있다고 합니다. 그러니까 사람으로 태어났으면 깨달음은 의무이고 특권입니다. 사람으로 태어난 것이 깨달음을 얻을 기회입니다. 그러니 꼭 이 공부를 해야 되겠다는 의무감 내지는 부담감이 있어야 합니다. 빚진 사람이 꼭 빚을 갚아야 한다는 부담감을 갖고 있듯이 부담감을 가지고 있으면, 자기도 모르게 자꾸 이 문제에 매달리게 되고, 결국에는 이 문제가 해결되게 됩니다. 물론 바른 가르침을 들을 수 있으면 문제가 해결될 기회는 훨씬 커집니다. 그러므로 바른 가르침을 듣는 것이 좋습니다. 바른 가르침을 들어야 자기도 모르게 쉽사리 바른 길로 갑니다. 만약 잘못된 가르침을 듣고서 잘못된 길로 가면 많은 시간과 노력을 허비할 수도 있습니다.

어떤 것이 바른 가르침일까요? 어떤 분별도 발을 붙이지 못하게 하고, 다만 이것(손가락을 세우며)만을 바로 가리키는 것입니다. 어떤 것이 잘못된 가르침일까요? 생각으로 분별하여 취하고 버리는 행동을 하도록 만드는 것이 모두 잘못된 가르침입니다. 그러므로 "생각을 고요히 하려 애쓴다"는 것은 버리고 취하는 잘못된 가르침이고 헛된 일입니다. 《반야심경》에도 분명히 나와 있듯이 더할 수도 없고 뺄 수도 없으며, 생겨나는 것도 아니고 사라지는 것도 아닌 것이 바로 진리입니다. (손을 흔들며) 이것을 어떻게 더하고 빼겠습니까? (탁자를 두드리며) 이것이 어떻게 생겨나고 사라지겠습니까? (손가락을 튕기며) 여기에 어떤 분별이 있겠습니까? (죽비를 집어 들며) 여기에 무슨 생각이 있겠습니까?

7.
圓同太虛　두루두루 큰 허공과 같아서
無欠無餘　모자람도 없고 남음도 없다.

　이것(손가락을 세우며)은 두루두루 큰 허공과 같아서 모자람도 없고 남음도 없습니다. 이것(손가락을 세우며)은 바깥도 없고 안도 없습니다. 이것(손가락을 세우며)은 작다 크다, 짧다 길다, 이것이다 저것이다, 옳다 그르다, 좋다 나쁘다 하고 분별할 수 없습니다. 세계 전체가 하나의 차별도 없습니다. 언제나 전체로서 부분이 없습니다. 막힘 없이 통할 뿐, 어떤 분별도 없습니다. 그러므로 이것(손가락을 세우며)이라고 말씀드리지만, 이것이라는 대상이 분별되는 것은 아닙니다. 이것이라고 말하는 것은 마지못해 하는 말이고, 실제 분별되는 이것이라는 대상이 있는 것은 아닙니다.

　그렇다고 이것(손가락을 세우며)이라고 말할 때에 아무것도 가리키지 않는다고 생각해서는 안 됩니다. 저것이 아니고 이것이라는 분별되는 대상이 있는 것은 아니지만, 이것(손가락을 세우며)이라고 말할 때는 전체가 하나로서 확인되고 있습니다. 티끌 하나를 보아도 전체이고, 가없는 하늘을 보아도 전체이니, 티끌과 하늘이 아무런 차별이 없습니다. 눈길 한 번 주는 것이 곧 전체요, 손길 한 번 움직이는 것이 곧 전체요, 말 한 마디 하는 것이 곧 전체요, 생각 한 토막 일으키는 것이 곧 전체입니다. 그러니 보는 것에 막히지 않고, 행동에 막히지 않고, 말에 막히지 않고, 생각에 막히지 않습니다.

8.

良由取捨 　취하고 버림으로 말미암아
所以不如 　본래 그대로 한결같지 못하다.

취하고 버리는 것이 곧 분별입니다. 이 분별 때문에 본래 그대로 한결같을 수가 없어요. 그러나 이렇게 말해도, 우리는 분별하는 습관을 수십 년 익혀 왔기 때문에, 분별에서 벗어나야 한다고 생각은 하지만 어떻게 벗어날지는 전혀 알 수 없습니다. 사실을 말하자면, 분별에서 어떻게 벗어나야 할지 알 수 없는 것이 옳습니다. 분별에서 어떻게 벗어날지를 안다면, 그렇게 아는 것이 바로 분별이므로 그렇게 해서는 분별에서 벗어날 수가 없는 것입니다. 누구도 분별에서 벗어나는 길을 분별할 수는 없습니다. 분별에서 벗어나는 길을 분별하고, 그 분별에 따라 행위하는 동안은 여전히 분별 속에 있을 뿐이기 때문입니다. 반야는 불꽃과 같아서 그 무엇도 가까이 다가갈 수 없다고 하듯이, 분별로써는 분별을 벗어난 진리에 접근할 수 없습니다.

분별을 쥐고 있을 수도 없고 내려놓을 수도 없으니, 어쩌면 좋을까요? 다만 가르침에 귀를 기울이십시오. 무엇이 도(道)입니까? "뜰 앞의 잣나무." 무엇이 부처입니까? "차 한 잔 하세요." 무엇이 진리입니까? "오늘 날씨가 맑습니다." 이렇게 가리켜 드립니다. 지금 이 법회에서 저는 말로써 법을 설명하는 것이 아닙니다. 말로써 법을 가르치는 것이 아닙니다. 한 순간 한 순간 말, 행동, 표정 등 모든 것을 가지고 법을 드러내고 가리키고 있습니다. 저의 한 마디 말은 전체를 드러내고 있고, 저의 표정 하나가 전체를 나타내고 있고, 저의 행동 하나가 전체를 가리키고 있습니다. 언제나 부분 없는 전체일 뿐, 구분하고 분별하는 일은 없습니다. 설사 시계를 보고 시계라고 하고, 책을 보고 책이라 하고, 날씨가 춥다고 하고, 배가 고프다고 하더라도 언제나 전체일 뿐, 분별은 없습니다.

9.

莫逐有緣  인연을 쫓아가지도 말고
勿住空忍  빈 곳에 머물러 있지도 말라.


　무언가를 붙잡고 있거나 어딘가에 의지하고 있는 것, 모든 것을 비워 버리고 텅 빈 곳에 머물러 있는 것은 쉽게 이해하고 쉽게 따라 할 수 있는 행동이지만, 이러한 행동은 바른 길이 아닙니다. 붙잡고 있거나 놓고 있는 것은 모두 분별이 시키는 행동입니다. 불교에서는 바른 길을 중도(中道)라고 하는데, 중도에서는 붙잡고 있지도 않고 놓고 있지도 않습니다. 붙잡고 있거나 놓고 있는 것을 흔히 외도(外道) 혹은 변견(邊見)이라고 합니다. 중도에서 어긋나기 때문에 외도라 하고, 정견(正見)에서 어긋나 치우쳐 있기 때문에 변견이라 합니다.
　진리는 색(色)도 아니고 공(空)도 아닙니다. 공을 버리고 색을 취하는 것도 아니고, 색을 버리고 공을 취하는 것도 아닙니다. 나아가 색이기도 하고 공이기도 하다고 생각하는 것도 아니고, 색도 아니고 공도 아니라고 생각하는 것도 아닙니다. 취하거나 버리는 행동을 하는 것도 아니고, 취하지도 않고 버리지도 않는다고 생각하는 것도 아닙니다. 이 모두가 분별의 범위를 벗어나지 못하기 때문입니다.

마음공부 하는 사람들이 흔히 범하는 잘못이 바로 이런 것들입니다. 마음이 무엇인가에 끊임없이 머물러 있게 하려고 애쓰는 것, 일어나는 생각과 다가오는 인연을 모두 비워 버리려고 애쓰는 것, 비우지도 않고 머물지도 않는 것이 옳다는 견해를 세워서 옳다고 여기는 것, 이러한 것들은 모두 분별을 따르는 것들이니 진리와는 상관이 없습니다. 이들은 모두 분별을 따라 허망하게 조작하는 것들이죠.

(손을 들어 올리며) 바로 이것입니다. (죽비를 들어 올리며) "이것이 죽비입니다." 중도라는 생각도 하지 말고, 외도라는 생각도 하지 말고, 정견이라는 생각도 하지 말고, 변견이라는 생각도 하지 말고, 진리라는 생각도 하지 말고, 허망하다는 생각도 하지 마십시오. (죽비를 들어 올리며) 바로 이것입니다. 이것은 취할 수도 없고 버릴 수도 없고, 생각으로 이해할 수도 없습니다. "그럼 어떻게 되는 걸까요?" (손을 들어 올리며) 바로 이것입니다. (죽비를 들어 올리며) 단 한 순간도 다른 것이 없습니다. (탁자를 치며) 아주 당연한 일이지요. 항상 이것뿐이죠.


10.

一種平懷  한결같이 평등하게 지니면
泯然自盡  사라져 저절로 끝날 것이다.

한결같이 평등하면, 한결같이 둘이 없으면, 한결같이 차별이 없으면, 저절로 아무 문제가 없습니다. 평등은 차별이 없는 것이지요. 그러면 어디에서 한결같이 평등할까요? (탁자를 치며) 바로 여기입니다. 생각으로 분별해서는 절대로 안 됩니다. 생각이 일어나서 "이게 평등하구나!" 하는 순간, 이미 평등하지 않은 겁니다. 생각이 일어나서 "아, 이것이로구나!" 하고 이해하는 순간, 이미 둘로 나누어 분별하고 있는 것입니다. 그렇다고 아무런 생각이 없어야 옳으냐? 물론 아닙니다. 생각이 없는 것 역시 분별입니다. (탁자를 치며) 이것은 생각이 있건 없건 다를 바 없습니다. 생각이 있거나 없거나 상관없이 언제나 이것이죠. (탁자를 치며) 이것은 생각을 하든 생각을 하지 않든, 앉든 눕든 서 있든 걸어 다니든, 아무런 차별이 없습니다. (손가락을 세우며) 다만 이뿐입니다. (탁자를 치며) 단도직입적으로 직접 가리킵니다. 단지 이것뿐입니다.

그런데 제가 이것(탁자를 치며)이라고 하니까, 제가 이것에 대한 견해를 가지고 있는 것처럼 생각할 수가 있습니다만, 제가 이것이라고 말할 때는 아무런 견해가 없습니다. 이것이라고 말할 때에 이것이라는 어떤 대상을 염두에 두고 하는 말이 아닙니다. 이것이라고 말할 때는 분별 없는 전체가 있을 뿐입니다. 우주 전체를 집어서 보여 드린다고나 할까요? 언제나 이렇습니다. 이것이라고 말하지만, 아무런 견해가 없습니다. 아무 분별 없이 통째로 가리키고 있습니다. 바로 이것(탁자를 치며)이지요.

"도가 무엇입니까?"라는 질문에 답하여, "뜰 앞의 잣나무", "마삼근", "수미산", "커피잔", "마이크", "천장", "방바닥"이라고 말합니다

만, 이렇게 말할 때도 역시 이름이 가리키는 대상을 염두에 두고 하는
말은 아닙니다. 언제나 차별 없는 전체를 드러내 보일 뿐입니다. 언제
나 하나를 가리킬 뿐입니다. (탁자를 치며) 이것은 절대로 개념으로 접
근할 수 있는 것이 아닙니다. 제가 이런저런 이야기를 하는 것은 한편
으로는 분별에 머무는 병을 치유하기 위한 약으로써 하는 말이지만,
사실은 언제나 다만 이것(탁자를 치며)을 가리키고 있는 것입니다.

11.
止動歸止　움직임을 그쳐 멈춤으로 돌아가면
止更彌動　멈춤이 더욱더 움직이게 된다.

　공부하는 사람이 움직임과 멈춤을 분별하여, 움직이는 것은 시끄러
운 것이고 멈추는 것은 고요한 것이라고 하여 멈춤을 추구하는 경우
가 있습니다. 그러나 움직임과 멈춤은 단순히 우리가 분별한 것일 뿐
입니다. 움직임과 멈춤은 전혀 차별이 없어요. 움직여도 다른 것이 없
고, 멈추어도 다른 것이 없습니다. 고요히 있어도 다른 일이 없고, 시
끄럽게 움직이고 있어도 다른 일이 없어요. 언제나 다만 이것(탁자를
치며)이죠. 시끄럽게 움직이고 있어도 이것이고, 가만히 숨도 안 쉬고
있어도 이것입니다.
　물을 가지고 비유하자면, 시끄럽게 흔들리며 물결이 일어도 물이
고, 거울처럼 잔잔해도 역시 물일 뿐입니다. 언제나 물일 뿐, 아무 다
른 것이 없죠. 만약 물결을 본다면, 시끄럽게 흔들림과 거울처럼 고요
함이 분별되지요. 하지만 물결을 보는 것은 본질을 보는 것이 아닙니

다. 이름으로는 물결이라 하지만, 물결이 실제로 존재하는 것이 아니라, 다만 물이 스스로의 본성에 따라 흐르고 있을 뿐인 것입니다. 그러므로 움직임 없는 고요함을 추구하는 사람은 앞에서 말했듯이 치우친 견해요, 외도입니다.

흔히 고요히 앉는 것을 공부로 여기는 경우가 있지만, 이것은 본질을 망각하고 분별되는 모양을 따라가는 어리석은 행동입니다. 공부의 방향이 어긋나 있는 것이지요. 고요한 것이 진실이다, 혹은 시끄러운 것이 진실이다 하고 분별할 수가 없습니다. 여기(탁자를 치며)에는 앉아 있거나 누워 있거나 움직이거나 멈추거나 하는 차별이 없습니다.

이 세상 모든 것을 다 분별하지만, 이것(탁자를 치며)은 분별할 수 없어요. 분별하게 되면 여여(如如)하지 못합니다. '여여'는 '차별이 없다', '둘이 없다'는 뜻입니다. 바로 (손을 들어 올리며) 이것이 여여입니다. 제 설법을 듣고 계시면 아무 생각도 할 수 없게 될 것입니다. 이것이라고 했다가 이것이 아니라고 하고, 있다고 했다가 없다고 하고, 취할 수도 버릴 수도 없다고 하니, 생각이 갈피를 잡을 수 없을 겁니다. 생각으로 듣는 사람이야 당황스럽겠지만, 저를 믿고 제 말에 귀를 기울이는 사람은 시간이 흐르면서 점차 생각이 쉬어질 것입니다. 법회에서는 결국 생각이 아닌 바로 이것(탁자를 치며)을 가리켜 드리고, 여기(탁자를 치며)로 이끌고 있습니다. (탁자를 두드리며) 이것은 생각과 아무 관계가 없습니다. 안다거나 모른다거나 할 수 있는 것이 아닙니다. 알아도 다름이 없고 몰라도 다름이 없어요. 이 세계는 본래 둘이 아니고 차별이 없는 평등한 세계입니다. 참으로 이(탁자를 치며)밖에 또 무엇이 있겠습니까?

12.

唯滯兩邊   오로지 양쪽에만 머물러 있어서야

寧知一種   어찌 한결같음을 알겠는가?

13.

一種不通   한결같음에 통하지 못하면

兩處失功   양쪽에서 모두 공덕을 잃으리라.

14.

遣有沒有   있음을 버리면 도리어 있음에 빠져들고

從空背空   공(空)을 따르면 도리어 공을 등지게 된다.

15.

多言多慮　말이 많고 생각이 많으면
轉不相應　더욱더 통하지 못한다.


16.

絶言絶慮　말이 끊어지고 생각이 끊어지면
無處不通　통하지 않는 곳이 없다.

12.

唯滯兩邊　오로지 양쪽에만 머물러 있어서야
寧知一種　어찌 한결같음을 알겠는가?

"이것이냐, 저것이냐?" 하고 분별하고 있다면, 어떻게 한결같음이
있겠습니까? 어떻게 평등함이 있겠습니까? 이것(탁자를 두드리며)은
이것도 아니고 저것도 아닙니다. (두 손을 들어 올리며) 여기에 무슨 이
런저런 차별이 있습니까? 언제나 전체가 있을 뿐이고 전체를 쓸 뿐입
니다. 한 마디 말이 전체요, 먼지 한 톨이 전체요, 한 번 행동하는 것이
전체요, 한 번 느끼는 것이 전체요, 전체라는 생각 없이 전체요, 둘 아
니라는 생각 없이 둘이 아닙니다.

옳다고 해도 이것(탁자를 치며)이고, 그르다고 해도 이것(탁자를 치며)
이고, 이것이라 해도 이것(탁자를 치며)이고, 저것이라 해도 이것(탁자
를 치며)이고, 있다고 해도 이것(탁자를 치며)이고, 없다고 해도 이것(탁
자를 치며)이고, 안다고 해도 이것(탁자를 치며)이고, 모른다고 해도 이

것(탁자를 치며)이고, 하늘도 이것(탁자를 치며)이고, 땅도 이것(탁자를 치며)이고, 나도 이것(탁자를 치며)이고, 너도 이것(탁자를 치며)이고, 추워도 이것(탁자를 치며)이고, 더워도 이것(탁자를 치며)입니다. 눈길을 돌려 보세요! 숨을 쉬어 보세요! 눈을 깜박여 보세요! 손을 들어 보세요! 걸음을 걸어 보세요! 소리를 내어 보세요! 언제나 다만 이 하나뿐이지 않습니까?

## 13.

一種不通　한결같음에 통하지 못하면
兩處失功　양쪽에서 모두 공덕을 잃으리라.


'한결같음'이란 '둘 없는 하나', '차별 없는', '분별 없는' 정도의 뜻입니다만, 물론 이런 개념들로 이해할 수 있는 말은 아닙니다. 개념으로 이해하려면 최소한 둘로 분별되어야 합니다. '이쪽'이라는 개념을 이해하면 벌써 '이쪽 아닌 쪽'이라는 개념도 함께 이해하는 것이죠. 즉 개념적인 이해는 언제나 분별이고, 분별은 언제나 둘로 나뉘는 것입니다. 그러므로 '둘 없는 하나'는 개념으로 이해할 수 있는 말이 아니죠. 다시 말해, 개념으로 이해한다고 여기지만 '둘 없는 하나'를 실제로 확인하는 것은 아닙니다. '둘 없는 하나'라는 말은 곧 무엇이라고 지정할 수도 없다는 뜻이고, 정해진 곳에 머물 수도 없다는 뜻입니다. 무엇을 붙잡거나 어디에 머물러서 "이것이 둘 없는 하나다"라고 할 수는 없는 것이죠.

그러므로 '둘 없는 하나'는 이해할 수도 없고, 설명할 수도 없습니다. '둘 없는 하나'는 다만 곧장 지적할 수 있을 뿐이죠. 곧장 이렇게 (손가락을 세우며) 가리킬 수 있을 뿐입니다. 분별하여 이해할 수도 없고, 설명할 수도 없고, 다만 이렇게(손가락을 세우며) 가리킬 수 있을 뿐입니다. 이렇게(손가락을 세우며) 가리킨다고 하더라도, 물론 "바로 이것이 둘 없는 하나로구나" 하고 알아차리거나 이해할 수는 없습니다. 이해할 수 없기 때문에 곧장 이렇게(손가락을 세우며) 가리키는 것이니, 곧장 이렇게(손가락을 세우며) 가리킬 때는 이해하는 것이 아니라, 가리키는 사람과 동일한 입장에 서서 동일하게 보고, 듣고, 가리켜야 합니다. 이것을 일러 이심전심(以心傳心)이라 합니다. 이 공부는 이렇게 이심전심으로 되는 것입니다. 깨달음도 이심전심으로 성취됩니다.

저는 언제나 "이것입니다"(손가락을 세우며) 하고 가리킵니다. 이렇게 할 때는 곧장 이것(손가락을 세우며)을 드러내는 것이지, 분별할 수 있는 무엇을 가리키는 것은 아닙니다. 이것(손가락을 세우며)은 분별할 수가 없기 때문에 분별하도록 가리킬 수는 없습니다. 그러나 여러분이 정말로 이것(손가락을 세우며)을 확인하고자 하는 뜻이 간절하다면, 언젠가는 이것(손가락을 세우며)을 확인하는 순간이 옵니다. (손가락을 세우며) "이것입니다" 하고 말할 때는 온 우주에 있는 먼지 한 톨도 빼놓지 않고 말하는 겁니다. (손가락을 세우며) "이것입니다" 하고 말할 때는 이 손이나 표정이나 말을 가리키는 것이 아니고, 온 우주에 있는 먼지 한 톨도 빼놓지 않고 우주 전체를 몽땅 가리키는 것입니다.

먼지 한 톨 한 톨을 가리키더라도 역시 우주 전체를 몽땅 가리키는 것입니다. 언제나 이쪽 저쪽이 없는 전체입니다. 바로 이것(손가락을 세우며)이 확인되면, 지금까지 이쪽과 저쪽을 나누어 이해하던 그런 모든 분별이 한 순간 싹 사라지면서 부분 없는 하나가 됩니다. 부분 없는 하나가 되니 마음이 따로 없고 세계가 따로 없고, 이쪽이 따로 없고 저쪽이 따로 없습니다. 이것을 일러 일종(一種) 즉 '한결같은 하나'라고 하는 것입니다. 그러므로 꽃 한 송이가 우주 전체요, 나뭇잎 하나가 우주 전체요, 매미 울음소리가 우주 전체요, 푸른 하늘이 우주 전체요, 손가락 한 번 튕기는 것이 우주 전체입니다.

이것(손가락을 세우며)은 다만 이것(손가락을 세우며)일 뿐입니다. 보이는 것이 곧 이것이고, 들리는 것이 곧 이것이고, 느끼는 것이 곧 이것이고, 생각하는 것이 곧 이것이고, 행동하는 것이 곧 이것입니다. 바로 이것(손가락을 튕기며)이 모든 것이고, 모든 것이 바로 이것(손가락을 튕기며)입니다. 저 푸르른 녹음, 물 소리, 귀뚜라미 소리, 새 소리, 푸른 하늘, 흔들리는 나뭇잎, 이 모든 것이 전부 하나입니다.

비유하자면, 극장에서 영화를 보는 것과 같습니다. 모든 그림은 영화 화면 위에 나타나는데, 그 그림만 보면 모든 그림이 하나하나 별개로 달리 있는 것 같지만, 사실은 하나의 화면이 있을 뿐이죠. 다른 비유를 들면, 마치 햇빛과 같습니다. 해가 떠서 햇빛이 쏟아지면 천지는 수없이 많은 색깔과 모양으로 드러나지만, 사실 우리가 보는 것은 한결같이 햇빛일 뿐이죠. 이처럼 온갖 종류로 차별되어 나타나는 것들이 실제로는 한결같이 하나입니다. 이것(손가락을 튕기며) 하나란 말입니다. 온갖 차별 그대로가 아무 차별이 없는 거예요.

(맴맴 하고 매미 우는 소리가 들린다.) 지금 저기 매미 소리가 들리잖아요? "저 소리가 매미에게서 나오는 겁니까, 자기에게서 나오는 겁니까?" 하고 물어보면, 어떤 사람은 매미에게서 나온다 할 것이고, 어떤

사람은 자기에게서 나온다 할 것이지만, 사실은 매미에게서 나오는 것도 아니고 자기에게서 나오는 것도 아닙니다. 매미가 따로 없고 자기가 따로 없고, 매미가 곧 자기요, 자기가 곧 매미입니다. 매미 소리가 곧 전체요, 전체가 곧 매미 소리입니다. 또 무엇을 보고 있으면, "저 색이 저쪽에 있느냐, 나에게 있느냐?" 하고 물어봅니다. 어떤 사람은 저쪽에 있다 하고 어떤 사람은 자기에게 있다 하면서 헤아리겠지만, 저쪽에 있는 것도 아니고 나에게 있는 것도 아닙니다. 저쪽도 이것이요, 나도 이것입니다. 이것은 정해진 자리가 없어서, 밖에 있는 것도 아니고, 안에 있는 것도 아니고, 중간에 있는 것도 아닙니다. 그러나 온 천지 어디를 가든 무엇을 하든 모두가 이것 아님이 없어요. 그러므로 생각으로는 절대로 헤아릴 수 있는 게 아닙니다. 반드시 한 번 스스로에게서 확인이 되어야 합니다.

어쨌든 이쪽과 저쪽, 안과 밖, 나와 남, 이런 식으로 차별을 하면 이것과는 전혀 관계가 없습니다. 모든 차별이 소멸된 곳이 여기(손가락을 튕기며)입니다. 모든 차별이 소멸되면 다만 이것뿐인 거예요. 모든 차별이 소멸된 뒤에는 이쪽과 저쪽을 지적하고, 안과 밖을 나누고, 나와 남을 말하더라도 한결같이 이것이지 다른 것은 없습니다. 그러면 이 우주라는 한 폭의 그림이 여기에 몽땅 있는 것임을 알게 됩니다. 우주는 분리할 수 없는 한 폭의 그림이에요. 이 한 폭의 그림이 바로 일종(一種)이요, 한결같음입니다. 그러므로 한결같음에 통하면, 이쪽이든 저쪽이든 자유롭게 오가면서도 이쪽과 저쪽 어디에도 머물거나 구속되지 않습니다. 한결같음에 통하지 못하면, 이쪽으로 오면 이쪽에 머물러 구속되고, 저쪽으로 가면 저쪽에 머물러 구속됩니다.

이처럼 일종(一種), 이 하나에 통하지 않으면, 분별하는 하나하나에 모조리 막히고 구속되어 버립니다. 이 하나에 통하면, 분별하는 하나하나가 곧 전체이니 머물 곳이 따로 없고 구속될 수가 없습니다. 그러므로 이 하나가 분명하면, 말을 해도 말하지 않는 것이고, 생각을 해도 생각하지 않는 것이고, 행동을 해도 행동하지 않는 것입니다. 말을 해도 말이 없고, 생각을 해도 생각이 없고, 행동을 해도 행동이 없으니까 지을 업(業)이 없습니다. 불교에서 깨달으면 업에서 해탈한다고 하잖아요? 바로 이것을 말하는 것입니다. 불교에서 말하는 업은 신구의(身口意) 삼업(三業) 아닙니까? 생각으로 짓는 업, 말로써 짓는 업, 행동으로 짓는 업이지요. 이 하나에 통하면, 마음대로 말하고 마음대로 생각하고 마음대로 행동을 해도 생각이 없고 말이 없고 행동이 없어요. 그러니 업이 없지요. 그러나 이 하나에 통하지 못하면, 생각하면 생각에 구속되고, 말하면 말에 구속되고, 행동하면 행동에 구속됩니다. 자기가 하는 생각과 말과 행동에 구속되어 그 영향을 받는 것을 업이라 하는 것입니다.

이 하나가 분명하면, 업이라든지 죄라든지, 옳다 그르다, 좋다 나쁘다 하는 모든 분별들이 한결같이 이것(책상을 두드리며)입니다. 만법이 하나로 귀결된다고 말하잖아요? 만법이 하나로 돌아가는 것이 아니라, 하나하나의 만법이 모두 다만 이것입니다.

"하나에 통하지 못하면 양쪽에서 공덕을 잃는다"는 말은, 이 하나(책상을 두드리며)에 통하지 못하면 하나하나의 만법이 제각각 따로 있게 되고, 그 제각각 따로 있는 것이 헤아릴 수 없이 많으니 갈피를 못 잡고 헤매게 된다는 뜻입니다. "하나에 통한다"는 것을 또 심리적인

86

측면에서 말해 본다면, 어떤 인연에 마주치고 어떤 경우를 만나더라도 마음에 분열이 없다는 것입니다. 심리적으로 분열감, 분열이라는 건 불안하다는 겁니다. 그런 불안이 없어요. 흔들림 없이 안정되지요. 《육조단경》에서는 선(禪)을 말하기를, "안으로 혼란스러움이 없고, 바깥으로 경계에 끄달리지 않는다"고 하였지요. 언제나 이것(책상을 두드리며)이니, 어떤 경우에도 불안하게 흔들리는 경우가 없습니다. 어떤 경우를 만나더라도 언제나 저절로 한결같으니, 아무런 흔들림과 분열이 없어요. 이것을 두고 다이아몬드 즉 금강석같이 단단하다고도 합니다. 끄달림이 사라지고 단단하게 안정되는 거지요.

14.
遣有沒有  있음을 버리면 도리어 있음에 빠져들고
從空背空  공(空)을 따르면 도리어 공을 등지게 된다.

  마음공부 하는 사람들이 빠지기 쉬운 잘못된 길은 있음에 머물거나 없음에 머무는 것입니다. "본래마음은 이러한 것이다"라고 정해진 대상을 만들어 그 대상에 머물러 있거나, "나타나는 것은 모두 허망한 망상(妄想)이고 진실한 본래마음은 텅 빈 허공과 같다"고 여겨 오로지 아무것도 없는 것만을 추구하는 것이죠. 그런데 사실은 "본래마음은 이렇게 있다"라고 여기든 "본래마음은 텅 빈 허공이다"라고 여기든 이 모두는 자신의 분별에서 말미암은 것으로서, 분별의 범위를 벗어나지 못한 것입니다.
  가장 흔한 것은 '있음을 버리고 공을 따르는' 것입니다. 이런 사람들은 "생각은 나쁜 것이니 생각을 비워 버리자, 생각을 내려놓아 버리자"라고 합니다. 그런데 우리가 무엇을 싫어하면 언제나 그것에서 떠날 수가 없는 것처럼, 버리고 피하면 오히려 더 집착하게 됩니다. 마음공부의 길은 버리고 취하는 곳에 있지 않습니다. 마음은 이미 있는 것이니 다시 취할 수가 없고, 마음은 곧 자기 자신이니 버릴 수가 없습니다. 생각이 비록 시끄럽다고 하여도 마음 밖에 따로 있는 것이 아닙니다. 그러니 생각은 버릴 수도 취할 수도 없는 것입니다.

흔히 아무 생각도 없이 고요히 있는 것을 삼매(三昧)라고 부르며, 삼매에 빠져 있는 것을 올바른 공부라고 착각합니다. 그러나 삼매는 억지로 어떤 상황을 조작하여 연출하는 것입니다. 그러므로 본래 갖추고 있는 심성(心性)을 깨닫는 우리 불교의 가르침은 삼매를 추구하는 것이 아닙니다. 마음의 본성은 억지로 조작하여 깨달아지는 것이 아닙니다. 마음을 흔히 물에 비유합니다. 물은 정해진 모양이 없이 물이 담기는 그릇에 따라 그 그릇의 모양을 그대로 나타내지요. 또 물은 바람이라는 인연을 만나면 물결이 일어납니다. 마음 역시 이와 같아서, 삼라만상의 모습은 바로 마음이 나타난 것이요, 끊임없이 일어나는 생각은 마음의 물결입니다. 삼매처럼 억지로 마음을 고정시키는 것은 마치 물을 얼려 얼음으로 만드는 것과 같으며, 또는 물 위에 덮개를 덮어 바람을 가리는 것과 같습니다. 모두 물의 본성을 죽이는 부자연스럽고 억지스러운 조작입니다.

그러나 "모든 것은 있는 그대로 진실하니 아무 조작도 하지 말고 있는 그대로 받아들이자"라고 생각한다고 하여 깨달음이 있는 것은 아닙니다. 이러한 생각 역시 분별에 의하여 만들어진 허망한 것일 뿐이기 때문이죠. 예컨대 강물의 진면목을 알려면 물 밖에서 물을 구경만 할 것이 아니라, 물 속으로 들어가 물과 하나가 되어 흘러야 하겠죠. 마음 역시 마찬가지입니다. 마음의 모습을 그리려고 하면 도리어 마음에서 멀어집니다. "마음은 이런 것이다"라거나, "마음은 이런 것이 아니다" 하는 것은 모두 마음의 모습을 그리려는 짓입니다.

마음의 모습은 결코 그릴 수가 없습니다. 그렇다면 도대체 어떻게 해야 할까요? 어떻게 할 것은 없습니다. 바로 이것(손을 흔들며)입니다. "바람에 나뭇잎이 흔들흔들 해요." 이것입니다. "구름이 흘러가요." 이것입니다. "매미가 울어요." 이것입니다. "졸졸졸 물 소리가 들려요." 이것입니다. "해가 중천에 있으니 더워요." 이것입니다. 이 세계는 하나의 움직임입니다. 움직이게 하는 중심이 어디냐? 중심이 없어요. 세계는 이렇게 하나의 흐름입니다. "나뭇가지가 흔들거려요." "뺨이 가려워요." 하나의 움직임입니다.

어떤 사람은 대나무에 돌이 탕! 부딪치는 소리에 이것을 확인하고, 어떤 사람은 피어 있는 꽃을 보고, 어떤 사람은 "뜰 앞의 잣나무"라는 말을 듣고 이것을 확인합니다. 온 우주의 움직임은 하나의 움직임입니다. 한 톨의 먼지가 흩날리는 걸 보면 우주 전체를 보는 겁니다. 《화엄경》에 일미진중함시방(一微塵中含十方)이라는 말이 있죠. "하나의 먼지 속에 온 우주가 다 들어 있다"는 말입니다. 지금 나뭇잎이 바람에 흔들리죠. 이것입니다. 온 세상의 모든 일이 하나의 일입니다. 만법유식(萬法唯識)이란 말이 있죠. "만법은 오로지 식일 뿐이다"라는 말입니다. 삼라만상 하나하나가 분리되지 않은 하나의 움직임, 하나의 흐름, 하나의 몸, 한 물건이에요. 지금 제가 이것을 계속 "이것입니다"

하고 가리켜 드리는 겁니다.

15.
多言多慮　말이 많고 생각이 많으면
轉不相應　더욱더 통하지 못한다.

　이것(손가락을 흔들며)이 분명하면, 아무리 말을 많이 하고 아무리 생각을 많이 해도 상관이 없습니다. 한 마디 한 마디의 말, 하나하나의 생각이 모두 이것(손가락을 흔들며)이어서 차별이 없기 때문입니다. 그러나 이것이 분명하지 못하면, 한 마디 한 마디 말이 각각 따로 있고, 하나하나의 생각이 각각 따로 있으니, 한 마디 말에 얽매이고 한 생각에 구속되어서 거침없이 통하는 자유는 없습니다.

　흔히 하는 말 가운데 "낙처가 어딘 줄 아느냐?", "낙처가 어디냐?"라는 말이 있지요? '낙처'라는 말은 중국말이고, 우리말로 하면 '귀결점'이라는 뜻입니다. "낙처가 어디냐?"는 "귀결점이 어디냐?", "결국 무엇이냐?"는 뜻이에요. 달리 말하면 "실상이 뭐냐, 정체가 뭐냐, 진실이 뭐냐?"는 뜻입니다. 어떤 말을 하든지, 어떤 생각을 하든지, 뭘 보든지, 뭘 듣든지, 어떤 행동을 하든지, 이 낙처가 분명해야 합니다. 말이나 생각이나, 보고 듣는 것이나, 행동하는 것은 끊임없이 생겨나고 없어지면서 헤아릴 수 없이 많지만, 낙처는 언제나 하나뿐입니다. 만 가지 온갖 일들이 바로 여기(손가락을 흔들며)에서 일어나고 사라집니다. 만 가지 일이 다만 이것(손가락을 흔들며)이지요. 그 까닭에 "만법일귀(萬法一歸), 모든 것은 하나로 돌아간다"고 합니다. 만법의 낙처는 오직 이것(손가락을 흔들며)입니다. 옛 선사(禪師)들은 "법이 뭡니까?" 하고 물으면, "푸른 하늘에 흰 구름이 흘러간다"고 하잖아요. 어리석은 사람은 "법을 물었는데 푸른 하늘에 흰 구름이 흘러간다니 무슨 알 수 없는 소리냐?" 하겠지만, 이것은 낙처를 보여 주고 있는 겁니다. "법이 뭡니까?" "저 나뭇잎을 봐라", "물 소리를 들어라", "삼삼은 구니라." 이렇게 말할 수도 있겠지요.

불교 중관철학에서는 하나가 되지 못하는 이유는 결국 자기 스스로가 분별을 일으키기 때문이라고 합니다. 자신이 만든 분별을 통해 세계를 바라보니까 세계는 분별된 세계가 되어 버립니다. 자기가 만든 분별의 그물에서 빠져나오면, 세계는 차별 없는 하나입니다. 중관철학의 요점이 바로 이거예요. 결국 망상의 원인은 스스로에게 있는 겁니다. 그런데 스스로 쳐 놓은 분별의 그물에서 자기가 능동적으로 빠져나올 수는 없어요. 왜? 능동적으로 무엇을 한다는 것은 곧 분별을 행하는 것이므로, 능동적으로 무엇을 한다는 것은 바로 분별의 그물을 치는 것이기 때문입니다. 그러므로 능동적으로 무엇을 해서는 분별의 그물에서 빠져나올 수 없습니다. 이 공부는 무엇을 행하는 것도 아니고, 무엇을 행하지 않는 것도 아닙니다. 무엇을 아는 것도 아니고, 무엇을 잊어버리는 것도 아닙니다. 무엇을 취하는 것도 아니고, 무엇을 버리는 것도 아닙니다. 어딘가를 향하여 가는 것도 아니고, 어디에서 떠나는 것도 아닙니다.

그럼 어떻게 하란 말입니까? 이것(손을 흔들며)입니다. 이렇게 바로 가리켜 드립니다. 이렇게 바로 가리켜 드리는 것을 잘 보시고 잘 귀 기울이시다 보면, 어느 순간 문득 이것(손을 흔들며)에 통하게 됩니다. 이것(손을 흔들며)을 확인하는 것이지요. 꾸준히 귀를 기울이고 이 문제에 몰두해 있다 보면, 한 순간 차별의 그물이 사라지는 경험을 하는 거예요. 만법에 차별이 다 사라져 버리는 거지요. 차별이 사라지는 체험이니 불이(不二)의 체험을 한다고 말할 수가 있겠죠. 차별이 사라지고 나면, 모든 경우에 다만 이 하나의 진실이 있을 뿐입니다. 물결의 비유를 흔히 들잖아요? 물결을 하나하나 헤아리면서 차별하다가 어느 순간 차별이 딱 사라지면, 어느 물결을 보든 다만 물일 뿐이죠.

불교는 다만 이 불이법문(不二法門) 하나를 가리키고 있을 뿐입니다. 지금 여기(손을 흔들며)에서 문득 모든 차별이 사라지게 되면, 오랫동안 갑갑하게 막혀 있던 속이 쑥 뚫려 버리는 것 같습니다. 이제는 세계가 새로워집니다. 세계의 겉모습은 지금까지 보아 왔던 그 세계이지만, 스스로는 완전히 새로운 세계에 있습니다. 이제 이 새로운 세계를 더 뚜렷하고 더 확실하게 보고 싶은 욕구가 일어납니다. 이제부터는 공부가 재미있습니다. 지금까지는 길을 찾지 못해서 괴롭게 헤매 다닌 세월이라면, 지금부터는 길에 들어서서 차분히 길을 가면서 이 길에 더욱 익숙해지고 이 길을 완전히 자신의 것으로 만들어 가는 재미가 있어요. 이제 순간순간 삶을 즐기게 됩니다. 모든 순간에 이것이 눈앞에서 팔딱팔딱 살아 있습니다. 이 즐거움은 말로 다 할 수가 없죠.

언제나 한결같습니다. 이런 걸 무아지경이라고 하는지 모르겠지만, 어쨌든 즐거움이에요. 정말 날아갈 것 같은 그런 거죠. 가볍고 자유롭습니다. 자기 존재의 무게가 사라져 버린다고나 할까요? 자기라는 존재가 따로 있지 않고, 언제나 차별 없는 전체입니다. 철학적으로 표현하면, '나'라고 하는 존재의 무게가 사라진다고 할 수 있을 겁니다. 사실 '나'라는 존재가 가장 부담스럽고 가장 무겁지요. 이것이 분명하면, '나'도 없고 '남'도 없고 한결같이 다른 것이 없습니다. '나'다 '남'이다 하는 차별에 시달리지 않으니, 막힘 없이 자유로운 것입니다. 다만 이 것(손을 흔들며)입니다.

16.
絕言絕慮　말이 끊어지고 생각이 끊어지면
無處不通　통하지 않는 곳이 없다.

원융무애(圓融無碍)라는 말을 많이 하잖아요? 두루두루 통하여 장애가 없다는 말이죠. 절에 가도 원통보전(圓通寶殿)이라고 쓴 현판이 있습니다. 원통(圓通)이란 '두루두루 통한다'는 말이니, 막히는 데가 없다는 말이지요. 이것(손가락을 세우며)을 말한 겁니다. 전체가 하나라 두루두루 통해서 막히는 데가 없어요. 막힌다는 것은 곧 차별되는 것이고, 차별된다는 것은 곧 분별한다는 것이죠. 분별하는 것은 곧 생각하고 말하는 것입니다.

그러나 여기서 "말이 끊어지고 생각이 끊어진다"고 하는 것은 "말을 하지 않고 생각을 하지 않는다"는 뜻은 아닙니다. "말을 해도 말이 없고, 생각을 해도 생각이 없다"는 뜻입니다. 말을 해도 말이 아니라 이 것(손가락을 세우며)이고, 생각을 해도 생각이 아니라 이것(손가락을 세우며)입니다. 한결같이 이것이니, 말을 해도 말이 없고 생각을 해도 생각이 없습니다. 한결같이 이것이니 막힘 없이 통합니다.

언제나 다만 이것이므로 하나를 가리키든 열을 가리키든 아무 차이가 없습니다. 하나를 가리키든, 열을 가리키든, 백을 가리키든, 우주 전체를 빼놓지 않고 모조리 가리키든, 한결같이 이것이죠. 경전의 말씀이 바로 이 불이법문(不二法門)을 말하는 것입니다. 그렇지만 이것을 맛본 뒤에야 비로소 경전의 말씀이 헛된 이론이 아님을 알게 됩니다. 분별로써 경전을 읽으면 경전은 허점이 많고 서투른 일개 철학 이론처럼 보일 수 있습니다. 그러나 사실 경전은 무슨 이론을 세워 놓고 있는 것이 아닙니다. 경전은 분별이라는 병에 걸린 중생을 치료하는 약(藥)입니다. 이 약은 언제나 불이법문을 가리켜서 이법(二法)의 분별을 치료하려고 합니다. 이것을 확인해 보아야 비로소 경전에서 그렇게 말하는 근거를 납득하게 됩니다. 이것을 확인하지도 않고 단순히 분별로 경전을 이해하려는 것은, 먹으라고 준 약은 먹지 않고 도리어 치료해야 할 병을 앓고만 있는 어리석은 행동입니다. 반드시 이것이 분명해야만 부처님 약 처방의 효험을 맛보게 됩니다.

# 네 번째 법문

17.

歸根得旨  뿌리로 돌아가면 근본을 얻고
隨照失宗  비춤을 따라가면 근본을 잃는다.

18.

須臾返照  잠깐이라도 돌이켜 비추면
勝脚前空  공(空)을 앞세우는 것보다 훨씬 낫다.

19.

前空轉變  공을 앞세워 이리저리 바뀌어 감은
皆由妄見  모두 허망한 견해 때문이다.

20.

不用求眞　참됨을 찾을 필요는 없으니
唯須息見　오직 허망한 견해만 쉬면 된다.


21.

二見不住　둘로 보는 견해에 머물지 말고
愼莫追尋　삼가하고 좇아가 찾지 말라.


22.

才有是非　옳으니 그르니 따지기만 하면
紛然失心　어지러이 마음을 잃게 된다.

17.

歸根得旨　뿌리로 돌아가면 근본을 얻고
隨照失宗　비춤을 따라가면 근본을 잃는다.

  '뿌리'라는 것은 곧 낙처, 귀결점, 실상, 정체라고 할 수 있는 것이고, '근본'은 우주 전체가 근본입니다. 오직 하나의 근본이죠. "비춤을 따라간다." 이것은 의식의 흐름을 따라간다는 건데, 비춘다는 게 뭡니까? 의식을 가지고 비춰 보는 거 아닙니까? 여기에 시계가 있고, 시계는 어떤 물건이고, 구조가 어떻게 되어 있고, 이게 다 의식을 가지고 비추어 보는 것이죠. 그러니까 비추어서 따라간다는 건 전부 분별하는 것입니다. 분별을 따라가 버리면 근본을 잃어버린다는 겁니다. 그러니까 "뿌리로 돌아가면 근본을 얻고, 비춤을 따라가면 근본을 잃는다"고 하는 거죠. 뿌리가 어디냐? (탁자를 두드리며) 이것입니다. (탁자를 두드리며) 이것이 뿌리입니다. 나뭇잎이 흔들흔들 하고, 바람이 살랑살랑 불고, 물이 졸졸졸 흐르고, 이 모든 것이 하나하나 모두 유일한 뿌리입니다. 하나의 뿌리, 하나의 근본이에요. 이 모든 것이, 이 전체가 하나의 뿌리, 하나의 근본이죠.

지금 나뭇잎이 흔들흔들 하고, 손가락이 까딱까딱 하고, (탁자를 두드리며) 이렇게 두드리는 소리, 이들 하나하나가 모두 근본입니다. 의식으로 비추어 보든 비추어 보지 않든 관계없어요. 이 근본은 알거나 모르거나, 의식하거나 의식하지 못하거나 아무 차이가 없습니다. 그러므로 의식을 가지고 비추어 보고 분별하고서 "그래, 바로 이것이구나"라고 한다면, 오히려 이 근본을 잃어버립니다. 근본은 본래 숨김없이 그대로 드러나 있지만, 우리가 의식을 가지고 분별하고 지정하면 모두 허망한 엉터리가 되는 것입니다. 이것(탁자를 두드리며)이 확인되는 순간, "이거다, 저거다"라는 분별이 사라지고, 다만 하나가 됩니다.

갑자기 분별 없는 하나가 되니, 처음에는 약간 좀 당황하여 갈피를 잡지 못하고 모든 것이 불투명하고 아득하게 느껴질 수도 있습니다. 생각은 이처럼 당황하지만, 마음은 한없이 편안하고 이제야 비로소 올 곳에 돌아왔음을 느낍니다. 그리하여 시간이 지나면서 생각도 차차 여기에 익숙해집니다. 새로운 상황을 이해하지는 못해도 인정은 하게 되죠. 이처럼 근본에 발을 디디면 생각으로 이해하는 것이 아니라 저절로 마음에 의심과 다른 것을 찾는 욕구가 사라지고, 생각은 이해하지는 못해도 이 상황에 적응하게 됩니다. 그래도 여전히 생각하는 습관에 지배받는 경향이 강합니다. 생각에만 의지하여 살아온 세월이 너무 길기 때문에 그렇습니다.

그러나 한 번 여기(탁자를 두드리며)에 발을 딛게 되면, 시간이 지날수록 더욱 여기에 익숙해집니다. 조금씩 무게 중심이 이동한다고나 할까요. 여기에 더욱 익숙해질수록 이전의 생각에 지배받던 습관의 힘은 약해집니다. 이렇게 점차 이것(탁자를 두드리며)이 더욱 생생하고, 더욱 세밀하고, 더욱 친근하고, 더욱 익숙해집니다. 동시에 지금까지 익숙했던 생각은 점차 힘을 잃어버립니다. 이러한 변화가 공부에서는 매우 중요해요. 문득 이것을 확인하는 것도 물론 중요하지만, 이렇게 이것에 익숙해져 가는 것도 매우 중요합니다. 이것을 보림(保任)이라 합니다. 옛날 사람들은 말하기를, 보림을 20년, 30년 해야 비로소 조금 진리에 가깝다고 하였습니다. 진실과 허위를 거꾸로 보고 있었던 것이 바로잡히려면 이처럼 진실에 익숙해져 가는 것이 매우 중요합니다.

## 18

須臾返照　잠깐이라도 돌이켜 비추면
勝脚前空　공(空)을 앞세우는 것보다 훨씬 낫다.


　흔히 회광반조(回光返照)라는 말을 하지요. "빛을 돌이켜 비춘다"는 말입니다. 이것은 눈앞에 나타나는 것들을 따라가지 않으면, 눈앞에 나타나는 것들의 진실이 명백해진다는 뜻입니다. 따라가면 둘로 나누어지고, 따라가지 않으면 본래 하나라는 것이죠. 동서양을 막론하고 진리를 말하는 성스러운 가르침은 모두 둘로 분열된 세계가 분열 없는 하나의 세계로 돌아가는 것이라고 말합니다. 모든 성스러운 공부는 둘로 나뉘어 있는 세계가 둘 아닌 세계가 되는 겁니다. 예컨대 기독교에서 죄인이 구원받아 하나님 나라로 간다는 것은 창조주와 피조물이 둘로 나뉘어 있다가 하나가 되는 것이요, 노자(老子)는 이름 있음과 이름 없음이 하나임을 말하고 있고, 힌두교의 기본 철학은 불이일원론(不二一元論)입니다. 둘이 아닌 하나라는 겁니다. 불교는 둘로 분열된 분별심을 둘 없는 본래심으로 회복시키는 가르침입니다. 모든 성스러운 가르침이 둘 아닌 하나가 되는 길을 제시하고 있습니다. 수많은 성스러운 말씀, 다양한 수행 방법들이 둘 아닌 진실을 회복하는 길을 제시하고 있습니다.

우리 조사선(祖師禪) 역시 둘 없는 진실, 불이법문(不二法門)을 가리키고 있습니다. 다만 조사선은 둘에서 하나로 가는 방법을 제시하지 않고, 곧장 둘 없는 진실을 가리킵니다. 불립문자(不立文字)요, 직지인심(直指人心)이라는 말이 이것을 나타내는 말입니다. 둘로 나누어진 현실을 인정한 뒤 그 둘을 극복하고 하나로 돌아가는 방법을 수행하라는 가르침은 언뜻 보아 이해하기 쉽고 그럴듯해 보이지만, 사실은 매우 어려운 가르침입니다. 극복하기 어려운 둘이라는 장애물을 먼저 앞에다 놓아 두고 극복하라고 요구하기 때문입니다. 여기에 비하여 우리 대승불교와 조사선은 곧장 둘 아닌 진실을 가리킬 뿐, 둘로 나누어진 현실이라는 것을 애초에 인정하지 않습니다. 앞의 가르침이 꿈과 환상을 현실로 인정하고 꿈과 환상에서 깨어나라고 가르치는 반면, 우리 대승불교와 조사선은 본래 허망한 꿈과 환상을 애초에 인정하지 않고 곧장 깨어 있는 진실만을 가리킵니다. 이러한 대승불교와 조사선이 언뜻 잘 이해가 되진 않겠지만, 실제 망상의 병을 치료하는 약으로서 효과는 매우 뛰어납니다.

망상도 묻지 않고, 실상도 묻지 않습니다. 다만 이것(손을 들어 올리며)입니다. 진리도 묻지 않고, 허위도 묻지 않습니다. 다만 이것(손을 들어 올리며)입니다. 아는 것도 묻지 않고, 모르는 것도 묻지 않습니다. 다만 이것(손을 들어 올리며)입니다. 깨달음도 묻지 않고, 어리석음도 묻지 않습니다. 다만 이것(손을 들어 올리며)입니다. 있음도 묻지 않고, 없음도 묻지 않습니다. 다만 이것(손을 들어 올리며)입니다. 삶도 묻지 않고, 죽음도 묻지 않습니다. 다만 이것(손을 들어 올리며)입니다. 비우라고도 하지 않고, 채우라고도 하지 않습니다. 다만 이것(손을 들어 올리며)입니다. 잡으라고도 하지 않고, 놓으라고도 하지 않습니다. 다만 이것(손을 들어 올리며)입니다.

## 19.

前空轉變  공을 앞세워 이리저리 바꿔어 감은
皆由妄見  모두 허망한 견해 때문이다.

흔히 "삼라만상이 모두 공(空)이다"라는 뜻인 오온개공(五蘊皆空) 또는 색즉시공(色卽是空)이라고 하듯이, 보통 공(空)이라는 용어가 세계의 진실을 나타내는 것처럼 이해됩니다. 그러나 공(空)이라는 말을 '비어 있다'라는 뜻으로 이해하여 '비어 있지 않은 것'과 분별한다면, 공(空) 역시 둘로 분별된 개념일 뿐입니다. 공과 색을 분별하여 이해한다면 헛된 견해일 뿐이죠. 공이니 색이니 하는 말들은 모두 분별의 병을 치료하기 위하여 만들어 낸 방편입니다. 색에 치우칠까 봐 색은 공과 다르지 않다고 하였고, 공에 치우칠까 봐 공은 색과 다르지 않다고 하였고, 색과 공이 따로 있다고 오해할까 봐 색이 곧 공이요, 공이 곧 색이라고 하였습니다. 이 모두는 분별의 병을 치료하는 약 처방입니다.

그러므로 만약 공이 진실로 있고 색이 진실로 있다고 착각한다면, 이것은 당사자의 허망한 견해일 뿐입니다. 공과 색은 분별의 병을 치료하기 위하여 만들어 놓은 가명(假名), 가짜 이름일 뿐입니다. 그 까닭에 경전에 있는 부처님의 말씀이 전부 방편설(方便說)이라고 하는 것입니다. 이름이 공이고 이름이 색일 뿐, 색과 공은 독립적인 실체 즉 자성(自性)이 없습니다. 색과 공은 우리의 분별에 의하여 만들어진 연기법(緣起法)이지요. 색은 공에 의하여 색이 되고, 공은 색에 의하여 공이 됩니다. 그러므로 이름만 색과 공으로 나뉠 뿐, 색과 공은 따로 있는 그 무엇이 아닙니다.

분별을 벗어나는 약을 먹고자 한다면, 색에 대해서도 공에 대해서도 어떻다고 분별하지 마십시오. 있다고도 하지 말고, 없다고도 하지 말고, 같다고도 하지 말고, 다르다고도 하지 마십시오. 색이라고도 하지 말고, 공이라고도 하지 마십시오. 그러면 무엇일까요? 이것(손을 들어 올리며)입니다.


20.
不用求眞  참됨을 찾을 필요는 없으니
唯須息見  오직 허망한 견해만 쉬면 된다.


우리는 보통 "참된 마음이 오염되어 있다. 그러므로 오염을 청소해야 한다"고 생각합니다. 그러나 이런 생각은 바른 견해가 아닙니다. "찾을 진실이 따로 없고, 털어 낼 오염이 따로 없다. 그렇다고 있는 그대로 놓아두라는 것도 아니다"라는 말이 좀 더 진실에 가깝습니다. 이보다도 더 진실에 가까운 말은 이렇습니다. "진실이 무엇일까요? 마이크요, 시계입니다."

"참됨을 찾을 것도 없고, 허망한 것을 털어 낼 것도 없다"는 말은 결국 분별이 작동하지 못하게 하려는 장치입니다. 말하자면 방편이죠. 불교의 가르침을 이론적으로 논하자면 중관(中觀), 유식(唯識) 두 가지라고 하는 데, 유식보다는 중관이 더욱 뛰어난 방편입니다. 중관이 뭐냐 하면, 생각이 갈 길을 없애 버려서 생각에서 풀려 나오도록 하는 겁니다. 생각은 "이렇게 할까? 저렇게 할까?" 하는 갈림길에서 "이렇게 하자 저렇게 하자" 하고 갈 길을 정하여 갑니다. 중관은 이렇게 할 수도 없고 저렇게 할 수도 없게 만듭니다. 그럼 가만히 있으라는 말이냐 하면, 그것도 아니에요. 결국 어떻게도 손을 쓸 수 없도록 만듭니다.

이런 방식이 중관에서 말하는 이른바 "삿됨을 부순다"는 뜻의 파사(破邪)입니다. 중관에서는 "삿됨을 부수면 바름이 드러난다"고 하여 파사현정(破邪顯正)이라고 합니다. 어둠을 몰아내면 밝음이 온다고나 할까요? 밝음을 삼키고 있는 어둠이란 곧 분별의 어둠입니다. 본래마음의 태양은 언제나 빛나고 있지만, 분별이라는 구름이 가로막아서 태양의 밝음이 드러나지 않는다고 하지요. 그러므로 분별이라는 구름을 해체시켜 구름이 사라지면, 본래부터 밝은 태양이 온 세상을 그대로 비춘다고 합니다. 이 분별이라는 구름을 해체하는 방식이 바로 우리의 생각이 어디에도 머물지 못하게 하는 것입니다. 생각이 머물러 분별이 생기면, 그 분별에 가로막혀 본래마음이 드러나지 못한다는 것이지요. 그러므로 생각이 어디에도 머물지 못하게 하면 분별은 저절로 해체되어 사라진다는 것이 중관의 가르침입니다. 우리 마음이

가지고 있는 병(病)을 정확히 파악하고, 그에 알맞은 약을 처방한 것입니다.

그러나 이 약은 부작용이 좀 있을 수 있습니다. 말하자면, 분별이 소멸한 곳에 머물러 있도록 할 우려가 있는 것입니다. 분별이 소멸한 곳에서 분별에서 해방되어 편안히 머무는 것을 즐길 수가 있다는 말입니다. 다시 말해, 파사(破邪)에 머물러 현정(顯正)이 부족할 우려가 있습니다. 사람을 죽이기만 하고 다시 살려 내지는 못한다고나 할까요? 분별과 무분별, 삿됨과 바름, 망상과 실상, 중생심과 불심, 어리석음과 깨달음, 어둠과 밝음은 이름으로는 분별되지만, 사실은 하나로서 분리됨이 없습니다. 마치 물결과 물이 이름으로는 구분되지만 하나인 것과 같습니다. 그러므로 분별이 소멸한 곳에서 분별을 회피하며 머무는 것은 또 하나의 어둠입니다.

그런 까닭에 "곧장 사람의 마음을 가리킨다"고 하는 직지인심(直指人心)을 실행하는 선(禪)은 사람을 살리는 일에 오히려 초점이 맞추어져 있습니다. 말하자면, 현정을 하면 파사가 된다고나 할까요? 즉 "진실을 그대로 드러내면 저절로 삿됨은 없다"는 것이 직지인심의 선입니다. 진실을 어떻게 드러내냐구요? 설명해 줄 수도 없고, 구분해 줄 수도 없고, 다만 바로 가리킬 뿐입니다. "도가 뭡니까?" (죽비를 들어 올리며) "이것은 대나무 죽비입니다." 이렇게 진실을 바로 드러냅니다. 만약에 중관의 방식으로 한다면, "이것을 대나무라고 해도 안 되고, 대나무가 아니라고 해도 안 된다"가 되겠지요.

저의 경험을 돌이켜 보면, 이전에 불교 교리를 공부할 때 중관을 공부하다가 얻은 것이 있었는데, 분별 때문에 허물이 있고 망상이 생긴다는 사실을 이해하자 그 즉시 분별이 멈추어진 곳에 머물러 있으려고 하였습니다. 시간이 지나면서 점차 분별이 멈춘 곳에 머무는 힘이 생기더군요. 분별이 멈춘 곳에 머물면, 그냥 아무 생각 없고 분별 없이 마치 움직임 없는 허공 속에 들어 있듯이 구속 없는 자리에서 다만 쉬고 또 쉴 뿐이었습니다. 굉장히 편안하고 포근하고 안락하고, 그곳에 머물러 있으면 의식이 깨어 있으면서도 마치 깊은 잠을 자듯이 하여 짧은 순간에 심신의 생기가 회복되는 느낌이 들기도 했습니다.

그러나 자유롭게 분별하면서도 전혀 움직임이 없고, 모든 인연에 응하면서도 막힘 없이 또렷한 그런 자유는 아니었어요. 다만 분별이 멈춘 곳에서 분별에 부림을 당하지 않고 쉴 수 있을 뿐이었습니다. 지금까지 끄달리고 구속되었던 모든 것, 감정이나 생각이나 사물이나 욕망 등등 이런 것들로부터 벗어나 깨끗하고, 굉장히 편하고, 세상만사에 일체 흔들림이 없는 도피처를 얻었다고나 할까요? 그렇지만 이것은 수동적으로 손을 떼고만 있는 것이어서, 매 순간 부딪히는 인연에 능동적으로 반응할 힘은 없었어요. 인연에 반응하게 되면, 그 깨끗한 자리에서 벗어나 다시 분별의 지배를 받는 것이죠. 이런 점에서 불편함이 있었고, 또 스승의 가르침이나 조사의 가르침은 그런 것이 아니었어요. 자유롭게 분별하면서도 분별에 구속되지 않고, 모든 인연에 응하면서도 인연에 끄달리지 않는 것이 스승의 가르침이고 조사의 말씀이었습니다. 그리하여 다시 공부에 매달렸고, 공부를 하다 보니 스승의 가르침과 조사의 말씀이 진실하다는 사실이 분명해졌습니다.

그것은 어느 해 여름 법회(法會)에서 스승께서 "이것이 곧 선이다"고 하시며 방바닥을 손으로 툭툭 치실 때에 저도 모르게 문득 실현된 일이었습니다. 뒤에 보니 조사들은 이런 것을 시절인연이 도래한다고 표현하였더군요. 여기에 늘 관심을 두고 있다가, 때가 되면 자기도 모르게 문득 여기에 자리 잡게 되는 것이죠. 그러므로 선에서의 가르침은 언제나 여기(죽비를 들어 올리며)를 다만 가리킬 뿐입니다. 어떠한 분별도 설명도 없이 다만 곧장 가리킬 뿐이죠.

말하자면, 털끝만큼의 틈도 없이 바로 가리킵니다. 색깔이 색깔 스스로를 증명하고, 소리가 소리 스스로를 증명하듯이, 주관과 객관의 구분이 전혀 없이 진실이 바로 드러나 있습니다. 마음이 무엇입니까? 이렇게 증명되었습니다. 선이 무엇입니까? 이렇게 확인되었습니다. 도가 무엇입니까? 뜰 앞의 잣나무입니다. 깨달음이 무엇입니까? 개에게는 불성이 없습니다. 다만 분리 없는 하나일 뿐입니다.

선(禪)은 돈오(頓悟)라 하는 겁니다. 단계가 없다는 말입니다. 파사하고 나서 현정하는 그런 단계가 있는 게 아닙니다. 파사와 현정이 동시에 이루어지는 거라고 얘기할 수 있는 겁니다. 파사니 현정이니 하는 말을 개입시킬 필요도 없어요. 다만 (손가락을 세우며) "이겁니다." 한 순간에 홀연 이런 건가, 저런 건가 하는 생각이 사라지면서 이(손가락을 세우며) 하나가 분명해지는 것입니다. 그래서 여기 "참됨을 찾을 필요는 없으니, 오직 허망한 견해만 쉬면 된다"는 말에서도 허망한 견해를 쉬는 것이 곧 참됨을 찾는 것이요, 참됨을 찾는 것이 곧 허망한 견해를 쉬는 것이라는 말입니다. 버려야 할 허망한 견해와 찾아야 할 참됨이 따로 없다는 말이지요.

《육조단경》에 보면 오조 홍인은 육조 혜능의 게송을 인정하고 북종의 대통 신수의 게송은 인정하지 않는데, 그 까닭이 바로 여기에 있습니다. 신수는 "마음이라고 하는 깨끗한 거울에 때가 끼어 있으니까 닦아 내야 한다"고 말합니다. 그러나 혜능은 "마음에는 거울과 같은 물건이 없다. 본래 한 물건도 없다. 그러니 때가 낄 수도 없고 닦을 수도 없다"고 합니다. 이게 바른 견해인 겁니다. 마음이라고 하는 이 법(法)은 더럽혀질 수도 없고, 깨끗해질 수도 없습니다.

만약 마음이 거울과 같은 사물이라면, 때가 낄 수도 있고 닦을 수도 있을 것입니다. 이 경우 우리는 마음을 상대로 무언가 손을 쓰고 행동을 할 수 있습니다. 그러나 경전에서는 분명히 손을 쓰고 행동을 하는 것은 곧 유위법(有爲法)으로서 헛된 조작만 있을 뿐, 진실과는 상관없다고 가르치고 있습니다. 즉, 손을 쓰고 행동을 하는 유위법을 통해서는 마음을 깨닫는 것이 불가능하다고 가르칩니다. 마음이라는 이 진실 앞에 서면 일절 손을 쓸 수도 없고 행동을 할 수도 없습니다. 그러므로 스승의 가르침이라고 하여도, 다만 이렇게(손가락을 세우며) 바로 가리킬 뿐입니다. 이렇게(손가락을 세우며) 바로 가리키지만, 보는 사람이 무엇을 가리키는가 하고 분별하려고 하면 전혀 엉뚱한 방향으로 가는 것입니다. 이렇게(손가락을 세우며) 바로 가리키는 것은 무엇을 가리키는 것이 아닙니다. 다만 이렇게(손가락을 세우며) 바로 드러낼 뿐입니다.

이런 《신심명》의 말들을 분별해서 이해하면, 《신심명》에서 본래 가리키고자 하는 것과는 멀리 떨어져 버립니다. 《신심명》이든 무엇이든, 선(禪)을 가르치는 말이라면, 모든 분별이 사라진 둘 없는 자리를 바로 가리키고 있을 뿐입니다. 분별해서 이해하라는 가르침은 아니지요. 생각하고 분별해서는 아무 효험이 없습니다. "허망한 견해만 쉬면 된다"라는 말을 듣고는 "허망한 견해를 쉬면 되겠구나. 무엇이 허망한 견해이고 어떻게 쉴까?"라고 생각한다면, 끝없이 생각만 일어날 뿐 실제 공부에는 아무런 효험이 없습니다. 오히려 "쉬어야 할 허망함이 따로 없고 찾을 진실이 따로 없다"고 하는 말이 오해의 여지가 더 적습니다. 그러나 이 말 역시 분별로 이해한다면 아무 효험이 없습니다.

그럼 도대체 무얼까요? "허망한 견해만 쉬면 된다"가 바로 이것(손을 들어 올리며)입니다. 이것(탁자를 두드리며)이 곧 "허망한 견해만 쉬면 된다"입니다. 이것(죽비를 들어 올리며)이 곧 "허망한 견해만 쉬면 된다"입니다. 《반야심경》에서는 이것을 가리켜, 부증불감(不增不減) 즉 "더할 것도 없고 뺄 것도 없다"고 하였습니다. 일절 손댈 것이 없어요. 찾을 진실이 따로 없고 버려야 될 허망함이 따로 없어요. 진실이니 허망이니 하는 것은 다만 이름으로 분별될 뿐입니다. 찾아야 할 진실이 따로 없고 버려야 할 허망함이 없다면, 그럼 도대체 뭐냐? "그럼 도대체 뭐냐?" "그럼 도대체 뭐냐?" "그럼 도대체 뭐냐?" 이렇게 모두 보여 드렸습니다.

불교에서 중도(中道)라고 하는 것이 바로 이것(손을 들어 올리며)입니다. 중도를 가장 간략하게 잘 말하고 있는 것은 《육조단경》에 있는 육조 혜능의 말입니다. 혜능은 "중도를 가리키려고 한다면, 듣는 사람의 생각이 갈 곳을 잃게 만들어라. 그러면 그 자리가 바로 중도이다"라고 딱 부러지게 말하고 있습니다. 중도를 개념적으로 이보다 더 간략하게 말할 수는 없어요. 육조 스님이 비록 학문이 없지만, 이 자리에 있는 분이기 때문에 이렇게 정확하고 간략하게 말할 수 있는 것입니다.

생각이 이쪽으로 가서 "이것이다"라고 견해를 만들고, 저쪽으로 가서 "저것이다"라고 견해를 만들면, 이것은 중도가 아니고 치우친 견해 즉 변견(邊見)이라고 합니다. 모든 견해는 변견입니다. 견해는 모두가 이쪽과 저쪽을 분별해서 만들기 때문이지요. 그러므로 중도에는 정해진 견해가 없으며, 정해진 자리가 없어요. 중도는 곧 머묾이 없는 무주(無住)입니다. 중도는 정해진 자리가 없고, 어디에도 머물 곳이 없으며, 어떠한 견해도 없습니다. 다만 모든 것, 이 우주의 티끌 하나하나, 모든 것이 밝고 분명합니다. 모든 것이 평등해서 아무 차별이 없습니다. 이쪽 저쪽 하는 구분과 걸림이 없습니다. 막힘이 없고 어디라고 지정된 자리가 없어요. 그러므로 중도는 바로 이것(탁자를 치며)입니다. 바로 이것(손가락을 세우며)이지요.

여기에서 만약 "그래 바로 이것이로구나!" 하는 판단이 생긴다면, 이것은 곧 변견(邊見)입니다. "이것이다"고 하면, 벌써 "이것이 아니다"와 이쪽 저쪽 짝을 이루는 변견이지, 이쪽과 저쪽이 없는 중도는 아닙니다. 그러므로 중도는 생각으로 이해되는 것이 아니고, 문득 분별이 사라지면서 전체가 하나임이 드러나는 것이라고 할 수 있습니다. 즉 중도는 이해되는 것이 아니라 실현되는 것입니다. 아니 본래부터 실현되어 있는 것이 확인되는 것입니다. 이것(손가락을 세우며)은 본래부터 실현되어 있는 것입니다. 이것(죽비를 들어 올리며)은 본래 실현되어 있는 것입니다. 이것(탁자를 치며)은 본래 실현되어 있는 것입니다.

본래 실현되어 있다는 말도 그만둡시다. 바로 이것(손가락을 세우며)입니다. 바로 이것(손가락을 세우며)입니다. 아무 차별이 없어요. 다만 하나의 전체입니다. "도가 뭐예요?" "차 한 잔 하십시오." "마음이 무엇입니까?" "오늘 날씨가 덥습니다." "오늘 날씨가 덥습니다"가 100%

입니다. 101%도 아니고 99%도 아니에요. "오늘 날씨가 덥습니다"가
전부입니다. 100%죠. 1%도 모자랄 수 없고, 1%도 남을 수 없습니다.
"도가 뭡니까?" "오늘 날씨가 덥습니다." 다시 보십시오. "도가 뭡니
까?" "오늘 날씨가 덥습니다." 100%입니다. 99%도 아니고 101%도
아닙니다. "오늘 날씨가 덥습니다." 전후좌우 틈이 없어요. 여기에서
무엇을 구분하고 분별하겠습니까? "도가 뭐예요?" "오늘 날씨가 덥습
니다." 그러니 항상 둘로 분별됨이 없어서, 한 순간에도 마음이니 법
이니 도니 하는 개념이 자리 잡지 않습니다. 늘 다만 이것(손가락을 세
우며)뿐이죠.


21.
二見不住　둘로 보는 견해에 머물지 말고
愼莫追尋　삼가하고 좇아가 찾지 말라.


　둘로 나누어 보는 견해에 머물지 말고, 좇아가 찾는 걸 삼가고 좇아
가 찾지 마라. 도(道), 마음, 이런 말을 들으면 우리는 보통 익숙한 버
릇대로 그 말을 따라서 도를 찾고 마음을 찾지요. 그러니 도를 찾고 마
음을 찾는 것이 아니라, 전부 허망한 생각으로 떨어져 버리는 겁니다.
《금강경》에도 나와 있듯이, 도니 마음이니 법이니 하는 것은 다만 이
름으로 부르는 것일 뿐, 그러한 이름에 해당하는 대상을 따로 얻을 수
는 없습니다. 도니 마음이니 하는 것에 다시 찾을 물건이 없고 취할 뜻
이 없는데도, 뜻을 세우고 무언가를 찾고자 한다면 이는 바로 진실에
대하여 뒤집힌 위치에 있는 사람입니다. 이를 두고 중생은 전도(顚倒)

되어 있다, 즉 뒤집혀 있다고 하는 것입니다.

　모든 견해는 기본적으로 "이것이다" 혹은 "이것이 아니다" 하는 둘로 나뉜 곳에서 생겨납니다. 둘로 분별되지 않는 곳에는 견해가 없습니다. 그러면 "마음이 뭡니까?" "마음이 뭡니까?" 하는 여기서 찾을 것도 잃을 것도 없으면 견해도 생기지 않습니다. 다만 이겁니다. 딴 건 없어요. 그러나 우리는 "마음이 뭡니까?" 하고 물으면, 습관대로 말을 따라서 "응, 마음이 무얼까?" 하면서 마음이라는 무엇을 찾고자 합니다. 이것은 습관적인 분별입니다. 여기서 선(禪), 마음, 도(道) 등으로 부르는 것을 깨닫고자 한다면, 이런 습관적인 분별에서 해방되어야 합니다. 습관적인 분별에서 해방되면, 찾을 것도 없고 찾지 않을 것도 없습니다. '찾는다' '찾지 않는다' 하는 분별이 사라지지요. 분별이 사라지면 어떨까요? "마음이 뭡니까?" 그대로 남음도 없고 모자람도 없습니다. 매 순간순간이 100%여서 99%도 없고 101%도 없습니다. "마음이 뭡니까?" 더 무엇을 바라십니까? "도가 뭡니까?" 부족한 것이 무엇입니까? "깨달음이 뭡니까?" 따로 무엇이 있겠습니까?

　이것을 불이법(不二法)이라고 합니다. 《반야심경》에서 "생겨나지도 않고 사라지지도 않는다", "더할 것도 없고 뺄 것도 없다", "더러워지지도 않고 깨끗해지지도 않는다"는 말이 모두 이것을 나타내고 있습니다. 그러나 그렇다고 해서 "그러면 있는 그대로구나" 하고 이해하라는 말은 아닙니다. 이렇게 이해하면 또 하나의 견해를 만드는 것이니, 역시 둘로 나누는 것입니다. 견해가 만들어졌다는 것은 곧 둘로 나누어졌다는 것입니다. 견해가 없는 곳에서는 다만 이렇게(손가락을 세우며) 법만 또렷합니다. "오늘 날씨가 덥습니다." 이렇게 또렷합니다.

"매미 우는 소리가 요란합니다." 이렇게 또렷합니다.

22.
才有是非　옳으니 그르니 따지기만 하면
紛然失心　어지러이 마음을 잃게 된다.

　진리가 무엇입니까? 똥 닦는 막대기입니다. 매우 분명하지요? 공부가 어렵다면, 어디에 어려움의 원인이 있을까요? 우리가 너무나 오랫동안 생각에만 의지해서 살아왔기 때문에 생각을 떠난 진실을 바로 가리키면 어찌할 바를 모릅니다. 여기에 어려움이 있어요. "무엇이 어떻다" 하고 쉽게 이해되도록 분별해 주면 쉽죠.

　그러나 이 진실을 가리킬 때는 모든 개념을 싹 쓸어 버리고 곧장 가리키니까 당황스럽고 갑갑하고, 나아가 짜증이 나기도 합니다. 어떻게 해야 할지 막막하죠. 그러므로 이 공부에는 믿음이 필요합니다. "이것이 진리를 가리키는 것이다"라는 믿음이 없으면, 막막한 곳에서 포기하든지, 아니면 단순히 말도 안 되는 소리라고 여기고는 비웃게 될 겁니다. 그러나 믿음이 있으면, 비록 막막하고 이해할 수 없는 상황이라 하더라도 여기에 진실이 있다는 믿음이 있으면, 우리는 포기하지 않고 진지하게 계속 이 공부에 매달립니다.

　갑자기 앞으로 나아갈 수도 없고 뒤로 물러날 수도 없는 진퇴양난의 막다른 곳에 갇힌 것처럼 어찌할지 모르는 막막함을 일러 "은산철벽에 가로막혔다"고 하기도 하고, "쇠뿔 속에 끼어 버린 생쥐 같다"고 하기도 합니다. 이것이 이른바 의단(疑團)입니다. 의단이란 의심 덩어리

112

라는 말인데, 아무것도 확실한 게 없고 어떻게도 손을 쓸 수 없는 상태지요. 이 막막함에서 포기하지 않고 믿음을 가지고 버티면 어느 한 순간 확 뚫리며 분명해집니다.

이때는 누구에게 물어 볼 것도 없고, 가슴에 막혀 있던 장애가 저절로 사라져 버려 상쾌하기 짝이 없고, 눈을 가리고 있던 장애가 사라져버려 눈앞이 밝아집니다. 이제 비로소 부처님과 조사님의 말씀이 거짓이 아님을 알 수가 있습니다. 이러한 일이 있기 전에는 듣고 배운 말만으로 생각하기 때문에 부처님과 조사님을 믿는다고 하여도 일말의 의심은 남는 것이죠.

《무문관》에서 무문 혜개 스님은 이 막막함을 이렇게 표현하고 있습니다. "뜨거운 쇠구슬을 삼키다가 목에 걸려서 삼키려고 하여도 아프고 토해 내려 하여도 아파서 어떻게 할 수 없다." 또 대혜 종고 스님은 이렇게 말했습니다. "펄펄 끓는 맛있는 고깃국을 눈앞에 둔 배고픈 강아지와 같아서, 핥아 먹고 싶어도 핥아 먹지 못하고 떠나고 싶어도 떠날 수 없다."

저의 경우에도 당시를 돌이켜 보면, 그만두고 싶어도 그만둘 수 없고 나아가고 싶어도 어찌할 수 없으니, 가르침도 귀에 들어오지 않고 마치 영혼이 빠진 허수아비가 매일매일 움직이고 있는 듯한 기분이었습니다. 이처럼 손을 쓸 수 없는 상황에 부딪혀서 지금까지 익숙했던 분별로 조작한 이미지, 개념을 벗어나는 힘을 자기도 모르는 사이에 얻게 됩니다. 그러므로 비록 갑갑하고 당황스럽고 짜증나더라도 반드시 앞뒤가 꽉 막힌 곳에서 좌절하고 있다가, 문득 한 번 분명해져야 됩니다. 이걸 겪지 않으면 절대로 진리에 접근할 수가 없어요. 이 막막한

곳에서 우리가 지금까지 수십 년 동안 익혀 온 분별망상하는 버릇이
확 뒤집힌단 말이죠.

"도가 뭡니까?"
(죽비를 들어 올리며) "이것이 죽비입니다."

"도가 뭡니까?"
"4시30분이네요."

"도가 뭡니까?"
(손가락을 세우며) "이것입니다."

캄캄하고 막막하더라도 믿음을 가지고 포기하지 마세요. 믿으십시
오. 이것이 곧장 진리를 가리켜 드리는 것입니다. 이 길 이외에 진실을
확인하는 다른 길은 없습니다. 육조 혜능 스님 문하의 우리 조사선(祖
師禪)은 단도직입(單刀直入)으로 바로 들어갈 뿐입니다. 단도직입이란
게 무엇입니까? 전쟁터에 나간 군인이 적군을 보고서 앞뒤 아무것도
헤아리지 않고 아무 생각도 없이 오직 적군을 바라보며 손에 든 칼 한
자루만 가지고 곧장 적진으로 뛰어드는 것입니다. 이것은 오랜 훈련
과 정신 무장으로 자신도 모르게 하는 행위입니다. 이처럼 오랫동안
믿음을 가지고 귀를 기울이며 관심을 두어 왔다면, 어느 날 자기도 모
르게 진실 속으로 뛰어들어 오는 것입니다. 그 군인이 비록 훈련과 정
신 무장이 되어 있다고 하더라도, 적군을 앞에 두고 문득 자신의 안위

를 헤아리고 승리할 것인지 패배할 것인지를 생각한다면 그런 행동을 곧장 할 수는 결코 없습니다. 마찬가지로 공부하는 사람이 진리를 앞에 두고 헤아리고 계산한다면 결코 진리에 도달할 수 없습니다.

# 다섯 번째 법문

23.

二由一有 　둘은 하나로 말미암아 있으나

一亦莫守 　하나 또한 지키고 있지 말라.


24.

一心不生 　한 마음이 나지 않으면

萬法無咎 　만 가지 일에 허물이 없다.


25.

無咎無法 　허물이 없으면 법도 없고

不生不心 　나지 않으면 마음이랄 것도 없다.

26.

能隨境滅　주관은 객관을 따라 소멸하고
境逐能沈　객관은 주관을 따라 사라진다.


27.

境由能境　객관은 주관으로 말미암아 객관이요
能由境能　주관은 객관으로 말미암아 주관이다.

23.

二由一有   둘은 하나로 말미암아 있으나
一亦莫守   하나 또한 지키고 있지 말라.


　하나가 있으니까 둘이 있고, 둘이 있으니까 하나가 있습니다. 이법(二法)을 분별망상이라고 하고 불이법(不二法)을 실상이라고 하지만, 이법은 불이법에 상대하여 지은 이름이고, 망상은 실상에 상대하여 지은 이름입니다. 이법과 불이법, 망상과 실상은 서로 상대적으로 만들어진 이름입니다.

　모든 이름은 이처럼 서로서로 상대적으로 의지하여 성립합니다. 이름뿐만 아니라 이름이 나타내는 뜻과 모양도 마찬가지로 서로서로 상대적으로 분별하여 성립됩니다. 붉은색은 붉은색이 아닌 것과 상대하여 붉은색이고, 컵은 컵이 아닌 것과 상대하여 컵이고, 행복은 행복이 아닌 것과 상대하여 행복이지요.

　어느 하나의 이름도 저 홀로 성립되어 있는 것은 없으며, 어느 하나의 뜻이나 모양도 저 홀로 성립되어 있는 것은 없습니다. 모두가 서로 서로 상대하며 서로서로 의지하여 성립하지요. 불교에서는 이것을 연기법(緣起法)이라고 합니다. 온갖 모습이 모인 세계는 사실 연기하여 성립하는 세계이지요. 각각 하나하나의 사물은 독립적인 존재성이 없습니다. 불교에서는 이것을 두고 "만법(萬法)은 자성(自性)이 없다"고 표현합니다.

그러므로 우리가 하나하나의 모습과 이름을 따로따로 독립적으로 분별하여 볼 때는 세계의 진실한 모습을 있는 그대로 보는 것이 아니라 왜곡되고 치우치게 보는 것입니다. 마치 동전의 앞면만 바라보고 뒷면은 잊고 있으며, 산만 바라보고 골짜기는 잊고 있는 것과 같이 치우친 것입니다. 우리가 일상적으로 살아가는 분별의 삶은 모두 이렇게 치우치고 왜곡되어 있습니다.

결코 떨어질 수 없는 둘 가운데 하나를 취하고 하나는 버리는 모순된 행위를 하는 것이죠. 그러므로 늘 갈등과 집착과 번뇌가 따라다니게 되는 것입니다. 이것은 전적으로 우리 각자의 내면에서 발생하는 문제입니다. 우리 스스로가 한쪽으로 치우치게 바라보는 것이지요. 그러므로 이 문제의 해결 역시 우리 내면에서 일어납니다. 이렇게 치우친 눈을 바로잡아서 온전한 진실을 보도록 하는 가르침이 곧 불교요, 선(禪)입니다.

이름으로 분별하고 모습으로 분별하는 것은 모두 치우친 것입니다. 그럼 치우치지 않고 온전한 것은 무엇입니까? "시계입니다." '시계'라는 이름과 모습에 머물면 분별에 머무는 것입니다. 그러나 '시계'를 떠나서 치우침 없는 온전한 진실이 있는 것은 아닙니다. '시계'를 떠나니 벌써 온전할 수 없는 것이지요. '시계'에 머물러도 안 되고 '시계'를 떠나도 안 됩니다. 그럼 온전한 진실은 무엇일까요? 시계입니다. 온전한 진실은 무엇입니까? 이것(손가락을 세우며)입니다. 온전한 진실은 무엇입니까? 이것(탁자를 치며)입니다. 온전한 진실은 무엇입니까? 뜰 앞의 잣나무입니다.

이렇게 가리킬 수밖에 없어요. 그런데 (손가락을 세우며) "이겁니다" 하는데, 듣는 사람이 "응, 그래. 이런 거로구나!" 하면 그건 아니에요. 그렇게 생각하면 그건 법이 아니라 생각이죠. "법은 뭡니까?" (컵을 들며) "컵이죠." "어, 그래. 컵이라 하는 바로 그런 거!" 그러면 그건 아닙니다. 그건 견해고 생각이지 법은 아니에요. "어, 그래. 그것!" 이렇게 확인되는 게 아니란 말이에요. 우리가 도에 계합한다는 것은 "어, 그래. 바로 그거!" 이렇게 알아차리는 게 아닙니다.


"도가 뭡니까?"
(손가락을 세우며) "바로 이겁니다."


"도가 뭡니까?"
(컵을 들며) "차 한 잔 하십시오."


이런 얘기를 들었을 때 자기도 모르게 "어, 바로 이거!" 이런 식으로 뭔가 이해가 된다 하더라도 그것은 그냥 개념이요, 생각입니다. 그렇게 되는 게 아니다 이겁니다. 이게 확인되는 순간에는 생각이 있느냐 없느냐 하는 것은 아무 관계가 없어요. 생각은 있어도 그만, 없어도 그만입니다. 다만 전체가 그대로 진실이어서 다른 일이 없어요. "이게 마음이구나! 이게 도(道)로구나!" 하는 생각은 아예 생길 수도 없는 것입니다.

(손가락을 세우며) "이게 바로 도입니다."
(볼펜을 집어 들며) "이것이 마음입니다."


또는 "부처가 꽃을 들어 보였다." "덕산 스님이 몽둥이로 때렸다." 이런 말을 들으면, 우리는 흔히 "아, 그래. 지금 눈앞에서 이렇게 활동하고 있는 거로구나!" 이런 식으로 생각할 수 있습니다. 그러나 이것은 자기의 생각일 뿐이지요. 그렇게 되는 게 아닙니다. 진실로 분명해지면, 이걸 들었구나, 볼펜을 들었구나, 작용하는구나, 움직이는구나 하는 이런 일체의 생각이 없어요. 한 순간에 모든 생각에서 싹 벗어나 버립니다. 그리하여 생각을 해도 생각에서 벗어나 있고, 생각을 안 해도 벗어나 있고, 생각은 더 이상 문제가 되지 않습니다. 생각 자체에 구속되느냐 벗어나느냐 하는 그런 문제가 사라져 버립니다. (손가락을 흔들며) 다만 이뿐입니다. 옛날에 중국 선사들은 이것을 "일순간에 한계가 사라진다"고 표현하였습니다.

일순간 모든 한계가 사라지며 모든 것이 또렷해집니다. 마치 우리가 뜨끈뜨끈한 목욕탕 속에 들어가 있으면 일부러 의식하지 않아도 온 몸의 세포 하나하나에서 뜨끈뜨끈함을 알고 있잖아요. 그런 것처럼 의식을 하건 안 하건 관계없이 온 우주가 (두 손을 들며) 이렇게 분명합니다.

이 진실을 확인한 사람이 언제나 "이것이구나, 이것이구나" 하고 의식하고 있는 것은 결코 아닙니다. 이렇게 의식하면 이것은 여전히 분별이요, 생각이요, 망상입니다. 옛날 중국의 어떤 스님은 이렇게 했다고 합니다. 스스로를 "주인공아!" 하고 부르고 스스로 "예!" 하고 답하고, 다시 "남한테 속지 마라" 하고 또 스스로 "예!" 하고 답하고, 또 "항상 또랑또랑하게 깨어 있어라" 하고 또 스스로 "예" 하고 답하고, 언제나 이렇게 했다고 합니다. 언뜻 보면 공부 잘하는 것 같으나, 사실 이 스님은 귀신 놀음하고 있는 겁니다. 주인공이라고 부를 무엇이 있는 것도 아니고, 남과 내가 분별되어 속거나 속지 않는 것이 구별되지도 않고, 일부러 깨어 있을 필요가 있는 것도 아닙니다. 이 스님이 하고 있는 것은 전부 자기 생각으로 만들어서 행하는 귀신 놀음입니다. 이럴 이유도 없고, 필요도 없습니다. (손가락을 세우며) 의식하기 이전에 이미 분명하고, 생각하기 이전에 이미 다 드러나 있습니다. 지키고 깨어 있는 일이 다시 어떻게 필요하겠습니까?

24.
一心不生　한 마음이 나지 않으면
萬法無咎　만 가지 일에 허물이 없다.

"이것이 마음이다"라고 할 만한 것이 하나라도 있으면, 곧 분별이요, 망상이요, 생각입니다. "이것이 마음이로구나" 하고 아는 것이 있으면, 곧 분별이요, 망상이요, 생각입니다. "이것이 도다", "이것이 깨달음이다", "이것이 진실이다"라고 할 만한 무엇이 있기만 하면, 곧 분별이요, 망상이요, 생각입니다. 옛날 조주 스님이 스승인 남전 스님에게 "도를 어떻게 알 수 있습니까?" 하고 물었습니다. 남전 스님은 "도는 안다, 알지 못한다 하는 것과는 아무 관계가 없다"고 대답하였습니다.

흔히 도(道)는 불가사의(不可思議)한 것이라고 말합니다. 그러면 알 수 없는 것이 곧 도냐? 그렇지 않습니다. 도는 알 수 있는 것도 아니지만, 모를 수 있는 것도 아닙니다. 도는 아는 곳에도 속하지 않고 모르는 곳에도 속하지 않습니다. "안다"고 할 때도 도에는 아무런 차이가 없고, "모른다"고 할 때도 도에는 아무런 차이가 없습니다. "안다"고 할 때도 남거나 부족함이 없고, "모른다"고 할 때도 남거나 부족함이 없습니다.

"도가 무엇입니까?"
"아이고 더워!"

이것이 전부입니다. 여기에 더할 것도 없고 뺄 것도 없고, 취할 것도 없고 버릴 것도 없습니다. "아이고 더워!" 이게 100%입니다. "도가 뭡니까?" "아이고 더워!" 생각으로 이해할 수 있는 건 아무것도 없습니다. "도가 뭡니까?" "아이고 더워!" 이렇게 분명할 뿐입니다. 한 순간도 다른 게 없어요. 이것이다 저것이다 할 게 없단 말이죠. 도가 있으면 도 아닌 것도 있겠지만, 도라고 따로 지적할 것은 없으니 도 아닌 것도 없습니다. (탁자를 두드리며) 이것입니다. (손을 들며) 이겁니다. 또 무엇을 찾고 있습니까?

124

25.

無咎無法  허물이 없으면 법도 없고
不生不心  나지 않으면 마음이랄 것도 없다.


"허물이 없으면", 즉 생각을 가지고 분별하지 않으면 법이라 할 것
도 없고, 생각이 나지 않으면 마음이라 할 것도 없다…… 이름이 마음
이고 이름이 법이죠. "이름이 마음이고 이름이 법이죠." 다만 이뿐입
니다. "이름이-", "마음이고-", "이름이-," "법이죠-." 다만 이뿐입니
다. "이름이-", "마음이고-", "이름이-," "법이죠-." 아시겠습니까?
"이름이-", "마음이고-", "이름이-," "법이죠-." 다만 이뿐입니다. 여
기엔 허물도 없고, 법도 없고, 생겨남도 없고, 마음도 없어요. 이것만
분명하면 모든 일이 다만 이뿐인 겁니다. "마음"이라고 해도 마음이
없고, "법"이라고 해도 법이 없어요. 다만 "마음"이고, "법"이지요.
"허물"이라고 해도 허물이 없고, "생겨 난다"고 해도 생겨남이 없습니
다. 다만 "허물"이고, 다만 "생겨 난다"지요. 또 무엇을 찾아서 두리번
거립니까? 다만 "마음"이고, 다만 "법"이고, 다만 "허물"이고, 다만
"생겨 난다"뿐입니다. 쥐거나 놓으려고 허둥대지 마십시오.


26.

能隨境滅  주관은 객관을 따라 소멸하고
境逐能沈  객관은 주관을 따라 사라진다.


주관과 객관이라는 것 역시 상대적으로 분별해서 붙인 이름이죠. 우

리는 시계를 보면서, "내가 시계를 본다"고 합니다. 시계를 보는 내가 주관이고, 나에게 보이는 시계는 객관이라고 분별합니다. 그야말로 분별입니다. 시계를 보면서 "보는 내가 여기에 있고, 보이는 시계가 저기에 있다"고 나누는 것은 결국 뭘 가지고 나누는 겁니까? 겉으로 드러난 모양에 따라 분별한 것이지요. 그러나 이런 생각은 조금만 진지하게 분석해 보면 많은 문제가 있는 생각이라는 사실이 드러납니다. 서양 철학자들조차도 벌써 수백 년 전에 주관과 객관으로 나누는 것은 많은 모순이 있다는 사실을 알았어요. 그래서 칸트는 객관은 알 수 없고, 오직 주관에서 모든 세계를 구성해 낸다는 철학을 만들었어요.

우리가 처음에 불교 교리를 접하면 육근(六根), 육식(六識), 육경(六境), 이런 것들을 배우잖아요? 눈이 색깔을 보아서 안식(眼識), 즉 색깔이라고 하는 의식이 만들어지고, 뭐 이런 식으로 배우죠. 그러나 정확하게 말하면, 여기에 눈이 있고 저기에 시계가 있어서 눈이 시계를 본다고 하는 것이 벌써 우리가 분별해서 만든 견해입니다. 사실은 여기에 눈이 있고, 저기에 시계가 있고, 눈과 시계가 만나서 눈이 시계를 본다는 그런 절차가 하나하나 진행되는 것이 아니라, 모든 일이 한꺼번에 동시에 나타나지요. 한꺼번에 동시에 뗄 수 없이 나타나 있는 것을 우리가 스스로 분리하고 구분해서 이쪽은 눈, 저쪽은 시계, 눈이 시계를 본다, 하고 생각하는 것이죠.

색깔이 나타나지 않으면 눈은 없는 것입니다. 소리가 나타나지 않으면 귀도 없는 것이지요. 그러나 우리는 색깔과 상관없이 눈이 독자적으로 있고, 눈과 상관없이 색깔이 독자적으로 있다고 생각합니다. 소리와 상관없이 귀가 독자적으로 있고, 귀와 상관없이 소리가 독자

126

적으로 있다고 분별하지요. 그러나 아무리 눈 모양의 물건이 있다고 하여도 색깔이 나타나지 않으면 눈은 없는 것이고, 아무리 귀 모양의 물건이 있어도 소리가 나타나지 않으면 귀는 없는 것입니다. 즉, 색깔과 눈이 따로 있는 것이 아니고, 소리와 귀가 따로 있는 것이 아니지요. 떨어질 수 없는 하나란 말이에요. 그런데도 우리는 분리시켜 놓고 당연히 별개의 물건처럼 여깁니다. 말하자면, 우리가 당연하게 여기지만 사실은 오해가 있다는 말입니다.

서양 철학에서도 그런 얘기를 해요. "주관이 여기 있고 객관이 저기 있어서, 주관이 객관을 인식한다"는 이런 견해는 너무 유치해서 인정할 수가 없다는 얘기를 벌써 오래 전부터 했습니다. 심지어 아무 근거 없는 주장이라고도 했죠. 그래서 칸트 같은 사람은 "모든 게 마음에서 만들어지는 것이지, 바깥에 그런 게 있는지 없는지는 아무도 모른다"는 주장을 했습니다. 왜 이런 말씀까지 드리느냐 하면, 우리가 당연하게 여기지만 사실은 오해가 있다는 것입니다. 우리가 상식적으로 이해해 왔던 것들이 그대로 진실한 게 아니다 이 말이에요.

주관과 객관은 분별하여 만들어 낸 개념입니다. 어디까지가 주관이고, 어디까지가 객관인지를 정할 수가 없습니다. 예를 들어 눈만 하더라도 그렇지 않습니까? 빛이 수정체를 통과하여 망막에 비치면, 망막의 신경 세포가 신경을 통해 그 신호를 두뇌에 전하고, 두뇌의 조직은 시신경의 신호를 시각화하고, 마음이 그 모습을 본다고 하지요. 여기에서 어느 것이 객관이고, 어느 것이 주관입니까? 빛이 객관입니까, 빛이 반사된 물체가 객관입니까? 망막이 주관입니까, 시신경이 주관입니까, 두뇌에 있는 조직이 주관입니까? 뭐가 객관이고, 뭐가 주관이에요? 정할 수가 없어요. 그저 막연하게 주관이니 객관이니 하고 분별하는 것이지요.

예컨대 시계를 본다고 하지만, 시계가 진짜로 이런 색깔과 이런 모습일까요? 시계에 반사된 빛이 눈으로 들어와서 수정체를 통과해 망막에 도달하면 망막에서 신경 신호로 바뀌고, 시신경을 통과해서 뇌의 조직으로 가면 뇌의 조직이 그런 모습으로 인식한다고 과학은 설명하잖아요. 그러니까 여러 차례 변화의 과정을 거쳤어요. 시계의 모습이라는 객관이 마음이라는 주관을 바로 만나 마음이 시계를 인식하는 것이 아니란 말입니다. 그러니까 우리가 보는 시계가 본래 시계의 모습이라는 보장은 없는 것입니다. 말하자면, 우리가 당연하다고 여기는 것이 당연한 것이 아니란 말이죠.

이런 분석을 해 본 것은 다른 뜻이 아니고, 주관이니 객관이니 하고 우리가 당연하게 여기는 것이 사실은 당연한 것이 아니란 말이에요. 지금 눈앞에 펼쳐져 있는 세계는 뗄 수 없는 하나의 세계입니다. 시간적으로도 공간적으로도 결코 분리될 수 없는 하나입니다. 다만, 우리 스스로가 시간과 공간을 구분하고, 주관과 객관을 분별하여 이해하는 것일 뿐입니다. 그러므로 '이것' '저것' 하고 구분되는 모든 것은 단순히 우리 스스로가 분별하여 만든 것입니다. '이것'은 '이것 아님'과 서로 짝이 되어 나타나고, '저것'은 '저것 아님'과 서로 짝이 되어 나타납니다. 이러한 짝으로 분별하는 것은 전적으로 우리 자신입니다. 세계는 뗄 수 없는 하나의 세계이지만, 우리 스스로가 이렇게 분별하고 떼어서 세계를 이해합니다. 그러므로 우리가 분별하여 이해하는 세계는 본래 있는 그대로의 세계는 아닌 것이고, 우리가 만든 세계의 모습입

니다. 그렇기 때문에 우리가 분별하여 이해한 세계의 모습은 진실이
아닙니다.

27.

境由能境　객관은 주관으로 말미암아 객관이요

能由境能　주관은 객관으로 말미암아 주관이다.

"객관은 주관으로 말미암아 객관이요, 주관은 객관으로 말미암아
주관이다." 그렇죠. 왜 이런 얘기를 하느냐면, 만법이 이런 식으로 성
립되기 때문입니다. 무슨 얘기냐 하면, 여기 시계가 있잖아요. 이게 시
계가 되려면 딱 한 가지 조건이 충족되어야 해요. 이것은 시계고 저것
은 시계가 아니라는 조건이 충족되어야 하죠. 즉, 시계와 시계 아닌 것
이 차별되어야 비로소 이것이 시계가 됩니다. 이것도 시계고, 저것도
시계고, 온 세상이 시계라면, 이것만 시계라고 할 순 없잖아요. 온 세
상이 오직 시계 하나라면 시계라는 말도 필요가 없지요. 만법은 이러
한 조건으로 인식되는 것입니다. '이것'은 '이것 아닌 것'과 동시에 성
립하여 '이것'과 '이것 아닌 것'으로 분별됩니다. 그렇기 때문에 이것
이 시계가 되려면, 시계 아닌 모든 것이 이것이 시계임을 보증해 주는
것이죠. 시계 아닌 것이 시계를 보증해 주지 않으면, 이것은 시계가 될
수 없어요. 이 시계가 시계인 근거는 시계 아닌 것에 있는 것입니다.
시계는 시계 아닌 것을 근거로 시계가 되는 겁니다. 동시에 시계 아닌
것은 시계를 근거로 하여 시계 아닌 것이 됩니다. 삼라만상 모든 것이
다 그렇습니다.

그러므로 시계와 시계 아닌 것은 떨어질 수 없는 하나입니다. 시계가 시계인 근거는 시계 아닌 것에 있고, 시계 아닌 것이 시계 아닌 근거는 시계에 있습니다. 만법이 모두 그렇습니다. 이것이 우리가 만법을 분별하여 알아차리는 진실이고, 이 세계가 우리 앞에 나타나는 진실입니다. 이렇게 하여 우리는 만 가지 법을 차별되게 보는 거예요. 그러니까 시계와 시계 아닌 것은 실질적으로는 아무런 분리가 없습니다. 삼라만상을 분리하여 알아차리지만, 사실은 언제나 하나의 전체가 있을 뿐입니다. 이것을 일러 연기법이라 합니다.

그러니까 결국 세상이 삼라만상으로 차별되는 이유는 자신의 한 생각에 있습니다. 그러므로 한 생각이 삿되면 세계는 분별된 망상의 세계요, 한 생각이 삿되지 않으면 언제나 분별 없는 하나의 세계입니다. 이것(탁자를 두드리며)이 전체요, 이것(컵을 들어 올리며)이 전체요, 이것(죽비를 들며)이 전체입니다. 아무리 작은 먼지를 보아도 그대로 전체요, 아무리 큰 하늘을 보아도 그대로 전체입니다. 언제나 다른 일이 없이 분열 없이 하나요, 전체입니다.

연기법이라 하지만, 이 연기법은 분별로 이해할 수 있는 것은 아닙니다. 문득 분별에서 벗어나 저절로 하나가 되어야 합니다. 바로 여기에서 (탁자를 두드리며) 문득 하나가 되고 전체임이 분명해야 합니다. 이렇게 문득 확인되면 불교 철학이나 경전의 온갖 말들이 저절로 분명하게 됩니다. 그러므로 먼저 이것(탁자를 두드리며)을 확인해야 하고, 그 다음에 경전이나 선사의 어록을 읽어야 합니다. 이것(탁자를 두드리며)이 확인되면 경전이나 어록의 모든 말이 자신의 경험으로 이해되지만, 이것(탁자를 두드리며)을 확인하기 전에는 그 모든 말을 이미 배워서 익힌 개념으로 분별하기 때문에 전부 허망한 생각에 머물게 될 뿐입니다.

이것을 확인하는 것은 생각으로 추리하거나 이해하여 들어가는 것이 전혀 아닙니다. 관심을 가지고 있다가 자신도 모르게 문득 확인하게 되는 것입니다. 비유를 들자면, 마치 줄타기를 배우는 것과 같아요. 줄에서 떨어지지 않고 줄을 타는 원리를 듣고서 이해할 수 있습니다. 줄 위에서 왼쪽으로도 기울어지지 않고 오른쪽으로도 기울어지지 않고 적절하게 균형을 잘 잡으면 누구나 줄을 탈 수 있다고 쉽게 이해합니다. 그러나 실제로 줄을 탈 때는 이렇게 이해한 것이 별 도움이 되지 않습니다. 오히려 이렇게 알고 있는 것이 방해가 됩니다. 줄을 타고자 하는 일념으로 자꾸 줄 위에 올라가 보아야 합니다. 올라갔다 떨어지고, 올라갔다 떨어지고를 반복하다가 어느 순간 자신도 모르게 줄 위에 서서 떨어지지 않게 됩니다. 남에게서 얻은 것이 아니라 스스로 터득한 것이죠. 이제부터는 줄을 탈 수 있는 힘이 있습니다. 그리하여 어느 정도 시간이 지나 자유자재로 줄을 탈 수 있게 되면, 새로 줄을 타고자 하는 사람한테 줄 타는 법을 말해 줄 수도 있어요.

첫째는 무엇보다도 줄 위에 올라서야 하듯이, 이것(탁자를 두드리며)이 분명해져야 합니다. (탁자를 두드리며) 이것! 반드시 이것(손가락을 세우며)을 확인해야 합니다. 확인한 뒤에 경전의 말씀이나 조사들의 말씀을 보아야 그 말씀이 마귀의 말씀이 아니고 부처님의 말씀이 됩니다. 이것(탁자를 두드리며)을 확인하지 못하고 경전이나 조사의 말씀을 개념으로만 이해하면 모든 말씀이 마귀의 말입니다. 이것(탁자를 두드리며)을 먼저 확인해야 합니다. 이것(탁자를 두드리며)이 전부입니다.

# 여섯 번째 법문

28.

欲知兩段  두 끝을 알고자 하는가?
元是一空  원래 하나의 공(空)이다.

29.

一空同兩  하나의 공이 두 끝과 같으니
齊含萬象  삼라만상을 모두 다 머금는다.

30.

不見精麤  세밀함과 거칢을 나누어 보지 않는다면,
寧有偏黨  어찌 치우침이 있겠는가?

31.

大道體寬　대도는 바탕이 드넓어서
無易無難　쉬움도 없고 어려움도 없다.


32.

小見狐疑　좁은 견해로 여우같이 의심하면
轉急轉遲　서둘수록 더욱 늦어진다.


33.

執之失度　집착하면 법도(法度)를 잃고서
必入邪路　반드시 삿된 길로 들어간다.

28.

欲知兩段　두 끝을 알고자 하는가?
元是一空　원래 하나의 공(空)이다.

　"두 끝을 알고자 하는가? 원래 하나의 공이다." 두 끝이란 쉽게 말하면, 주관과 객관, 있음과 없음, 옳음과 그름, 이것과 저것 등과 같이 분별된 개념입니다. 더 일반적으로 말하면 시계와 시계 아닌 것, 마이크와 마이크 아닌 것처럼 모든 분별한 개념과 이름이 두 끝입니다. 이렇게 분별한 모든 개념과 이름이 원래 하나의 공(空)인 겁니다. 그런데, 공이라는 것도 역시 분별한 개념이요, 이름입니다. 그러므로 진실로 두 끝이 원래 하나의 공임을 밝히고자 한다면, 어떤 개념이나 이름에도 머물지 말아야 합니다.

　도(道)에 통달한다는 것은 어디에 머물지도 막히지도 않는 겁니다. 해탈자재니 원융무애니 하는 등의 말이 머묾 없고 막힘 없음을 나타냅니다. 예컨대 지금 "두 끝을 알고자 하는가? 원래 하나의 공(空)이다"라고 말할 때, '두 끝', '알고자 한다', '원래', '하나', '공' 등의 개념들을 다 알고 있고 이해하고 있다 하더라도, "두 끝을 알고자 하는가? 원래 하나의 공(空)이다"라고 말하면서 전혀 머묾도 없고 걸림도 없어서 처음부터 끝까지 끊어짐이 없고 다름이 없습니다. 단어는 달라지고 개념은 달라지지만, 처음부터 끝까지 끊어짐이 없고 다름이 없습니다.

"두 끝을 알고자 하는가? 원래 하나의 공(空)이다." 한 마디 한 마디 말이 부분 없는 전체요, 더할 수도 없고 덜 수도 없는 하나입니다. "두 끝을 알고자 하는가? 원래 하나의 공(空)이다." 처음부터 끝까지 시작도 없고 끝도 없습니다. "두 끝을 알고자 하는가? 원래 하나의 공(空)이다." 한 마디 한 마디에서 어떤 분별도 없습니다. 한 마디 한 마디 말을 다 이해하면서도, 한 마디 한 마디에서 어떤 분별도 없습니다. 처음부터 끝까지 단지 이 하나뿐이라고 할까요? 그대로 완전하다고 할까요? 다만 이럴 뿐(손을 들어 올리며)이라고 할까요? 늘 전체로서 앞도 뒤도 아래도 위도 없다고 할까요? 뺄 수도 없고 더할 수도 없다고 할까요? 어떻게 표현할 수가 없습니다. 다만, "두 끝을 알고자 하는가? 원래 하나의 공(空)이다"일 뿐입니다.

흔히 충만하다고 말하죠. 충만이라는 것은 그릇에 물이 가득 차 넘치지도 않고 모자라지도 않아, 그릇과 물이 하나가 되어 물도 없고 그릇도 없는 것이죠. 바로 "두 끝을 알고자 하는가? 원래 하나의 공(空)이다"가 충만입니다. 물이 모자라면 그릇과 물이 따로 있고, 물이 넘쳐도 그릇과 물이 따로 있습니다. "두 끝을 알고자 하는가? 원래 하나의 공(空)이다." 모자람도 없고 넘침도 없습니다. 충만, 둘 없는 하나

136

등의 말로서 이것을 표현한 것입니다.

모자람도 없고 남음도 없고 둘이 없다고 하듯이, 여기(손을 흔들며)에서는 갈등이 없습니다. 어떤 일을 하고 어떤 행동을 하고 어떤 생각을 할 경우에도 다만 늘 한결같이 다름이 없으니, 갈등과 번뇌가 생기지 않습니다. 슬픈 광경을 보면 슬퍼하고, 기쁜 광경을 보면 기뻐하고, 눈살 찌푸릴 광경을 보면 눈살을 찌푸리기도 하고, 놀랄 수도 있고, 성을 낼 수도 있고, 여러 가지 심리적이고 감정적인 경험을 하면서도 매 순간이 다만 이것(손을 흔들며)입니다. 경험이라는 것이 투명한 수정 구슬에 비치는 영상처럼 나타나고 사라지지만, 결국 이런저런 차별이 없습니다. 언제나 다만 이(손을 흔들며)뿐입니다.

"두 끝을 알고자 하는가? 원래 하나의 공이다."

여기서 공(空)이라는 이름은 '텅 비었다'는 뜻인 개념이 아닙니다. 불교에서 공이란 말은 비었다는 뜻이 아니라, 중도(中道)를 가리킵니다. 중도는 분별이면서도 분별이 아니기 때문에 연기(緣起)라고도 합니다. 분별이면서도 분별이 아닌 중도를 공이라 합니다. 즉, 모든 분별은 곧 중도요, 공입니다. 분별은 상(相; 모습)으로 표현되므로, 모든 상이 곧 공입니다. 《반야심경》에서 "색이 공이고, 공이 곧 색이다"(色卽是空 空卽是色)라고 할 경우의 공(空) 역시 마찬가지입니다. "이 모든 법은 공인 모습이니, 생겨나지도 않고 없어지지도 않고, 더럽지도 않고 깨끗하지도 않고, 늘어나지도 않고 줄어들지도 않는다"(是諸法空相 不生不滅 不垢不淨 不增不減)라고 하잖아요? 분별로는 생겨남과 없어짐, 늘어남과 줄어듦, 더러움과 깨끗함이 있습니다만, 분별은 곧 공(空)인 중도이니 또한 생겨나지도 않고 없어지지도 않고, 늘어나지도 않고 줄어들지도 않고, 더럽지도 않고 깨끗하지도 않은 것입니다.

어떤 이들은 자연과학의 원리를 빌려 《반야심경》을 설명하길, 물질을 쪼개고 또 쪼개면 마침내 파동인지 입자인지 정할 수 없는 상황이되니 물질이 결국 공(空)이라고 말합니다. 이러한 설명은 공이 곧 중도라는 사실을 전혀 알지 못한 것입니다. 분별이 곧 분별이 아니고, 개념이 곧 개념이 아니고, 상(相)이 곧 상이 아닌 바로 지금 이 순간이 바로중도입니다. 그러니 과학의 이론을 빌릴 이유가 전혀 없습니다. 과학이론은 전부 개념 위에서 성립되므로, 개념이 곧 개념이 아닌 공임을과학 이론으로는 설명할 수 없습니다. 공이라는 개념을 세우고 색이라는 개념을 세우면, 이미 두 끝에 떨어져 있는 것이니, 원래 하나의공은 아니지요. 상대적인 개념을 세워서 그 개념의 관계를 말하면 그건 전부 개념에만 머물러 있는 것이니, 개념이 곧 개념이 아닌 공(空)과는 아무 관계가 없습니다.


29.
一空同兩   하나의 공이 두 끝과 같으니
齊含萬象   삼라만상을 모두 다 머금는다.


"하나의 공이 두 끝과 같으니, 삼라만상을 모두 다 머금는다." 이 말은 "하나가 곧 모두요, 모두가 곧 하나다"라는 "일즉일체(一卽一切)요,일체즉일(一切卽一)"이라는 말과 같은 뜻이죠. 일(一) 대신 공(空)이라는 이름을 붙인 겁니다. 일(一)은 분별할 수 없음이니 곧 공(空)입니다."만법이 하나로 돌아간다"는 만법귀일(萬法歸一)도 같은 뜻입니다.

"만법이 곧 하나다" 혹은 "만법이 하나로 돌아간다"고 할 때, 이 말은 허망한 만법이 하나의 진실로 돌아가서 사라진다는 뜻이 아닙니다. 만약 이렇게 이해한다면, 이것은 곧 취하고 버리는 이해가 되며, 하나 혹은 공에 치우친 외도(外道)의 견해가 되는 것입니다.

　만법이 하나로 돌아간다는 것은, 열 개의 얼음덩이를 하나의 그릇에 넣어서 녹이니 다만 한 그릇의 물이 되더라는 식의 뜻이 아닙니다. 만법이 하나로 돌아간다는 것은, 열 개의 얼음덩이 각각이 지금 있는 그대로 모두 물이라는 말입니다. 말하자면, 얼음의 참된 모습을 바로 보니 제각각 있는 얼음이 본래 하나의 물이더라는 것입니다. 얼음을 본다면 하나하나 분별되는 제각각의 덩어리지만, 물을 본다면 모든 얼음 그대로가 물이지, 얼음을 떠나 따로 물을 얻을 수는 없습니다. 그러므로 열 개가 곧 하나요, 하나가 곧 열 개입니다. 하나라고 하는 것은 열 개처럼 분별할 수도 없고 헤아릴 수도 없지만 온 우주를 품고서 없는 곳이 없으므로 공(空)이라고도 합니다.

　그러므로 차별을 버리고 차별 없음을 취할 수는 없습니다. 하나하나 차별하는 여기에서 전혀 차별이 없습니다.


"도가 뭡니까?"
"저녁이 되니 시원합니다."


차별이 있다느니 없다느니 하는 생각도 하지 마세요.


"도가 뭡니까?"

"저녁이 되니 시원합니다."

한결같아 끊어지지 않습니다.

"도가 뭡니까?"
"이것(탁자를 두드리며)입니다."

"마음이 뭡니까?"
"이것(손을 들어 올리며)입니다."

"부처가 뭡니까?"
"지금 8시 20분입니다."

"선이 뭡니까?"
"이것은 (죽비를 들어 올리며) 죽비입니다."

여기에서 바로 통하면, 아무리 헤아리고 분별해도 한결같이 다름이
없습니다.

도대체 뭐냐구요? "이것이 (죽비를 들어 올리며) 죽비입니다." 정말
깜깜합니까? 이렇게(탁자를 두드리며) 분명한데 무엇이 깜깜합니까?
알 수가 없다구요? 저녁을 먹고 나니 배가 부르고 잠이 올 뿐입니다.
안다고 할 것도 없고, 모른다고 할 것도 없습니다. 도대체 뭐냐? "이

형광펜에 잉크가 없군요." 도대체 뭐냐에 대한 답변이 이렇게(탁자를 두드리며) 끊임없이 주어지고 있어요. 무엇이 어떻다고 생각하지 마십시오. 어떤 생각도 필요 없습니다. 다만 이것(탁자를 두드리며)이죠. 저녁이 되니 시원합니다. 저녁밥을 먹어서 배가 불러요. 하늘에 별이 보이기 시작하는군요. 개구리 소리가 크게 들립니다. 등이 가려워요. 가만히 앉아 있으니 손발이 저립니다. 불빛이 밝군요.

예컨대, 1 더하기 1은 뭐냐 하고 묻는 것은 선(禪)의 질문이 아닙니다. 도에 대한 질문은 그렇게 할 수가 없어요. 1 더하기 1은 뭐냐 하고 물으면, 2 혹은 3이라는 정해진 답을 원하잖아요? 옳을 수 있고 그를 수 있는 그런 답을 원하면 선에 대한 질문이 아닙니다. 저녁밥을 먹고 배가 부른데 무엇이 옳고 무엇이 그르겠습니까? 이것(탁자를 치며)에 무엇이 옳고 무엇이 그르겠습니까? 등이 가려운데 무엇이 옳고 그르겠습니까? 저녁이 되니 시원한데 무엇이 옳고 무엇이 틀리겠습니까? 여기(손을 흔들며)에 무엇이 있고 무엇이 없습니까?

이것이 (형광펜을 들어 올리며) 분명하면 온 우주가 분명합니다. 이것이 (형광펜을 들어 올리며) 분명하면 온 우주가 막힘 없이 명백합니다. 헤아리고 또 헤아리고 분별하고 또 분별하는 순간순간 언제나 이뿐입니다. 그러니 하나가 전체요, 전체가 하나라고 합니다. 아주 단순한 말이죠. 이것은 다만 이것(손을 들어 올리며)이지, 어떤 구조도 모습도 위치도 시간도 없습니다. 다만 이것(죽비를 들어 올리며)입니다. 이것(탁자를 두드리며)이죠. 밤이 깊어 갑니다. 나방이 창문에 붙어 있습니다. 9시가 다 되었군요. 도대체 뭐냐? (잠시 침묵) 도대체 뭐냐? (손을 흔든다.) 어렵지도 않고 쉽지도 않습니다. 도대체 뭐냐? 무엇이 더 필요합니까? 무엇이 부족합니까?

30.

不見精麤　세밀함과 거칢을 나누어 보지 않는다면,

寧有偏黨　어찌 치우침이 있겠는가?

　세밀함과 거칢 역시 상대적인 말이잖아요. 컵과 컵 아닌 것을 나누는 것과 같죠. 이것과 이것 아닌 것을 나누는 분별을 하지 않는다면 어찌 치우침이 있겠습니까? 《신심명》에서 처음부터 지금까지 동일한 말을 하고 있습니다. 대도는 어려운 것이 아니고, 단지 가려서 선택하는 것이 문제라고 말한 이래로 지금까지 같은 취지의 말을 하고 있는 것입니다.

　둘로 나눔에서 문제가 생기니 둘로 나누지 않으면 문제가 없어진다는 말을 계속하고 있는 겁니다. 분별하지 않는다면 도대체 뭐냐? "분별하지 않는다면 도대체 뭐냐?" 이뿐이죠. 다시 무엇을 기대하겠습니까? "분별하지 않는다면 도대체 뭐냐?" 이뿐이죠. 무엇이 있거나 무엇이 없거나 하는 것은 아니죠. "분별하지 않는다면……" 이뿐이죠. 무엇이 어떻다는 생각을 덧붙이지 마세요. "분별하지 않는다면……" 이뿐이죠. "도대체 뭐냐?" 이뿐이죠.

　보통 공부한다면 무엇을 주시하라고 하는데, 주시하라고 한다면 벌써 어긋난 것입니다. 저기 개골개골 하는 개구리 소리, 귀뚜라미 소리, 선풍기 소리, 눈에 보이는 것, 느껴지는 것, 생각나는 것 모두가 다만 이뿐입니다. 세상은 마치 꿈과 같습니다. 꿈 속처럼 온갖 것들이 나타나는데, 꿈과 꿈 아님이 따로 없습니다. 꿈 속의 일 하나하나가 그대로 유일한 진실입니다. 더할 것도 없고 뺄 것도 없습니다.

　다시 비유하자면, 맑은 날 햇빛 속에서 세상을 보십시오. 온 세상의 모습들은 전부 빛일 뿐입니다. 삼라만상의 모습이 곧 빛이요, 빛이 곧 삼라만상의 모습으로서, 빛 밖에 따로 삼라만상의 모습이 없고 삼라만상의 모습 밖에 따로 빛이 없습니다. 삼라만상의 모습을 보면 빛을 보는 것이고, 빛을 보면 삼라만상의 모습을 보는 것입니다. 삼라만상이니 빛이니 하고 이름으로 분리하지만, 따로 있는 물건이 아닙니다. 이것(탁자를 치며)도 마찬가지입니다. 이름으로는 탁자가 있고 죽비가 있고 마음이 있지만, 탁자가 곧 죽비요, 죽비가 곧 마음이요, 마음이 곧 탁자입니다.


## 31.

大道體寬　대도는 바탕이 드넓어서
無易無難　쉬움도 없고 어려움도 없다.


　쉽다, 어렵다, 이것도 분별 아닙니까? 그러니까 모든 분별이 여기에는 없어요. 어떤 식으로도 분별할 수 있는 것이 아니고, 다만 이것(손가락을 흔들며)이죠. 말로써 설명해 드릴 수는 없어요. 예를 들어 "당신이 지금 바라보고 있는 것입니다"라고 말하면, "아! 내가 바라보고 있는 것이로구나" 하고 분별하고 개념을 만들기 때문에, 이렇게 말할 수는 없습니다. 만약 분별에서 벗어난 사람이라면, 이렇게 말한다고 해서 잘못된 것은 아닙니다. "바라보고 있는 것이다." "듣고 있는 것이다.""만지고 있는 것이다." 이런 말이 틀린 것은 아닙니다. 물론 맞는 것도 아닙니다. 대도(大道)에는 틀리다, 맞다 하는 차별이 없습니다.

　대도는 바탕이 드넓다 하는데, 대도가 뭡니까? '8시 30분입니다." "배가 부릅니다.""무덥습니다.""여기는 지리산입니다.""하늘에 별이 빼곡합니다." 이뿐입니다. 무엇을 가리키든, 무엇을 말하든, 무엇을 생각하든, 무엇을 느끼든, 다만 이뿐입니다. 다름이 없습니다. 그래서 대도는 바탕이 드넓다고 하지만, 좁고 넓음의 차이도 없습니다. 맞음과 틀림도 없습니다. '8시 30분입니다.""건강하십니까?""뜰 앞에 서 있는 대나무입니다.""개구리가 개골개골 우는군요." 이뿐입니다.

　유식불교의 교리를 설명한 《성유식론(成唯識論)》이라는 책에 보면 이런 구절이 있습니다. "윤회의 삶을 계속하게 하는 번뇌장(煩惱障)을 소멸함으로써 참다운 해탈을 증득한다. 지혜를 막는 소지장(所知障)을 소멸함으로써 대보리를 얻는다." 대보리 즉 커다란 깨달음을 얻으려면 소지장(所知障)이 소멸되어야 한다고 합니다. 소지장이 뭡니까? 아는 것이 장애가 된다는 것이죠. 아는 것은 곧 분별하는 것이죠. 그러므로 소지장이 소멸한다는 것은 곧 분별에서 벗어난다는 것입니다. 분별에서 벗어나는 것이 곧 깨달음이란 말이죠. 그러니까 번뇌장이 소멸한 해탈은 고통스러운 번뇌의 구속에서 풀려나는 해탈 즉 자유가 있는 것이고, 소지장이 소멸한 깨달음은 둘로 나누는 분별이라는 장애에서 벗어나 아무런 차별이 없고 막힘이 없는 밝음이 있는 것입니다. 깨달음이란 모든 경우에 둘로 나누어짐이 없이 한결같고 털끝만큼의 틈도 없어서 흔들림 없이 확실한 것입니다.

　그러나 소지장이 소멸한다고 해서 분별하지 않거나 생각하지 않는다는 말은 아닙니다. 분별하는 가운데 분별이 없고, 생각하는 가운데 생각이 없다고 하면 좀 더 적합한 말입니다. "8시 30분입니다." 생각이요, 분별입니다. "8시 30분입니다." 생각도 없고, 분별도 없습니다. "해가 지니 시원합니다." 생각이요, 분별입니다. "해가 지니 시원합니다." 생각도 없고, 분별도 없습니다. "내려놓아라." 생각이요, 분별입니다. "내려놓아라." 생각도 없고, 분별도 없습니다. "뜰 앞의 잣나무." 생각이요, 분별입니다. "뜰 앞의 잣나무." 생각도 없고, 분별도 없습니다.

그런데 우리가 생각에 의지하는 것은 매우 익숙한 습관이요, 뿌리 깊은 버릇입니다. 제가 옛날 학교 다닐 때에 함께 모여 불경과 선어록을 공부하는 모임이 있었습니다. 그런데 한 번은 선어록을 읽다가 이런 구절을 만났습니다. "물 소리가 법을 말한다." 어떤 사람이 이 말을 이렇게 풀이하였습니다. "물 소리를 듣는 것이 자기 마음이니까, 결국 물 소리가 자기 마음을 나타내는 것이다. 그렇기 때문에 물 소리가 법을 말한다고 한다." 모두들 이 풀이에 대하여 다른 견해가 없었습니다. 아마 그런 뜻일 거야 하고 나름으로 수긍한 것인지는 모르지만, 다들 다른 말이 없었습니다. 그런데 조금 지난 뒤에 어떤 사람이 이렇게 말하였습니다. "물 소리를 들으면 오직 물 소리만 있을 뿐이다. 그러므로 물 소리가 곧 마음이다." 그러자 또 다른 사람이 이렇게 말했습니다. "물 소리를 들으면 오직 듣는 마음이 있을 뿐, 물 소리가 따로 없다."

자, 누구의 말이 좀 더 그럴듯합니까? 누구의 말이 좀 더 알맞은 말입니까? 언뜻 보면 첫 번째 사람의 말은 생각에 머물러 있고, 두 번째

와 세 번째는 좀 더 진실에 가깝게 다가가 있는 것처럼 느껴질 수도 있습니다. 그러나 사실은 세 사람의 말이 모두 생각에서 나온 것이라는 면에서는 차이가 없습니다. 생각으로 분별하면 이 말이 좀 더 가깝고 저 말이 좀 더 먼 것처럼 이해될 것입니다. 생각으로 분별하기 때문에 바로 그런 차별이 나오는 것입니다. 생각으로 분별하는 것이 아니라면, 어느 말이나 아무 차별이 없습니다. 분별에 머물면 모두가 분별에서 벗어나지 않습니다. 분별에 머물지 않으면 어디에도 아무런 분별이 없습니다.

물 소리가 들립니다. "졸졸졸!" "졸졸졸!" 이뿐입니다. 마음이 있고 물 소리가 있는 것이 아니라, "졸졸졸!" 이뿐입니다. 마음도 아니고 물 소리도 아닙니다. "졸졸졸!" 이뿐입니다. 안도 아니고, 밖도 아니고, 중간도 아닙니다. "졸졸졸!" 이뿐입니다. 이것이 분명하면, 물 소리가 법을 말하고, 하늘에 있는 구름이 법을 말하고, 귀뚜라미가 법을 말하고, 바람이 법을 말하고, 태양이 법을 말하여 이들 사이에 아무런 차별이 없습니다. 눈에 보이는 것이 법을 말하고, 귀에 들리는 것이 법을 말하고, 손에 잡히는 것이 법을 말하고, 일어나는 생각이 법을 말합니다. 눈에 보이는 게 전부 깨달음이라는 경전의 말이나, 온 우주에 있는 티끌 먼지 속에 전부 부처님이 계셔서 법을 말한다는 경전의 말이나, 모든 우주에 헤아릴 수 없이 많은 먼지들이 있는데 그 먼지 하나하나 속에는 또 모든 우주가 다 들어 있다고 하는 경전의 말도 바로 이것을 말하는 것임을 알 수 있습니다.

146

32.

小見狐疑　좁은 견해로 여우같이 의심하면
轉急轉遲　서둘수록 더욱 늦어진다.


　'의심을 한다'는 것은 곧 '생각을 한다'는 말이죠. 의심이라는 것은 곧 생각 아닙니까? "생각이 개입되면 아무리 서둘러도 오히려 더 늦어진다." 마치 움직일수록 더욱 죄어 오는 오랏줄처럼, 생각할수록 더욱 생각의 테두리에 가로막히는 것입니다. 그런데 의심에서 풀려나 늦어지지 않으려면 어떻게 해야 하는가? 어디가 의심에서 풀려나는 자리고, 어디가 늦어지지 않는 자리냐? 말하자면, "좁은 견해로 여우같이 의심하면, 서둘수록 더욱 늦어진다"고 했는데, 그렇다면 어디가 의심 없는 곳이고, 어디가 빠르고 늦음이 없는 곳이냐는 말이죠. 어디일까요?

　"좁은 견해로 여우같이 의심하면, 서둘수록 더욱 늦어진다." 바로 여기입니다. 여기가 바로 의심 없는 곳이고, 여기가 바로 빠르고 늦음이 없는 곳입니다. "좁은 견해로 여우같이 의심하면, 서둘수록 더욱 늦어진다." 여기가 바로 의심 없는 곳이고, 빠르고 늦음이 없는 곳입니다.

　예컨대 "부처가 뭡니까?" 하고 물으니, 중국의 운문 스님은 "똥 닦는 막대기다"라고 답했습니다. 선사(禪師)들은 보통 이렇게 답합니다. 보통 사람들은 이 말을 굉장히 심오하고 어려운 말이라고 여깁니다. 그러나 이 말은 어렵거나 쉬운 말이 아닙니다. 무슨 심오한 뜻을 가진 말이 아닙니다. 부처는 뜻이 아닙니다. 그러니 뜻을 가지고 답한 것이 아닙니다.

또 어떤 스님은 "뜰 앞의 잣나무다" 혹은 "차를 마시게나" 혹은 "개에게는 불성이 없다" 혹은 "삼베가 서 근이다"라고 말했습니다. 이런 말에는 이해해야 할 아무런 뜻이 없습니다. 이런 말들은 다만 대도(大道)를 드러내고 있을 뿐입니다. 대도는 설명할 수 있는 것이 아니라, 지적하여 드러낼 수 있을 뿐입니다. 불립문자(不立文字)하여 직지인심(直指人心)한다는 말이 바로 이것을 나타냅니다.

도를 나타내는 말을 비유하자면 이렇습니다. 어떤 사람이 금방에 들어가 주인에게 금을 보여 달라고 합니다. 주인은 진열해 놓은 금으로 만든 반지, 비녀, 팔찌, 귀걸이 등을 가리킵니다. 만약 방문한 사람이 "금을 보여 달라고 하는데, 왜 반지, 비녀, 팔찌, 귀걸이를 보여 줍니까? 금을 보여 주세요"라고 한다면, 어떻게 해야 할까요? 다른 비유를 들겠습니다. 모래를 가리켜 주려는 사람이 모래 위에다 글씨를 씁니다. "이것이 바로 모래다", "모래는 작은 입자로 이루어져 있다", "모래 가루는 쉽게 흘러서 뭉쳐지지 않는다." 그런데 배우는 사람이 모래 위에 쓴 글자만 보면서 그 뜻을 생각하고 있다면, 어떻게 할까요? 달리 모래를 가리켜 줄 묘안이 있습니까?

말을 하면 자꾸만 말의 뜻을 따라가니, 이렇게 할 수밖에 없군요. (손을 들어 올리며) 이것입니다. (죽비를 두드리며) 이것입니다. (책상을 두드리며) 이것입니다. (손을 흔들며) 이것이 일단 확인되면, 지금 저기 찍찍찍찍 하는 귀뚜라미 소리가 우주의 음악입니다. 온 우주를 뒤덮는 소리입니다.

부분이라는 게 없어요. 전체란 말이죠. "대도는 바탕이 드넓다." 테

148

두리가 없어요. 시작도 없고 끝도 없어요. 크기가 없어요. 작다고 하면 가장 작은 소립자 속에도 들어가고, 크다고 하면 가장 큰 우주를 담고 있습니다. 어떤 것에든 정확히 딱딱 들어맞아서 남지도 않고 모자라지도 않습니다. 항상 끊어짐이 없습니다. 바로 가리키면 (손을 들어 올리며) 이것입니다. 도에는 빈 자리가 없어요. 어떤 경우에도 정확히 딱 들어맞죠. "날씨가 맑군요." 딱 들어맞아 빈 자리가 없죠? (죽비를 친다.) 전혀 틈이 없죠? "이제 슬슬 배가 고픕니다." 아무런 어긋남이 없죠?

하나 지적해 드릴 것이 있습니다. 마음공부를 하면서 가장 큰 장애 가운데 하나는 내면에서 경험하는 심리적인 변화에 우리가 아주 쉽게 휘둘린다는 것입니다. 심리적인 느낌에 의지하여 살아온 습관 때문에 심리적인 느낌에 얽매여 있는 것이지요. 그러나 내면에서 경험하는 심리적인 변화는 외부에서 보고 듣고 부딪히는 경험과 다를 바 없는 허망한 경험일 뿐입니다. 그러므로 공부하는 사람이 내면의 느낌에 매여서 연연하면 안 돼요. 어떤 때는 마음이 쾌청한 날씨처럼 느껴질 때도 있고, 어떤 때는 어두컴컴하게 흐린 날씨처럼 느껴질 때도 있고, 어떤 때는 비가 퍼붓는 듯이 느낄 때도 있겠지만, 그런 느낌에 휘둘리면 안 됩니다. 만약 쾌청한 것을 좋아하고 흐린 것을 싫어하면, 이 변화무쌍한 물결 같은 마음의 변덕에 휩쓸려 떠다니는 번뇌를 벗어나지 못할 것입니다. 좋은 기분 속에 있거나 행복한 느낌 속에 있는 것이 공부의 목적이 되면 안 됩니다.

깨달음이란 다만 이(손을 들어 올리며) 대도(大道)가 명확해지는 것입니다. 이 대도에서 분별망상을 일으키지 않아서 분열과 흔들림이 없는 것입니다. 좋거나 나쁜 기분은 헛되이 생겼다 사라지는 허망한 경계입니다. 이러한 허망한 경계에서 해탈하여 언제나 변함없는 한결같음이 공부의 효험입니다. 몸에서 어떤 느낌이 있든, 기분이 어떻게 변하든, 밖으로 무엇을 보든, 다만 한결같이 이 도(道) 하나에만 관심을 두고 가르침을 듣는 것이 바른 공부입니다.

안에서 느끼는 다양한 기분이나 밖에서 보고 듣는 여러 가지 일들은 모두 스쳐 지나가는 풍경들일 뿐입니다. 모든 경전의 가르침이나 성인의 올바른 가르침은 전부 이(손을 들어 올리며) 둘 없는 진실을 말하고 있을 뿐입니다. 안팎에서 어떤 경험을 하고 무엇을 보고 무엇을 느끼는가에 대해서는 언급하지 않습니다. 마치 산 정상을 오르려고 등산하는 사람이 꾸준히 정상을 향하여 올라야만 하는 것이지, 오르면서 보는 주변의 광경에 홀려서 멈추면 안 되는 것과 같습니다.

오로지 이(손을 들어 올리며) 도(道)에만 관심이 있다면, 평소에 경험하는 여러 가지 심리적인 변화라든지 외부의 여러 가지 일들은 모두 걸림 없이 스쳐 지나갑니다. 말하자면, 대도에 관심을 두면 저절로 사소한 일상적인 경험들에 휘둘리지 않게 됩니다. 만약 세속의 삶에 문제가 있다면, 세속에서 살면서 얻은 지혜를 가지고 다스릴 수 있으면 다스리고 헤아릴 수 있으면 헤아리되, 그런 지혜가 힘을 발휘하지 못하면 또 순응하는 것입니다. 자신 스스로가 붙잡고 집착하지만 않으면, 세속의 일들은 모두 시간이 지나면 해결되는 때가 옵니다. 시간에 따라 흘러 사라지는 것이죠. 그러므로 공부하는 사람은 오로지 이(손을 들어 올리며) 하나의 대도에 온 관심과 가치를 두고 있어야 합니다.

33.

執之失度　집착하면 법도(法度)를 잃고서
必入邪路　반드시 삿된 길로 들어간다.


　집착한다는 것은 무엇인가를 붙잡고 매달려 손을 놓지 못한다, 혹은 어디에 의지하고 기대어 벗어나지 못한다는 말입니다. 붙잡을 것이 있고 머물 곳이 있으면, 이것은 모두 분별에서 말미암은 것입니다. 그러므로 마음에 붙잡을 것이 있고 머물 곳이 있으면, 바로 삿된 곳에 떨어져 있는 것입니다.

　마음은 모양도 없고, 색깔도 없고, 소리도 없고, 냄새도 없고, 크기도 없고, 장소도 없고, 시간도 없습니다. 마음은 행복한 것도 아니고, 불행한 것도 아니고, 기쁜 것도 아니고, 슬픈 것도 아니고, 맑은 것도 아니고, 흐린 것도 아닙니다. 마음은 물건도 아니고, 허공도 아니고, 있는 것도 아니고, 없는 것도 아니고, 좋은 것도 아니고, 나쁜 것도 아닙니다. 마음이라는 이름으로 붙잡을 수 있는 물건은 없고, 마음이라는 이름으로 머물 수 있는 장소도 따로 없습니다.

　(손을 들어 올리며) 다만 이뿐입니다. "지금 아홉 시입니다." 다만 이뿐입니다. "이제 마칠 시간이로군요." 다만 이뿐입니다. "밤이 깊으니 더욱 시원합니다." 다만 이뿐입니다. "주무실 때에 모기 조심하십시오." 다만 이뿐입니다. "이제 그만 마치죠." 다만 이뿐입니다.

　딱! 딱! 딱! (죽비 소리)

# 일곱 번째 법문

34.

放之自然  놓아 버리면 본래 그러하니
體無去住  본바탕에는 가거나 머무름이 없다.

35.

任性合道  본성에 맡기면 도에 합하니
逍遙絶惱  한가하고 번뇌가 끊어진다.

36.

繫念乖眞  생각에 매달리면 참됨과 어긋나
昏沈不好  어두움에 빠져서 좋지 않다.

37.

不好勞神　정신을 피로하게 하는 것을 좋아하지 않는다면

何用疏親　어찌 멀리 하거나 가까이 할 필요가 있겠는가?


38.

欲取一乘　한 수레1)를 얻고자 하거든

勿惡六塵　육진 경계2)를 싫어하지 말라.


39.

六塵不惡　육진 경계를 싫어하지 말아야

還同正覺　바른 깨달음과 같아진다.


---

1) 일승(一乘): 일불승(一佛乘)과 같음. 승(乘)은 타는 것, 곧 수레나 배(船)를 말하며, 우리를
　깨달음으로 실어 나르는 불교의 가르침 즉 교법(敎法)을 가리킴. 교법에는 소승·대승·
　3승·5승의 구별이 있는데, 일체 중생이 모두 성불한다는 입장에서 그 구제하는 교법이
　하나뿐이고, 또 절대 진실한 것이라고 주장하는 것이 일승(一乘)이다.
2) 육진(六塵): 색(色)·성(聲)·향(香)·미(味)·촉(觸)·법(法) 등의 육경(六境)을 말한다.
　이 육경이 본래 청정한 마음을 오염시키기 때문에 티끌(塵)이라 한다.

34.

放之自然   놓아 버리면 본래 그러하니
體無去住   본바탕에는 가거나 머무름이 없다.

　"놓아 버리면 본래 그러하니, 본바탕에는 가거나 머무름이 없다."
"가고 머무름이 없다" 또는 "왕래(往來), 즉 가고 오고 하는 것이 없다"
는 것입니다. "놓아 버리면 본래 그러하다." 여기서 놓아 버린다고 하
는 것을 달리 표현하면, 놓지도 않고 쥐지도 않는다, 놓는 일도 없고
쥐는 일도 없다는 것입니다. 이것을 보십시오.

　(손으로 가리키며)
　"아홉 시 반입니다." 자, 여기에 무엇을 붙잡고 있으며, 무엇을 놓고
있습니까?
　"아홉 시 반입니다." 지금 어디에 머물고 있으며, 어디로 가고 있습
니까?

"아홉 시 반입니다." 무엇을 붙잡을 필요가 있고, 무엇을 놓을 필요가 있을까요?

"아홉 시 반입니다." 어디에 머물 필요가 있고, 어디로 갈 필요가 있을까요?

"아홉 시 반입니다." 손댈 것이 전혀 없습니다.

"아홉 시 반입니다." 행할 일이 전혀 없습니다.

"아홉 시 반입니다." 그대로 100%지요. 생각이 개입할 필요가 없습니다.

(손으로 가리키며)

"아홉 시 반입니다." 100%입니다. 앞도 없고, 뒤도 없습니다. 시작도 없고, 끝도 없습니다. 생각할 것도 없고, 이해할 것도 없습니다. 쥘 것도 없고, 놓을 것도 없습니다. 어떤 분별도 없습니다. 이것이 바로 놓아 버리면 본래 그러하다는 것입니다. 원래 그러한 것입니다. 원래 온다, 간다, 머무른다, 쥔다, 놓는다는 차별이 없습니다. 본래 남는 것도 없고 모자라는 것도 없고, 생각할 것도 없고 말할 것도 없고, 알 것도 없고 모를 것도 없습니다.

(손으로 가리키며)

"아홉 시 반입니다." 놓고 있지도 않고, 쥐고 있지도 않아요. 놓는다, 쥔다 하는 차별이 일절 없어요.

(손으로 가리키며)

156

"아홉 시 반입니다." 어디로 가는 것도 아니고, 어디에 머물러 있는 것도 아니고, 내버리는 것도 아니고, 붙잡는 것도 아닙니다. 어떤 차별도 없습니다.

(손으로 가리키며)

"아홉 시 반입니다." 여기에 아무것도 필요 없이 이대로 완전합니다. "아홉 시 반입니다." 이대로가 전체요, 전부입니다. 매 순간순간 하나하나의 일이 모두 이처럼 완전하고 전체여서, 더할 것도 없고 뺄 것도 없고, 생각할 것도 없고 이해할 것도 없고, 뜻도 없고 이름도 없습니다.

언제나 문제는 생각하고 분별하는 것에 있습니다. "놓아 버리면 본래 그러하다"고 하면 우리는 "어떻게 놓지?" 하고 생각하지요. 이미 생각으로 들어선 이상, 놓지 못하고 있습니다. 선(禪)에서 "놓아 버려라"고 말할 때는 생각을 요구하지 않습니다. "놓아 버린다"는 것은 놓는다 혹은 쥔다 하는 그런 분별을 요구하는 것이 아닙니다. 선(禪)에서는 그런 분별을 일절 요구하지 않습니다. 그 때문에 오히려 선(禪)은 쉽습니다. 분별할 필요가 없으니까, 생각을 가지고 이런가 저런가 하고 헤아릴 필요가 없으니까 매우 쉽습니다.

(손으로 가리키며)

"아홉 시 반입니다." 이렇게 곧장 가리킬 뿐! 헤아림을 요구하지 않습니다. 생각을 요구하지 않습니다.

(손으로 가리키며)

"아홉 시 반입니다." 놓을 것도 없고, 쥘 것도 없지요?

(손으로 가리키며)

"아홉 시 반입니다." 생각은 없으나 이렇게 분명해야 합니다.

생각이 없는데 무엇이 분명할까요? 무엇이 분명하다고 말하면, 이미 생각이지요. 그러나 생각이 없는데 분명하다고 말할 수 있습니다. 이것은 오직 스스로 확인해 보아야 할 일입니다. 생각하고 바라보지 않아도 모든 것이 언제나 분명하여 다른 일이 없습니다. 어떻게도 하지 않지만, 언제나 어디서나 다른 일이 없이 명백합니다. 보고 들어야 분명하고, 생각하고 이해해야 분명한 사람은 보고 듣지 않아도 분명하고, 생각하고 이해하지 않아도 분명하다는 말 앞에서 어찌할 바를 모를 것입니다.

아직 선(禪)을 맛보지 못한 사람에게 선(禪)의 말은 매우 어렵게 느껴집니다. 우리가 흔히 알쏭달쏭하고 알 수 없는 말을 선문답이라고 하는 이유가 여기에 있습니다. 일상적인 말은 이것이냐 저것이냐, 있느냐 없느냐, 맞느냐 틀리느냐 하는 분별이 매우 분명하여 어려울 것이 없습니다. 그러나 선(禪)의 말은 애초에 분별을 배제한 말이기 때문에 이것과 저것을 나누지 않고, 있느냐 없느냐를 정하지 않고, 맞느냐 틀리느냐를 따지지 않습니다. 그러므로 선(禪)의 말은 처음 듣는 사람에게는 매우 생소하게 들립니다.

예컨대 "선(禪)이 무엇입니까?" 하고 물었는데, "뜰 앞의 잣나무다"라고 답합니다. 이 말을 듣고 뜰 앞에 서 있는 잣나무를 바라보거나 잣나무를 생각한다면, 이른바 저울눈을 잘못 읽는 것입니다. 즉, 이 말이 가리키는 것과는 전혀 다른 엉뚱한 곳을 향하고 있는 것입니다. "선이 무엇입니까?", "도(道)가 무엇입니까?", "마음이 무엇입니까?" 하는 질문은 마치 "말은 어떻게 합니까?" 하고 묻는 것과 같습니다. 혹은 서울역 대합실에서 "서울역은 어디로 갑니까?" 하고 묻는 것과 같습니다.

　이러한 질문에 대하여, "당신의 그 질문이 바로 말하는 것입니다"라고 답하거나, "어디로도 갈 필요가 없어요. 여기가 바로 서울역이니까"라는 답변은 좋은 답변일 수도 있고 나쁜 답변일 수도 있습니다. 이 답변을 듣고 즉시 의문이 사라지면 이 답변은 좋은 답변이겠지만, 그 이치가 이해는 되는데 본래 가졌던 의문이 시원하게 사라지지 않았다면 이것은 오히려 나쁜 답변입니다. 생각으로 이해하는 것과 마음 속의 의문이 사라지는 것은 별개의 문제입니다. 참된 해결은 생각으로 이해되지는 않으나, 마음 속의 의문이 시원하게 사라져서 더 이상 분별과 집착에 시달리지 않아야 하는 것입니다.

　여기 배고픈 사람이 있습니다. 배를 채우고 싶은 마음이 간절합니다. 제가 그 사람에게 "자, 사과 먹어라!" 하면서 복숭아를 줍니다. 그 사람은 "자, 사과 먹어라!" 하는 말을 듣고 받으려고 보니 복숭아란 말이죠. "사과가 아니잖아"라고 생각하며 머뭇거리면, 이 사람은 배고픔을 면할 수 없습니다. 정말 배가 고픈 사람이라면, 사과니 복숭아니 따지기 이전에 먼저 덥석 받아 배고픔을 달래고 볼 것입니다. 이 법을 가리키는 것은 그와 같습니다. 도(道)에 목마른 사람에게 답하여 줍니다. "아홉 시 반입니다." 이 말을 듣고 시간이라는 생각이 먼저 들면 이 사람은 목마름을 해소할 수 없습니다.

도(道)에는 틈이 없습니다. "아홉 시 반입니다." 여기에 무슨 틈이 있습니까? 생각이 들어오면 틈이 생깁니다. (손을 들어 올리며) 여기엔 틈이 없죠. 그런데 "뭐 하는 것이지?" 하고 생각하면 벌써 틈이 있어요. "뜰 앞의 잣나무다." 여기엔 틈이 없어요. 그런데 "무슨 뜻이지?" 하고 생각하면 틈이 있습니다.

"도가 뭡니까?"

(손을 올리며) "이겁니다." 틈이 없어요.

(손을 올리며) "이겁니다." 마치 전기가 통하듯 동시에 하나라면, 틈이 없어요.

(손을 올리며) "이겁니다." 온 세계는 한 개의 전선입니다. 전기는 언제나 동시에 통합니다. 이 한 개의 전선을 토막 내어 끊어 놓는 것이 바로 생각이요, 분별입니다.

저의 모교인 고등학교에 야구부가 있는데, 야구부 선수들이 운동장에서 수비 훈련하는 모습을 구경한 적이 있습니다. 야구부 감독이 큰 바구니에 야구공을 가득 넣어 놓고 한 손으로 방망이를 잡고 공을 한 개씩 쳐서 운동장으로 날립니다. 운동장에 흩어져 있는 선수들은 자기에게 날아오는 공을 받아야 합니다. 공이 어디로 날아올지는 선수들이 모르죠. 탁 공을 치면 자기한테 날아오는 공을 반사적으로 받아야 합니다. 안 받으면 끌려 나와서 벌을 받아요. 선수들이 무언가 딴 생각을 하고 있으면 공을 놓칩니다. 아무 생각 없이 감독만을 쳐다보고 있다가, 자기도 모르게 손이 나아가 공을 잡는 것이죠. "내가 이거 잘 받아야 하는데" 하고 생각을 하면 잘 받을 수가 없어요. 그러므로 지속적인 훈련이 필요합니다. 반사적으로, 자기도 모르게, 생각 없이 해야 실전에서 딱딱 맞아 들어가잖아요. 선 공부도 이처럼 시간이 걸립니다. 꾸준히 계속해서 관심을 가지고, 이 문제에 계속 부딪혀 있어야 합니다.

설법(說法)을 듣는 것도 마찬가지입니다. 오로지 법에 마음을 두고 아무 생각 없이 꾸준히 설법을 들어야 합니다. 생각으로 설법을 들으면 법을 놓칩니다. 감독이 순간순간 공을 날리듯이 저는 법을 날립니다. 언제나 법에 마음을 두고 있을 뿐 생각으로 헤아리는 일이 없다면, 자기도 모르게 법과 하나 되는 때가 옵니다. 공부를 잘해야 한다는 생각도 하지 마시고, 설법을 잘 들어야 한다는 생각도 하지 마세요.


"도가 뭡니까?"
(손을 들어 올리며) "9시 35분입니다."


"부처가 뭡니까?"
(손을 들어 올리며) "뜰 앞의 잣나무입니다."


여기에는 시간도 장소도 없어요. 과거, 현재, 미래도 아니고, 찰나도 아니고, 순간도 아니고, 아무 그런 게 아니에요. 지금도 아니고, 여기도 아니고, 아무것도 아니에요. 언제, 어디서, 무엇이, 어떻게, 왜가 여기엔 없습니다.

"도가 뭡니까?"

(손을 들어 올리며) "9시 35분입니다."

35.

任性合道　본성에 맡기면 도에 합하니
逍遙絶惱　한가하고 번뇌가 끊어진다.


"본성에 맡기면 도에 합한다"고 합니다. "본성에 맡긴다"는 것이 어떤 걸까요? 분별에 의지하지 않는 것입니다. 분별에 의지하지 않는 것은 어떤 걸까요? 이름과 대상에 의지하지 않는 것입니다. 이름과 대상에 의지하지 않는 것은 곧 생각에 의지하지 않는 것이죠. 생각은 모두 어떤 대상을 분별하고 이름을 분별하는 것이기 때문입니다. 분별은 보고, 듣고, 느끼고, 알고 하는 가운데 이것이니 저것이니 하고 분별하고 이름을 붙이는 것입니다.

본성이란 애초에 타고난 것으로서 생각으로 이해할 필요가 없는 것이고, 분별로써 밝힐 필요가 없는 것입니다. 본성에서는 나와 남의 분별이 없으므로 나라는 개념이 없고, 세계라는 개념도 없고, 있다거나 없다는 개념도 없고, 옳다거나 그르다는 개념도 없고, 좋다거나 나쁘다는 개념도 없고, 하나나 둘이라는 개념도 없고, 시간과 장소라는 개념도 없습니다. 그러나 우리는 태어난 뒤에 생활하면서 분별을 통하여 이러한 각종 개념을 익혀서 생활에 이용하고 있습니다. 모든 분별되는 개념은 태어난 뒤에 배우고 익혀서 얻은 것들이지요. 이러한 분별된 개념은 우리 인류가 세속 생활에 필요하여 만들어 낸 도구들이

162

지만, 한편으로는 이러한 개념들이 도리어 본성을 가로막는 장애물이기도 합니다.

이처럼 분별이라는 구름만 걷어 내면 본성이라는 태양은 언제나 밝게 빛나고 있습니다. 그러므로 "본성에 맡기면 도에 합한다"는 것은 곧 분별에 의지하지 않으면 도에 합한다는 말입니다. 그러면 어떻게 분별에 의지하지 않을 수 있을까요? 이것과 저것을 구분하지 말고, 아무런 생각도 없이 새까만 어둠 속에 멍하니 있어야 할까요? 그렇지 않습니다. 본성은 밝고 분명하며 활발하게 살아 있는 것입니다. 새까만 어둠 속에서 고요히 죽어 있는 것이 아닙니다. 생각에 시달림을 받고 있다고 느끼는 사람들은 언제나 생각에서 도망치려고 합니다. 그리하여 아무 생각 없이 멍하니 있는 것을 편하게 여기기도 합니다. 그러나 이것은 일시적인 편안함이지, 생각의 문제가 근본적으로 해결된 것이 아닙니다.

생각의 문제를 근본적으로 해결하려면, 반드시 한 고비를 넘기는 이해할 수 없는 체험을 해야 합니다. 전혀 기대하지도 않은 순간에 문득 생각에서 풀려나게 됩니다. 이렇게 자기도 모르게 생각에서 풀려나고 나면, 생각을 해도 생각이 없습니다. 참으로 묘한 일이 현실이 되는 것입니다. 생각을 해도 생각이 없고, 말을 해도 말이 없습니다. 이전처럼 모든 것이 분별되지만, 전혀 아무것도 없고 아무것에도 걸리지 않습니다. 도무지 이해가 되지 않지만, 이런 상황이 조금도 낯설지 않고 도리어 매우 편안합니다. 모든 것이 있지만 아무것도 없는 이 상황이 매우 자연스럽고 편안합니다. 저 마음 밑바닥에서 올라오는 잔잔한 기쁨이 있고, 이제 문제에서 벗어났다는 안도가 있습니다.

36.

繫念乖眞  생각에 매달리면 참됨과 어긋나
昏沈不好  어두움에 빠져서 좋지 않다.


　우리 범부들은 생각을 명확하게 잘하고 분별을 확실히 하는 것을 밝은 것으로 알고 있습니다. 그러나 이것은 태양의 참된 밝음을 모르고, 태양에 비친 구름을 보면서 밝다고 여기는 것과 같습니다. 이런저런 모양의 구름이 밝게 분별되지만, 도리어 이런 구름이 참으로 밝은 태양을 가리고 있다는 사실은 알지 못하고 있습니다. 마치 꿈 속에서 이런저런 것들을 잘 분별하는 것을 밝다고 여기지만, 꿈을 깬 뒤의 밝음은 전혀 모르는 것과 같습니다. 꿈 속에서 아무리 잘 분별하더라도 모두가 헛된 모습일 뿐이고, 꿈을 깬 뒤의 밝음과는 비교할 수 없는 것입니다.

　불교에서는 어둡다는 뜻인 무명(無明)과 헤맨다는 뜻인 미혹(迷惑), 그리고 분별(分別)을 중생심의 특징으로 말합니다. 분별은 어두운 것이고 헤매는 것입니다. 우리는 자라면서 교육을 받는데, 교육이라는 것이 전부 개념을 잘 분별하도록 가르치는 것입니다. 교육을 받아서 많은 개념을 아는 것은 사회생활에 필요한 도구를 익히는 것이지만, 교육은 또한 우리의 본성을 가로막는 구름을 만드는 일이기도 합니다. 개념을 익히는 학교 공부가 힘들고 긴장되는 이유는 바로 본성을 가로막는 방향으로 나아가기 때문입니다.

　반면에 이 마음공부는 본성을 밝히는 방향으로 나아가기 때문에 공부를 할수록 더욱 편안해지고 더욱 긴장이 풀립니다. 물론 본성에 맞지 않는 개념과 분별이지만 수십 년 동안 익혀서 사용해 왔기 때문에, 처음에는 도리어 본성으로 향하는 것이 생소하고 어색하게 느껴질 수도 있습니다만, 본능적으로 이 방향으로 가야만 한다는 것을 알 수 있습니다. 그러므로 이 마음공부는 절대로 분별과 개념에 의지하여 해서는 안 됩니다.

이 마음공부를 하는 사람은 "이것은 틀린 것이다"라고 생각해도 안 되고, "이것은 옳은 것이다"라고 생각해도 안 됩니다. 또, "이것은 헛된 것이고, 저것이 참된 것이다"라고 생각해도 안 됩니다. 아무리 잘 분별하고, 잘 생각하고, 잘 판단하더라도, 이 모든 생각과 분별과 판단은 모두 다만 태양을 가로막는 구름일 뿐입니다.

만약 누군가가 종교라는 이름으로 성스럽다, 위대하다, 선하다, 좋다, 바람직하다, 행복하다, 근원이다 등과 같은 개념들을 세워 놓고 이런 개념이 가리키는 것을 추구하여 실현하도록 가르친다면, 이것은 이른바 우상을 숭배하는 종교입니다. 눈에 보이는 모습만이 우상이 아닙니다. 오히려 더욱 무서운 우상은 마음 속에 각인되어 있는 분별된 개념이라는 우상입니다. 종교는 우리를 인위적이고 부자연스러운 개념에서 해방시켜 본성을 되찾도록 가르쳐야 합니다. 그런데 우리가 만든 갖가지 개념에 도리어 우리를 얽어매려고 한다면, 이러한 종교는 사람을 개념에 중독되게 하는 아편과도 같이 나쁜 것입니다. 대부분의 사람들이 가치니 이념이니 상식이니 성스러움이니 초월이니 절대자니 하는 이름의 온갖 개념에 중독되어 자신의 타고난 본성을 가로막고서는 시비(是非)와 갈등에서 벗어나지 못하는 것을 보면 참으로 안타깝습니다.

사람들에게 개념을 주입하고, 그 개념에 따르도록 가르치는 종교는 세속화된 가짜 종교입니다. 종교는 모든 개념, 모든 우상에서 우리를 해방시키는 기능을 해야 합니다. 평등한 사회, 사회적 약자에 대한 지원, 봉사 활동 등 세속적 가치를 종교라는 이름으로 추구할 수도 있습니다만, 종교의 참된 역할은 모든 개인의 구원입니다. 어디로부터의 구원일까요? 우리 스스로가 분별하여 만들고 있는 망상으로부터의 해방입니다. 망상이 겉으로 드러난 것이 바로 개념입니다. 분별은 개념만 있는 것이 아닙니다. 육체나 외부 세계에 대한 감각, 느낌, 생각, 감정, 불명확한 의식 등등 이른바 "무언가가 있다"고 여겨지는 것은 모두 분별입니다. "무언가가 있다"고 여기는 순간, 우리는 그 '무언가'에 가로막혀서 자유가 없습니다. 이 '무언가'로부터 자유로워지는 것이 곧 구원입니다.

그러므로 우리가 참으로 구원받았다면, 티끌 하나만큼의 장애도 없어야 하고, 분별되는 그 어떤 것도 없어야 합니다. 참된 가치는 어떤 가치도 없는 것이고, 참된 진리는 진리라고 할 무엇이 없습니다. 조그만 무엇이라도 있기만 하면, 우리는 자신이 만든 망상에 자신이 속아서 끌려 다니는 가련한 신세가 됩니다. 자기가 꾸는 꿈 속에서 온갖 시련을 겪는 가련한 신세가 되는 것입니다. 자기가 만든 생각에 자기가 끌려 다니는, 이런 주객이 뒤바뀐 상황에서 벗어나야 합니다.

현재 세계에서 행해지는 종교들을 보면 대부분 개념에 매달려 있음을 볼 수 있습니다. 종교가 세속화되어 있는 것이죠. 종교가 우리를 개념에서 해방시켜 주는 것이 아니라, 도리어 더욱더 심하게 얽어매어 사람을 그야말로 허수아비처럼 만들고 있는 것을 많이 봅니다. 종교라는 이름으로 선과 악을 구분하고, 그 선을 위하여 온갖 험악한 일들을 하는 모습을 하루에도 몇 번씩 볼 정도입니다. 종교라는 이름으로 투쟁을 하고, 전쟁을 하고, 목숨을 내버리고, 포악한 짓을 저지르는 이런 우스운 현상들이 어제 오늘 일이 아닙니다. 이런 문제를 해결하려면 분별과 개념에서 벗어나 자기의 본성을 찾는 공부를 해야 합니다.

우선 자기 자신이 모든 개념에서 해방되어 철저히 자기 본성을 살려야 합니다. 우리의 공부가 철저하면, 주위의 사람들도 영향을 받게 되겠죠. 자기가 자유로워야 남도 자유롭게 해줄 수 있습니다. 자기가 얽매인 사람은 절대 남을 자유롭게 해줄 수 없어요. 오히려 남도 얽매이게 합니다. 우선 자기가 자유로워야 해요. 일단 그것이 우선 선행되어야 합니다. 인간은 확고한 신념이나 개념을 가지게 되면 굉장히 오만해집니다. 그 신념이나 개념에 딱 의지하고서 세상 무서운 줄 모르고 날뜁니다. 개념에서 해방되어 더 이상 어디에도 의지하지 않게 되면 저절로 부드러워집니다. 고집할 것도 주장할 것도 없으니 부드러울 수밖에 없습니다. 이것이 불교에서 말하는 참된 하심(下心)입니다. 우리가 개념에서 해방되면 저절로 하심이 되는 것이죠.

(탁자를 탁탁탁 두드리며) 확실합니까? 어쨌든 분별에 의지하지 마십시오. 진실은 언제나 (손을 흔들며) 바로 여기 눈앞에 있습니다. 눈앞에 있는 걸 못 보는 이유는 분별에 매달리기 때문이에요. 진실이 분명하게 드러나면, 어떤 것도 없습니다. (탁자를 탁탁탁 두드리며) 두드리지만 두드리는 것이 없어요. 보지만 보는 자도, 보이는 것도 없어요. 듣지만 듣는 자도, 들리는 것도 없어요. 생각하지만 생각하는 자도, 생각되는 것도 없어요. 알지만 아는 자도, 알려지는 것도 없어요. "10시 5분입

니다." "10시 5분입니다"라고 하지만, '10시'가 있고 '5분'이 있는 게
아닙니다. "10시 6분입니다."


37.

不好勞神　정신을 피로하게 하는 것을 좋아하지 않는다면
何用疏親　어찌 멀리 하거나 가까이 할 필요가 있겠는가?


　멀리하거나 가까이 하는 것은 분별이죠. 분별하여 싫어하면 멀리하
고, 좋아하면 가까이 하겠죠. 그러나 분별은 정신을 피로하게 합니다.
하나의 예를 들죠. 우리집 담벼락 옆에 감나무가 한 그루 서 있는데,
그 감나무 가지가 담장을 넘어 이웃집에도 들어가 있습니다. 그런데
이웃집의 아이가 자기 집 쪽으로 넘어온 가지에 열려 있는 감을 따 먹
어요. 그럴 때 저 감이 우리 것인지, 저 집 것인지 분별하려 하면 골치
가 아프죠. 우리 것이냐 아니냐 하는 갈등이 생기니 더욱 골치가 아픕
니다. 그러나 무심하게 쳐다보고 있으면 아무 문제가 없잖아요. 우리
가 '무심하다', '초연하다'고 하는 게 편안함이라는 것을 이렇게 얘기
할 수 있다는 말입니다.

　온갖 변화 속에서 흘러가는 세속은 한 편의 꿈입니다. 세속의 일들
은 모두 허망한 일입니다. 허망한 세속에 가치를 두지 마시고, 이 하나
의 진실을 바라보십시오. 이렇게 말하면, 세속적인 사람은 "당신은 상
당히 이기적이다. 당신 혼자의 일에 너무 매달리니까" 하고 말하기도
합니다. 왕국과 가족을 버리고 출가한 석가모니 역시 그런 비난을 들
었죠. 혼자 자기 공부한다고 부모고 나라고 다 내팽개치고 떠나니까

"무슨 저런 이기적인 인간이 있냐!" 하고 얘기하는 사람도 있었어요. 그런데 석가모니는 그것에 대하여 이렇게 응대합니다. "나는 그런 사소한 것에 가치를 두지 않는다. 내가 가치를 두는 일은 훨씬 더 크고 위대한 일이다." 이러한 말은 세속인에게 답하기 위한 어쩔 수 없는 말입니다.

사실 이 법(法)은 위대할 것도 없고, 클 것도 없어요. 이렇게 (손을 들어 올리며) 너무나 당연한 사실이고 진실입니다. 본래 있는 이대로의 평범한 진실, 이 진실을 한 번 밝혀 보는 것입니다. 이 평범한 진실은 인간으로서 추구해 볼 만한 마지막 지점이며, 세속적인 가치가 아닌 스스로의 가치로 본다면 마지막 지점입니다. 이것을 자신과 우주의 진실한 모습 즉 실상(實相)이라고 부릅니다. 모든 우주, 모든 사람의 진실한 본래 모습이 실상(實狀)입니다. 실상을 밝히고자 하는 것은 대단한 욕심도 아니고, 비난받아야 될 일도 아닙니다. 사실 이 공부는 모든 사람이 당연히 해야 할 일입니다. 사람으로 태어나 자신의 참된 모습을 밝히는 일이기 때문입니다.

"진실이 뭐냐?"

(손을 흔들며) "이것입니다."

이것(손을 흔들며)은 온갖 망상에서 자유로울 수 있는 유일한 길입니다. 온갖 망상에 휘둘리는 것에서 자유로울 수 있는 유일한 길이에요.


38.

欲取一乘  한 수레를 얻고자 하거든
勿惡六塵  육진 경계를 싫어하지 말라.

이것(손을 흔들며)을 일승(一乘) 혹은 일승법(一乘法)이라고 하죠. 일승이라는 말은 말하자면 불이법(不二法)과 같은 말입니다. 둘 없는 하나란 말이죠. 둘 없는 하나이니 지금 이것(손을 흔들며)이 전체요, 더 이상 다른 것은 없다는 것입니다. 지금 여기에 무엇이 있든, 나뭇잎이 있든, 태양이 있든, 구름이 있든, 모래알이 있든, 느낌이 있든, 감정이 있든, 생각이 있든, 손이 있고 발이 있든, 작은 티끌 하나가 있든, 드넓은 하늘이 있든, 바로 이것 이외에 다른 것이 없다는 것이죠.

"이 하나의 진실, 둘 없는 이 하나의 진실을 얻고자 한다면, 육진 경계를 싫어하지 말라." 모든 경험 대상이 곧 육진 경계입니다. 물질적인 대상뿐만 아니고 정신적인 모든 경험 대상을 통틀어 육진 경계라고 이름을 붙이죠. 보이는 것, 들리는 것, 느껴지는 것, 생각으로 떠오르는 것, 이 모든 것을 싫어하거나 버리지도 말고, 또 좋아하거나 집착하지도 말라는 겁니다.

왜 이런 말을 하느냐 하면, 우리가 자꾸 지금 여기 이것을 버리고 다른 무엇을 찾으려고 하기 때문입니다. 진리니 도(道)니 본성(本性)이니 하는 이름에 속아 지금 여기 이것을 버리고, 따로 진리를 찾고 도를 찾고 본성을 찾으려 하기 때문입니다. 그렇다고 육진 경계가 곧 도이니 다시 도를 찾지 말라는 말로 이해하면 안 됩니다. 진실로 이 도(道)라면, 육진 경계를 떠나지도 않고 함께 있지도 않고, 육진 경계와 같지도 않고 다르지도 않습니다.

어떤 승려가 조주 선사에게 물었습니다.
"도가 뭡니까?"

조주 선사가 답했습니다.

"뜰 앞의 잣나무다."

분명히 도를 가리키고 있습니다. 그러나 뜰 앞의 잣나무가 곧 도라는 말은 아닙니다. 물론 뜰 앞의 잣나무를 떠나 달리 도가 있다는 말도 아닙니다. 그럼 무엇이 도일까요? 뜰 앞의 잣나무입니다.

뜰 앞의 잣나무를 내버리고 도를 찾으면 안 됩니다. 그렇다고 뜰 앞의 잣나무를 붙잡고 거기에 집착해서 거기서 도를 찾아도 안 돼요. "도가 뭡니까?"(죽비를 들어 올리며) "이것은 대나무입니다." "도가 뭡니까?"(죽비를 탁탁 치며) "이겁니다." 이것(죽비를 들어 올리며)을 버리고서 따로 찾아도 맞지 않고, 이것에 머물러 찾아도 맞지 않습니다. 그럼 도대체 어떤 것일까요? "도가 뭡니까?"(죽비를 흔들며) "이겁니다." "도가 뭐예요?"(죽비를 들어 올리며) "대나무입니다." "도가 뭡니까?" "시계입니다." "도가 뭡니까?" "하늘입니다." "도가 뭡니까?" "날씨가 덥습니다." "도가 뭡니까?" "열 시입니다." "도가 뭡니까?" "똥 닦는 막대기입니다."

붙잡을 수도 없고, 버릴 수도 없고, 더할 수도 없고, 뺄 수도 없습니다. "도가 뭡니까?"(손을 들어 올리며) "이것입니다." "도가 뭡니까?" "뜰 앞의 잣나무입니다." 더하지도 말고, 빼지도 마십시오. 생각을 붙이지도 말고, 생각을 떼지도 마십시오. "도가 뭡니까?" "뜰 앞의 잣나무입니다." 여기에 생각을 붙이지도 말고, 생각을 떼지도 마십시오. "도가 뭡니까?" "뜰 앞의 잣나무입니다." 분명하지 않습니까?

이처럼 생각을 싹 배제하고 이것만 안겨 주지만, 쉽게 받아지지 않아요. 물론 생각으로 분별하고 이름으로 포장을 해서 주면 쉽게 받아요. 지금까지의 버릇이죠. 그러나 생각과 이름으로 포장하지 않은 채로 이걸 (주먹을 쥐어 앞으로 내밀며) 받아야 합니다. "도가 뭡니까?" (한 손을 내밀며) "이것입니다." "도가 뭡니까?" (두 손을 들어 올리며) "이것입니다." (두 손을 흔들며) "바로 이겁니다." "도가 뭡니까?" (양 손가락을 보이며) "뜰 앞의 잣나무입니다." "도가 뭡니까?" (두 손을 들어 올리며) "뜰 앞의 잣나무입니다."

여기에서는 "어떻게 하시오!"라고 시킬 수 없습니다. 어떻게 하라고 시키면 곧 생각 쪽으로 가 버리기 때문이죠. 도는 항상 이렇게 (손을 펼쳐 보이며) 곧장 보여 줄 수 있을 뿐이고, 어떻게 하라고 가리켜 줄 수는 없어요. 도를 (손을 펼쳐 보이며) 다만 보여 드릴 수 있을 뿐이지, "어떻게 보시오!" 이렇게 지시할 수가 없어요. 지시하면 그렇게 생각을 하니까 그건 아니란 말이죠. 이것(손을 들어 움켜쥐며)을 보여 드릴 수는 있는데, "어떻게 보시오!"라든가, "어느 방향으로 보시오!"라고 할 수는 없어요. "도가 뭡니까?" (손을 펼쳐 보이며) "뜰 앞의 잣나무입니다." 스스로 간절한 바람이 있다면, 언젠가 문득 만나는 때가 있습니다. "육진 경계를 싫어하지 말라." 싫어할 것도 없고, 좋아할 것도 없어요.


39.
六塵不惡   육진 경계를 싫어하지 말아야
還同正覺   바른 깨달음과 같아진다.


172

"육진 경계를 싫어하지 말아야 바른 깨달음과 같아진다"고 하니, "육진 경계를 좋아하라는 말인가?" 하고 생각하면 안 됩니다. 이것 아니면 저것 하는 식으로 분별하면 곧 망상에 빠집니다. 싫어하는 것도 분별이고 집착이며, 좋아하는 것도 분별이고 집착입니다. 육진 경계를 싫어하거나 좋아하면 자신이 일으킨 분별을 따라갈 뿐, 도(道)와는 아무 관계가 없습니다. 육진 경계를 떠나서 도가 있는 것도 아니고, 육진 경계 속에 도가 있는 것도 아닙니다. 불교에서 무주법(無住法)이라는 말이 있듯이, 도에는 정해진 장소가 없습니다. 여기요, 저기요, 좋아요, 싫어요, 맞아요, 틀려요, 있어요, 없어요, 참이요, 거짓이요 하는 것은 모두 분별입니다.

"도가 뭡니까?" (탁상시계를 들어 올리며) "이것이 시계입니다." 여기에서 무엇을 좋아하고 무엇을 싫어하겠습니까? 좋아하고 싫어하는 것이 있다면, 이미 분별하고 있는 것이니 도와는 관계가 없습니다. "도가 뭡니까?" (시계를 들어 올리며) "이것이 시계입니다." 여기에서 무엇이 맞고 무엇이 틀릴까요? "도가 뭡니까?" (죽비를 들어 올리며) "이것은 죽비입니다." 여기에서 무엇이 참이고 무엇이 거짓일까요? 참이니 거짓이니, 옳으니 그르니, 있느니 없느니 하는 것은 모두 자신의 분별에서 말미암습니다.

"도가 뭡니까?" (시계를 들어 올리며) "이것이 시계입니다." 이보다 더 쉽고 더 정확하게 가리켜 드릴 수가 없어요. 이것(한 손가락으로 앞을 가리키며)이 가장 직접적이고 가깝게 가리켜 드리는 것입니다. 도(道)는 언제나 수단도 방편도 없이 곧장 이렇게(손을 앞으로 내밀며) 가리킵니다. 그러므로 직지인심(直指人心)이라고도 하고, 단도직입(單刀

直入)이라고도 합니다. 단도직입이란, 전쟁터에 나아간 병사가 적군을 보자마자 곧장 칼 한 자루만 뽑아 들고 무조건 적진으로 돌진하는 것입니다. 생각을 하거나 득실을 계산하지 않는 것입니다. 계산을 하면 그렇게 돌진할 용기가 생기지 않습니다.

# 여덟 번째 법문

40.

智者無爲　지혜로운 자는 일부러 하는 일이 없지만
愚人自縛　어리석은 사람은 스스로를 얽어맨다.


41.

法無異法　법(法)에는 다시 다른 법이 없는데
妄自愛着　허망하게 스스로 좋아하고 집착한다.


42.

將心用心　마음을 가지고서 마음을 찾으니[3]
豈非大錯　어찌 커다란 잘못이 아니랴?

43.

迷生寂亂　어리석으면 고요함과 시끄러움이 생기지만
悟無好惡　깨달으면 좋아함과 싫어함이 없다.


44.

一切二邊　모든 두 가지 경계는
良由斟酌　오직 헤아려 보기 때문에 생긴다.

---

3) 將心用心(장심용심): 직역하면 "마음을 가지고서 마음을 사용한다"는 말이지만, 그 뜻하
　　는 바는 "마음을 가지고서 다시 마음을 찾는다"는 잘못을 지적하는 것이다. 바로 앞에서
　　"법에는 다른 법이 다시 없다"는 말과 같은 뜻이다.

40.

智者無爲　지혜로운 자는 일부러 하는 일이 없지만
愚人自縛　어리석은 사람은 스스로를 얽어맨다.


　지혜로운 자란 곧 법에 통달한 자입니다. 지혜로운 자는 일부러 하
는 일이 없지만 못하는 일도 없습니다. 일부러 하지 않아도 모든 일을
합니다. 분별 없이 분별을 하고, 말 없이 말을 하고, 하는 일 없이 일을
합니다. 이러한 말을 분별심으로 들으면, 말이 앞뒤가 맞지 않는 엉터
리, 모순, 넌센스가 될 것입니다. 그러나 지혜로운 사람의 삶을 말하자
면, 이렇게 모순되게 말할 수밖에 없어요. 말하자면, 모든 유위(有爲)
가 곧 무위(無爲)요, 모든 무위가 곧 유위입니다. 억지로 힘들여 하지
않아도 모든 일을 합니다. 늘 쉬면서 일을 합니다. 필요한 일은 다 하
면서도 하는 일이 없어요. 분별심으로는 이해가 되지 않는 말이지만,
통달해 보면 이 말이 납득됩니다.
　불교에서는 도를 깨달으면 업(業)이 소멸하여 윤회에서 해탈한다고

합니다. 도에 통달하면, 생각 없이 생각을 하니 생각을 해도 생각에 의한 업이 없고, 말 없이 말을 하니 말을 해도 말에 의한 업이 없고, 행동함 없이 행동하니 행동을 해도 행동에 의한 업이 없습니다. 궤변처럼들릴지 모르지만, 사실이 그렇습니다. 필요한 생각을 하고 필요한 말을 하고 필요한 행동을 해도, 구속될 생각과 말과 행동이 없습니다. 어떤 분별되는 대상도 있지 않아요. 다만 이(두 손을 들어 흔들며)뿐이죠. 언제나 언제든지 이(두 손을 들어 흔들며)뿐입니다. 이런저런 차별되는 일이 따로 있지 않습니다.

지혜로운 자는 일부러 하는 일이 없으면서 모든 일을 다 합니다. 《노자 도덕경》에 무위이무불위(無爲而無不爲)라는 구절이 나옵니다. "하는 일이 없으면서 하지 않는 일도 없다"는 말이죠. 지혜로운 자는 일부러 하는 일이 없어서 모든 일을 다 하면서도 매이거나 막히지 않지만, 어리석은 사람은 하는 일마다 모두 얽매이고 막힙니다. 하는 생각마다 얽매이고, 하는 말마다 얽매이고, 하는 행동마다 얽매이니, 그걸 업(業)이라고 합니다. 자기가 일으킨 생각에 자기가 얽매이고, 자기가 하는 말에 자기가 얽매이고, 자기가 하는 행동에 자기가 얽매이는 것을 업이라고 합니다. 그러니까 어리석은 자는 언제나 업에서 벗어나지 못합니다.

앙굴리마라의 이야기가 있습니다. 앙굴리마라의 삿된 스승이 어떤 계기로 앙굴리마라를 대단히 미워하여 엉터리 가르침을 줍니다. "너는 백 명의 손가락을 자르면 깨달음을 얻는다." 순진한 앙굴리마라는 스승의 삿된 가르침에 혼동을 일으켜 제정신이 아닌 상태로 사람들을 찾아다니며 손가락을 자릅니다. 칼을 들고서 아주 포악하게 다니니 사람들이 모두 두려워 피합니다. 99명의 손가락을 다 잘라서 이제 한 명만 더 자르면 깨닫는다고 하는 순간, 마침 석가세존을 만났어요. 앙굴리마라가 말합니다. "내가 당신 손가락 하나만 더 자르면 성불할 수 있다. 그러니 당신 손가락을 나한테 다오." 이에 석가세존이 말했습니다. "내 손가락 하나로 네가 성불한다면 내 손가락 열 개를 모두 주겠다. 그러나 그 전에 내 말을 좀 들어라." 그리하여 바른 가르침을 펴니, 마침내 앙굴리마라가 자기의 어리석음을 알아차리고 진리를 깨달았어요. 그리하여 99명의 손가락을 자른 죄로 몸은 감옥에 갇혔습니다만, 이제 앙굴리마라는 진리를 깨닫고 해탈한 사람으로서 마음은 어디에도 매임이 없는 자유인이었습니다.

따져 보면 우리의 몸은 지구라는 큰 감옥 속에서 삽니다. 1.5평 감옥에 살든 지구라는 감옥에 살든 같은 감옥살이입니다. 그러나 마음은 자신의 공부에 따라 점 하나만큼 작은 곳에 갇힐 수도 있고, 무한한 세계에서 막힘 없이 노닐 수도 있습니다. 자기 생각의 감옥, 자기 말의 감옥, 자기 행위의 감옥, 자기 육체의 감옥, 자기 느낌의 감옥, 자기 감정의 감옥, 자기 욕망의 감옥에 갇힌 것이 바로 중생입니다. 이처럼 어리석은 사람은 모조리 갇혀 버리죠.

어디에도 갇히지 않으면 여기(두 손을 들어 올리며)에서 이것이니 저것이니 하는 사물이 따로 없습니다. 삼라만상이 모두 눈앞에 나타나 있지만, 한 물건도 없습니다. 언제나 한결같아서 끊어지고 이어짐이 없습니다. 모든 것을 분별하면서도 하나의 분별도 없습니다. 시끄럽게 말하면서도 고요하기가 적막 같고, 활발하게 움직이면서도 태산처럼 흔들림이 없습니다. 아무런 견해나 도리나 이치가 없지만, 어떤 경우에도 다른 일이 없고 흔들림이 없습니다. 모든 것이 있지만 아무것도 없고, 아무것도 없지만 모든 것이 있습니다. 나와 내 것이 따로 없고, 내가 곧 전체요, 전체가 곧 나입니다. 어떤 차별도 없이 언제나 하나요, 전체입니다. 삼라만상이 모두 있지만, 어디에도 막히지 않습니다.

41.
法無異法   법(法)에는 다시 다른 법이 없는데
妄自愛着   허망하게 스스로 좋아하고 집착한다.


"법에는 다시 다른 법이 없는데, 허망하게 스스로 좋아하고 집착한다." 법이라는 이름을 붙이고, 법을 생각하고, 이러면 법 위에 또 법을 만드는 것입니다. 이렇게 하는 것을 "마음을 가지고 마음을 찾는다"고 합니다. "소를 타고 소를 찾는다", "마음을 가지고 마음을 찾는다", "자기 머리를 찾아다니는 사람이다", "물 속에서 물을 찾는다." 많이 듣는 말들입니다. 많이 듣는 말들이지만, 그 깊은 뜻을 우리는 잘 모릅니다.

"법에는 다른 법이 없는데……" 예컨대 "법이 뭡니까?" 하고 묻는데, "시계입니다"라고 답합니다. 이렇게 하는 것도 엄밀하게 보면 무리한 거죠. "법이 뭡니까?"에 이미 다 드러난 것을 다시 "시계입니다"라고 하는 것은 쓸데없는 짓이죠. "법이 뭐냐?"라는 말에서 이미 다 드러났는데 다시 "법이 뭘까?" 하고 생각한다면, 이것은 물 속에서 물을 찾고, 자기 머리를 달고서 자기 머리를 찾는 그런 꼴이 된다는 말이죠. 그러나 "법은 말할 것이 없지만, 말을 하지 않으면 법은 드러나지

180

않는다"고 하듯이, 공부를 위하여 어쩔 수 없이 법을 드러내는 이런 말을 하는 겁니다.

어떤 이는 "법에는 다시 다른 법이 없는데"라는 말을 들으면, "아! 그래, 지금 말하고 듣는 이것이 바로 마음이고 법이지" 하고 이해해 버립니다. 그러나 이렇게 이해하더라도 속은 여전히 시원하지 않습니다. 이렇게 이해하여 즉각 온갖 망상이 다 사라지고 속이 시원하면 얼마나 간단하고 좋겠습니까? 그러나 사실은 이러한 이해가 바로 망상입니다. 이러한 이해를 통해서는 절대로 시원하게 망상이 사라지지 않습니다.

그렇지만 바로 가리키는 이런 설법을 듣는 것이 도움은 됩니다. 예컨대 집에 게으른 아이가 있습니다. 그 아이에게 "너의 방 더럽더라" 하고 말합니다. 그러면 그 아이는 "예! 알았어요" 하고 건성으로 듣고 건성으로 대답합니다. 다음 날 보면 여전히 그대로죠. 다시 아이를 불러 "너의 방 더럽더라" 하고 말합니다. 역시 "예, 알았어요" 하고 건성으로 대답합니다. 이렇게 자꾸자꾸 말하다 보면 게으른 아이도 언젠가는 문득 "아, 참, 내 방이 더럽구나!" 하고 깨닫고서, 스스로 정리하게 됩니다. 이 설법도 마찬가집니다. (책상을 두드리며) "이것이 법입니다" 하고 말해도 마치 꿈 속에서 말을 듣듯이, "응!" 하고 건성으로 듣고 넘어갑니다. 이렇게 한 번 듣고, 두 번 듣고, 또 듣고 또 듣고 하다 보면, 어느 순간에 문득 깨달음이 일어납니다. 문득 생각이 싹 사라지면서 모든 장애물이 사라지고 막힘 없이 통해집니다.

막힘 없이 두루 통하면, 보면 보는 게 전부이고, 들으면 듣는 게 전부이고, 생각하면 생각하는 그것이 전부입니다. 이거다 저거다 하는 차별 없이 전부죠. 말하면 말하는 그대로가 전부이고…… 그래서 이걸 표현하자면 마음이 비어 있다고 할 수 있습니다. 전부라는 것은 마치 허공처럼 차별 없는 하나이지요. 이런 말도 스스로 한 번 확인해 보아야, "아, 이렇게 말할 수도 있겠구나!" 하고 공감을 느낄 겁니다.

지금 (손을 흔들어 올리며) 제가 가리키고 있는 것은 이거예요. (매미 소리가 요란하게 들림) 매미가 "맴맴맴!" 하고 웁니다. 이걸로 전부입니다. "맴맴맴!" 이것밖에 다른 법이 없죠. 억지로 표현하자면, 이 살아 있는 매 순간의 모든 것이 (손을 흔들며) 그대로가 너무나 당연합니다. 그냥 이거죠. "이게 왜 이렇지?" 하고 이유를 헤아리거나, 또는 "어, 이거구나!" 하고 분별하여 이름표를 붙이질 않죠. 이름표를 붙일 이유가 없지요. 너무나 당연히 그냥 이것(손가락을 세우며)이니 말이죠.

그런데 우리의 분별심은 "법은 이런 것이다" 하고 분별하고 싶어 하죠. 그러나 법은 그렇게 분별되지 않습니다. "법이 뭡니까?" 하는 질문에, "이것이 시계입니다" 혹은 "지금 아홉 시 십 분입니다" 하고 답합니다. 이런 답을 듣고, "아홉 시 십 분이라는 말로써 법을 나타내는구나" 하고 이해하여도 아무 쓸모가 없어요. 자, 이렇게 (한 마디씩 말하면서 손을 흔들며) "법", "은", "아홉", "시", "십", "분", "입니다." 한 마디씩 끊어 보시면 아무 의미가 없잖아요. 아무 의미 없는 한 마디 한 마디(손을 흔들며)는 아무 차이가 없습니다. 한 마디 한 마디(손을 흔들며)가 그대로 전부이죠. 한 마디 한 마디(손을 흔들며), 하나 하나(손을 흔들며)가 같은 것이고 전부(손을 흔들며)입니다. 생각하고, 말하고, 행동하고, 잠자고, 꿈꾸고 하는 모든 경우에 온갖 것들이 전부 이것(손을 흔들며)입니다.

"도가 뭡니까?"

(손을 들어 올리며) "이겁니다."


"법이 뭡니까?"

(손을 들어 올리며) "이겁니다."


"우주가 뭡니까?"

(손을 들어 올리며) "이겁니다."


"세상이 뭡니까?"

(손을 들어 올리며) "이겁니다."


"도가 뭡니까?"

"매미 소리입니다."


"선(禪)이 뭡니까?"

"이것은 시계입니다."


"부처가 뭡니까?"

(죽비를 손으로 가리키며) "이것은 죽비입니다."


"마음이 뭡니까?"

(앞의 마이크를 손으로 가리키며) "마이크입니다."

다만 이것(탁자를 두드리며)이죠. 다만 이것(손가락을 흔들며)이죠. 지금 다만 이것(손을 들어 올리며)뿐이죠. 같은 것도 없고, 다른 것도 없어요. 진짜도 없고, 가짜도 없어요. 옳은 것도 없고, 그른 것도 없어요. 다만 이것(두 손을 흔들며)뿐이죠. 이런저런 일이 분별되지 않으므로 불이법(不二法)이라고도 합니다. 둘이 없고, 지금 이것(두 손을 흔들며)이 전부입니다. 언제나 이것(두 손을 흔들며)뿐이고, 다른 둘이 없죠. 시계를 보면 그대로 전부이고, 죽비를 두드리면 그대로 전부이고, 책장을 넘기면 그대로 전부이고, 손가락을 올리면 그대로 전부입니다. 법에는 다른 둘이 없습니다. 우리가 이것과 저것을 나누는 것은 전부 헛된 분별일 뿐이고, 이런 헛된 분별이 법을 가로막아 어둡게 만듭니다. 둘로 분별하는 것이 왜 잘못인지 잘 이해되지는 않겠지만, 실제로 분별을 벗어나면 우리에게는 엄청난 변화가 옵니다. 우리 내면에 이해할 수 없는 혁명적인 변화가 옵니다.

우리가 사실 '번뇌'라고 이름하는 것이란, 지금 당장의 이 삶이 만족스럽지 못한 것입니다. 그리하여 무언가 더 만족스러운 다른 것을 구하는 것입니다. 이처럼 번뇌란 지금 이것(두 손을 들어 올리며)에 만족하지 못하고, 지금 이것(두 손을 들어 올리며)이 아닌 다른 무언가를 찾는 것입니다. 그런데 이것(두 손을 들어 올리며) 외에 다른 것이 없고, 이것(두 손을 들어 올리며)이 전부이며, 찾을 것도 없고 얻을 것도 없고 버릴 것도 없다는 사실이 확실해지면, 다른 걸 찾는 마음이 사라지고, 동시에 번뇌도 사라집니다. 지금을 싫어하지도 않고, 다른 무언가를 찾아 목말라 하지도 않고, 좋아하고 싫어할 것도 없습니다. 그래서 어떤 사람은 "현재 눈앞에 있는 것이 전부이니 더 이상 다른 걸 원하지 마

184

라!"고 말하기도 합니다. 번뇌가 사라진 해탈을 수용(受用)이라고 합니다. 수용이란 지금 눈앞의 모든 것을 만끽한다는 뜻으로서, 지금 눈앞이 전부이고 다른 것을 찾지 않는다는 것입니다. 만약 수용하지 못하면, 우리는 지금 눈앞에 불만을 가지고 다른 무엇을 찾게 됩니다. 수용하면, 희망도 없고 절망도 없습니다. 수용하지 못하면, 절망하기도 하고 희망하기도 하지요. 인도의 어떤 수행자가 "희망은 지옥으로 가는 문이다"라고 말한 것을 본 적이 있는데, 그럴듯한 말입니다.

"법에는 다른 법이 없는데, 허망하게 스스로 좋아하고 집착한다"라는 한 마디 말을 듣고, 즉시 분별과 생각이 몰록 쉬어지면, 그대로 좋아할 것도 없고 싫어할 것도 없고, 붙잡을 것도 없고 놓을 것도 없고, 얻을 것도 없고 버릴 것도 없어서, 모두를 수용합니다.

## 42.

將心用心  마음을 가지고서 마음을 찾으니
豈非大錯  어찌 커다란 잘못이 아니랴?


"마음을 가지고서 마음을 찾으니……" 여름 휴가나 여행철이 되면 '나를 찾아서 떠나는 여행'이라는 제목의 글들이 심심찮게 보입니다. "나를 찾는다"라든가, "마음이 뭘까?"라든가, "나는 어디에 있는가?"라는 질문은 언뜻 매우 심오한 말처럼 느껴지지만, 그 뜻을 생각해 보면 매우 모순적인 말이라는 생각도 듭니다. 자기가 자기를 찾아야 하는 이 모순적인 상황이 바로 우리 중생의 상황입니다. 분명히 지금 여기에 자기 자신이 있는데, 지금 알고 있는 이 자기가 진실한 자기가 아니라는 이런 모순적이고 이해할 수 없는 상황이 바로 우리 중생이 처한 상황입니다.

잃어버린 자기를 찾고 나서 보면, 잃어버렸을 때보다 더 얻은 것도 없고 더 잃은 것도 없습니다. 더 많아진 것도 없고 더 적어진 것도 없습니다. 더 깨끗해진 것도 없고 더 더러워진 것도 없습니다. 그러나 찾기 전에는 자기를 잃어버린 것이 분명하고, 자기를 찾아야만 합니다. 이치적으로는 "잃어버린 것이 없는데, 무엇을 찾는단 말인가?" 하고 이해한다 하더라도, 자신의 가슴 속은 전혀 만족스럽지 않고 여전히 무언가를 찾고 무언가를 갈망하여 헤매는 것입니다.

잃어버린 적이 없는 것을 어떻게 찾을까요? 잃어버린 적이 없으니, 찾으면 찾지 못합니다. 그렇다고 찾지 않으면 언제나 잃어버린 채로 있습니다. 찾을 수도 없고 찾지 않을 수도 없습니다. 찾을 수도 없고 찾지 않을 수도 없는 여기에서, 다만 이렇게 가리키겠습니다.

"저 마당의 매미 소리가 매우 시끄럽습니다."
문득 확인됩니까?

(탁! 탁! 탁! 두드리며) "이것은 탁자입니다."
갑자기 확 뚫립니까?

(손가락을 세우며) "이것입니다."
홀연 앞뒤가 끊어지고 마음이 사라집니까?

186

만약에 여기에서 "아, 바로 이것이로구나!" 하고 번개처럼 통찰이 되거나 이해가 된다면, 이런 것들은 모두 귀신이 만들어 낸 헛된 환상(幻想)입니다. 찾을 수도 없고 찾지 않을 수도 없는 이것은 이해하거나 알 수 있는 것이 아닙니다. 이해하거나 알 수는 없으나, 확실하고 분명해지는 것입니다. 더 이상 찾고자 하는 욕구가 없고, 모든 것이 정상(正常)을 회복하였다는 사실이 분명해집니다. 아니, 본래부터 모든 것이 정상이었다는 사실을 확인하게 됩니다. 지금 정상이 된 것이 아니라, 본래부터 모든 것이 정상이었다는 사실이 분명해집니다.

본래부터 정상인 여기에서는 시간도 장소도 없습니다. 지리산에 있을 때나 부산에 있을 때나 서울에 있을 때나 다름이 없습니다. 지리산이 따로 없고, 부산이 따로 없고, 서울이 따로 없고, 오늘이 따로 없고, 내일이 따로 없고, 어제가 따로 없습니다. 삼라만상 모든 것이 언제나 다름이 없습니다. 우주가 따로 없고, 자기 자신이 따로 없습니다. 언제나 이것(손가락을 세우며)으로 확인되고, 이것(탁자를 톡톡 두드리며)으로 확인되고, 저 매미 소리로 확인되며, 저 푸른 하늘로 확인되며, 이 더운 날씨로 확인됩니다. 온 우주에 나 자신이 꽉 들어차 있습니다. 구석구석 나 아닌 곳이 없습니다.

마치 시험을 쳐서 학교에 입학하듯이, 이 도(道)에 들어오는 하나의 관문은 바로 이처럼 둘로 나누어진 차별됨이 사라지는 것입니다. 공부의 산을 다 올라왔느냐, 아니면 아직도 산을 오르고 있는 중이냐 하는 기준은, 언제나 차별 없는 전체여서 공부하는 사람도 없고 공부해야 할 일도 없고 깨달아야 할 법도 없느냐, 아니면 여전히 공부하는 사람이 있고 공부해야 할 일이 있고 깨달아야 할 법이 있느냐 하는 차이에 있습니다. 다행스럽게도 저하고 같이 공부를 하시다가 이것을 맛보신 분들도 계신데, 그런 분들이 공통적으로 하는 말씀이 "차별이 사라져 버렸어요", "차별이 다 사라져 버렸어요. 왜 그런지는 모르겠어요"라는 것입니다. 차별이 사라지고 이것과 저것이라는 분별에 얽매이지 않으면, 편안하고 안락함을 느낍니다. 과거를 돌아보지도 않고, 미래를 상상하지도 않고, 현재를 헤아려 보지도 않습니다. 그럴 필요를 느끼지 못합니다.

## 43.
迷生寂亂　어리석으면 고요함과 시끄러움이 생기지만
悟無好惡　깨달으면 좋아함과 싫어함이 없다.

　고요함과 시끄러움을 차별하여 고요함을 좋아하고 시끄러움을 싫어하거나, 반대로 고요함을 싫어하고 시끄러움을 좋아하는 사람들이 있습니다. 그러나 깨닫게 되면 고요함과 시끄러움이 다르지 않고, 좋아함과 싫어함이 차별되지 않습니다. 하나하나가 이것(두 손을 들어 올리며)이고, 이것저것 차별이 없어요. 차별하면 이름을 붙이게 되지만, 이것(손을 흔들어 올리며)에는 이름이 없습니다. 삼라만상 어느 것이든 이것(손을 흔들며) 아님이 없어요. 이것(두 손을 들어 올리며)이라고 하지만, 이것(두 손을 들어 올리며)을 어떻게 이것이니 저것이니 하고 분별하겠습니까? 이것이라 해도 이것(두 손을 들어 올리며)이고, 저것이라 해도 이것(두 손을 들어 올리며)입니다.
　도(道)를 묻는다면 언제나 이것(두 손을 들어 올리며)을 곧장 가리킵니다. 이것(두 손을 들어 올리며)은 설명하거나 이해할 수 없기 때문에, 언제나 이렇게(두 손을 들어 올리며) 곧장 가리키고 곧장 통할 뿐입니다. 통할 때에는 곧장 명백하여 의심이 없는 것이지, 무엇이 어떻다는 식으로 이해하는 것이 아닙니다. 이심전심(以心傳心)이란 이런 것입니다. 중국의 선사들 이야기를 해 보겠습니다.

조주(趙州) 스님이 이곳저곳으로 선지식을 찾아다닐 때의 이야기입니다. 한 번은 임제 스님이 계신 곳으로 찾아왔는데, 임제 스님은 마침 그때 세숫대야에 물을 담아서 발을 씻고 있었어요. 조주 스님이 가까이 와서 물었습니다.

"조사가 서쪽에서 오신 뜻이 무엇입니까?" 이에 임제 스님은 "제가 지금 발을 씻고 있습니다"라고 말했습니다.

"(달마) 조사가 서쪽(인도)에서 오신 뜻이 무엇입니까?" 하는 말은 곧 "도(道)가 무엇입니까?" 하는 질문입니다. 임제 스님의 이 말에 조주 스님이 한 번 더 물었습니다.

"무엇이라구요?"

이에 임제 스님이 말했습니다.

"다시 구정물을 끼얹어야 하겠습니까?"

또 위산(潙山) 스님이 위산의 주지로 부임한 이야기가 있습니다. 위산 스님은 원래 백장 스님 밑에서 전좌(典座) 소임을 맡고 있었습니다. 전좌라는 것은 절의 부엌일을 하는 사람인데, 절에서의 출가 순위로는 좀 뒤쪽 사람들이 그 소임을 맡습니다. 그때 어떤 거사가 위산이란 산에 절을 하나 지어 놓고는 주지 할 사람을 구하러 왔어요. 그래서 백장 스님한테 "주지 할 사람을 한 분 추천해 주십시오" 하니, 백장 스님은 "전좌가 주지할 만한 사람입니다"라고 말했어요. 그런데 전좌가 주지로 추천받아 나갈 것이라는 소문이 절 안에 퍼지자, 그 절의 맏상좌가 백장 스님을 찾아와서 따졌어요.

"제가 제일 맏이인데, 왜 저를 놔두고 후배인 전좌를 보내려고 하십니까?"

그러자 백장 스님이 말했습니다.

"그래, 네 말도 맞다. 그런데 한 절의 주지를 하려면, 남을 가르칠 만한 자격이 있어야 한다. 그러니까 시험을 보겠다."

그리하여 대중을 다 모아 놓고, 두 사람을 앞으로 불러냈어요. 공개적인 시험을 치는 거죠. 백장 스님은 손 씻는 물을 넣어 두는 물병을 앞에 갖다 놓고 맏상좌에게 먼저 물었어요.

"자, 이걸 물병이라 부르면 안 된다. 뭐라고 하겠느냐?"

그러자 맏상좌는 이렇게 답변했습니다.

"그걸 나무토막이라고 불러도 안 됩니다."

다음에 백장 스님은 전좌에게 같은 질문을 하였습니다.

"자, 이걸 물병이라 부르면 안 된다. 뭐라고 하겠느냐?"

그러자 전좌는 앞으로 나와 발로 물병을 탁 걷어차고는 말없이 자기 자리에 가서 섰어요. 이에 백장 스님이 판결을 내렸어요.

"맏이는 불합격! 전좌는 합격!" (웃음)

"이걸 물병이라 부르면 안 돼! 뭐라고 불러야 할까?"라는 질문도 역시 법을 묻는 질문입니다. 이에 맏상좌는 "나무토막이라고 불러도 안 됩니다"라고 답했는데, 아마도 맏상좌는 법에는 어떤 이름도 붙일 수 없다는 말을 하고 싶었겠지요. 그러나 이런 말은 곧 맏상좌의 생각을 드러내는 말이지, 법을 드러내는 말은 아닙니다. 위산 스님은 다만 발로써 물병을 걷어찼을 뿐입니다.

중국 당송(唐宋) 시대 선사들의 행적을 기록한 《전등록》에는 이런 이야기들이 매우 많이 있습니다. 이런 이야기는 모두 바로 이것(두 손을 흔들어 올리며)을 가리키고 있습니다. 어떤 생각이나 개념이나 이해도 들어 있지 않습니다. 단지 모든 일이 차별 없이 이것(두 손을 들어 올리며)임을 보여 줄 뿐입니다. 저기 매미 소리나 물병을 발로 차는 것이나 "제가 발을 씻고 있습니다"라는 말이나 차별 없이 이것(두 손을 들어 올리며)입니다. 흘러가는 물, 두둥실 뜬 구름, 맛있게 먹는 밥…… 하나하나가 다만 이것(손을 흔들어 올리며)입니다. 하나하나가 전체이니, 전체가 따로 없습니다.

44.
一切二邊  모든 두 가지 경계는
良由斟酌  오직 헤아려 보기 때문에 생긴다.

하늘이 스스로 하늘이라 하지는 않습니다. 땅이 스스로 땅이라 하지도 않습니다. 바다가 스스로 바다라 하지도 않습니다. 오직 우리가 분별하고 헤아려서, 구별하여 인식할 필요에 따라 각각 다른 이름을 붙이기 때문에 하늘과 땅이 나뉘어 각각 다르게 알려집니다. 분별하고 헤아리니 '이것과 저것'이 나누어지는 것입니다. 삼라만상이 제각각 다르게 구분되는 것은 전부 우리의 분별로 말미암습니다. 분별로 말미암아 우리 앞에 삼라만상이 펼쳐집니다. 분별하고 헤아리니 이것과 저것이 다른 것입니다.

경전에 "천 부처, 만 부처, 헤아릴 수 없이 많은 부처"라는 말이 나옵니다. 헤아릴 수 없이 많은 부처가 어디에 있을까요? "시계"에 있고, "마이크"에 있고, "죽비"에 있고, "종잇조각"에 있고, "손바닥"에 있고, 온 천지에 빈틈없이 빼곡히 있습니다. 부처가 뭡니까? 법이죠. 법신불(法身佛)이라는 말도 있잖아요. 바로 이것(손을 흔들어 올리며)이 부처입니다. "매미 소리", "흰 구름이 두둥실", "나뭇잎이 흔들려", 이 모두가 부처입니다. 부처 없는 곳이 없어요.

여기에는 시간도 없고 장소도 없습니다. 언제 어디에서나 다만 이것(손을 흔들며)이란 말이죠. 법회에서 언제나 이것(손을 들어 올리며) 하나를 가리켜 드리는 것입니다. 이 손(손을 들어 올리며)을 가리키는 것도 아니고, 이 동작(손을 들어 올리며)을 가리키는 것도 아니고, 이 모습(손을 들어 올리며)을 가리키는 것도 아니고, 이 순간(손을 들어 올리며)을 가리키는 것도 아니고, 다만 이것(손을 들어 올리며)을 가리킵니다. 이것(손을 들어 올리며)은 곧 두둥실 떠가는 구름이요, 흔들리는 나뭇잎이요, 흘러가는 물이요, 반짝이는 별입니다.

인도의 어떤 분이 쓴 시에 '물 속에 있는 물고기'라는 구절이 있습니다. 불교의 경전에도 "온 우주는 법성(法性)의 바다이다"라는 말이 있습니다. 또 "세계는 하나의 참된 법의 세계이다"라는 말도 있습니다. 우리 자신은 법의 바다 속에 있는 한 방울 물이라고 해도 좋고, 법의 바다를 헤엄치는 한 마리 물고기라고 해도 좋겠죠. 어디에서나 언제나 오로지 이 법(두 손을 들어 올리며)을 만날 뿐이죠. 온통 이 법(두 손을 들어 올리며)이 있을 뿐이죠. 이것은 아주 명확한 사실입니다.

이보다 더 명백한 일은 없어요. 분별하여 이것이다 저것이다 나누고 이름 붙이는 것은 명백한 것이 아닙니다. 필요에 따라 임시로 그렇게 하는 것일 뿐이죠. 여기(손을 들어 올리며)에 확실히 통하면, 오직 이 하나(손을 들어 올리며)가 명백할 뿐입니다. 이것(손을 들어 올리며)이 명백하지 못한 까닭은 다만 분별하고 헤아려 보는 것에 얽매여 있기 때문입니다. 그러니까 《신심명》에서 "모든 두 가지 경계는 오직 헤아려 보기 때문에 생긴다"라는 취지의 말을 반복하는 것이죠. 마음공부라고 하는 것은 다만 이것(두 손을 흔들며)에 통하여 삼라만상이 차별 없이 명백해지는 것이지, 다른 것이 아닙니다.

45.

夢幻虛華  꿈 같고 허깨비 같고 헛꽃[4] 같은데
何勞把捉  어찌 애써 잡으려 하는가?

46.

得失是非  얻고 잃음과 옳고 그름을
一時放却  일시에 놓아 버려라.

47.

眼若不睡  눈이 잠들지 않으면
諸夢自除  모든 꿈은 저절로 사라진다.

48.

心若不異　마음이 만약 다르지 않으면[5]
萬法一如　만 가지 법이 한결같다.


49.

一如體玄　한결같은 바탕은 현묘하니
兀爾忘緣　그윽이[6] 차별 인연을 잊는다.

---

4) 헛꽃: 공화(空華), 허화(虛華), 허공화(虛空華). 허공 속의 꽃이라고 하여 허공꽃이라고도
한다. 눈병이 났을 경우, 혹은 눈을 세게 비비거나 눈에 충격이 주어지면 눈앞에서 한 순
간 꽃 모양의 환상이 번쩍번쩍 나타났다 사라지는 것이 보이는데, 이렇게 헛되이 나타났
다 사라지는 모습을 헛꽃이라고 한다. 이것은 곧 분별망상으로 나타나는 삼라만상을 가
리키는 말이다. 《금강경》 제32분에서는 "일부러 하는 일은 모두 꿈 같고, 환상 같고, 물거
품 같고, 이슬 같고, 번갯불 같으니, 마땅히 이렇게 보아야 한다"(一切有爲法 如夢幻泡影
如露亦如電 應作如是觀)고 하였다.
5) 《금강경》 제32분에서는 "모습을 취하지 않으면 한결같아서 변동이 없다."(不取於相 如如
不動)고 하였다. 스스로 분별하여 망상(妄想)하지 않는다면 무슨 차별이 있겠는가? 본래
여여(如如)하고 만 가지 일이 늘 일여(一如)하다.
6) 올이(兀爾): 고요히 멈춘 모습, 아둔한 모습, 어두운 모습, 혼미한 모습, 우뚝 서서 움직이
지 않는 모습. (부) 갑자기, 돌연히 = 올연(兀然).

45.

夢幻虛華　꿈 같고 허깨비 같고 헛꽃 같은데
何勞把捉　어찌 애써 잡으려 하는가?


　눈앞에서 분별되고 이해되는 모든 세계, 모든 삼라만상이 꿈 같고, 허깨비 같고, 헛꽃 같습니다. 분별로써 아는 것은 진실하지 않다는 말이죠. 희망과 절망이 같은 것입니다. 선한 일과 악한 일이 같은 것입니다. 사랑과 미움이 같은 것입니다. 지혜로움과 어리석음이 같은 것입니다. 그러나 이런 말은 이것(손을 들어 올리며)에 통하지 못한 사람에게는 납득이 되지 않는 말입니다. 이것(손을 들어 올리며)에 통하지 못하면, 희망은 좋은 것이고 절망은 나쁜 것이며, 선한 것은 좋은 것이고 악한 것은 나쁜 것이며, 사랑은 좋은 것이고 미움은 나쁜 것이며, 지혜는 좋은 것이고 어리석음은 나쁜 것이라고 굳게 믿고 있고 또 그렇게 느끼고 알고 있을 것입니다. 범부들은 그런 차별을 당연한 것으로 여기지만, 바로 그렇게 차별하는 것이 곧 자신의 어리석음이라는 사실은 모릅니다.

 아무리 좋고, 아무리 희망적이고, 아무리 선하고, 아무리 사랑스럽
고, 아무리 지혜로운 것이라도 그런 것이 있다고 여기고 그런 것을 긍
정하고 그런 것을 좋아하면, 즉시 그것이 진실을 왜곡시키고 나를 얽
어매는 감옥이 되어 버립니다. 진실을 말하자면, 붙잡을 것도 없고 내
버릴 것도 없습니다. 붙잡아도 왜곡이요, 내버려도 왜곡입니다. 긍정
해도 왜곡이요, 부정해도 왜곡입니다. 왜곡이란 곧 번뇌입니다. 그런
데 범부들은 어리석게도 붙잡거나 내버리기에 골몰합니다. 이건 내
것, 이건 좋은 것, 늘 이런 식이죠. 좋은 것과 나쁜 것을 분주히 쫓아다
닐 뿐, 자신의 중심은 어디에도 없습니다. 실로 불쌍한 일입니다.

 좋은 것도 없고 싫은 것도 없으려면, 이것(두 손을 흔들며)에 통해야
합니다. 다른 길이 없습니다. 오직 이것(손을 들어 올리며)에 통해야, 모
든 경우에 한결같이 이것(손을 들어 올리며)이어서 좋고 싫음이라는 차
별이 없습니다. 진실은 오직 이것(두 손을 들어 올리며)입니다. 아직 이
것(두 손을 들어 올리며)이 명백해지기 전에는 우리는 부모를 잃고 헤매
는 미아(迷兒)와 같이 불안과 두려움 속에서 이것과 저것을 따라 흘러
다닙니다. 어디에도 우리 자신의 안식처는 없습니다. 육신의 부모도
더 이상 자신의 안식처가 아닙니다. 부부나 자식도 자신의 안식처가
아닙니다. 친구나 애인도 자신의 안식처가 아닙니다. 돈이나 명예도
자신의 안식처가 아닙니다. 지식이나 지혜도 자신의 안식처가 아닙니
다. 오직 이것(손을 들어 올리며)만이 자신의 안식처가 됩니다. 이것을
확인하는 것은, 인파로 가득 찬 여름 해수욕장에서 부모를 잃고 두려
움에 떨며 헤매던 어린아이가 문득 눈앞에서 부모를 만나는 것과 같

습니다. 그렇게 컸던 두려움이 한 순간 눈 녹듯이 사라져 버리지요. 이것(두 손을 흔들어 올리며)을 확인하면 바로 그런 안식(安息)이 있고, 안도감과 자신감이 있습니다.

《법화경》에도 어린 시절 집을 나가 거지로 떠돌던 아이가 아버지가 살고 있는 부잣집으로 다시 찾아오는 비유가 있잖아요. 우리에게 두려움 없는 안식보다 더 큰 가치는 없습니다. 이것(두 손을 흔들며)보다 더 가치 있는 것은 없습니다. 우리가 보통 온갖 즐거움과 의미와 가치를 추구하며 인생을 바쁘게 사는 이유는 이것(손을 들어 올리며)에 통하지 못하여 불안하고 두렵기 때문입니다. 저절로 찾아오는 불안과 두려움을 어떻게 해서든지 극복해 보려고 지식도 축적하고, 재산도 축적하고, 권력도 손에 쥐고, 온갖 쾌락도 추구하는 것입니다. 불안과 두려움을 잊어 보려는 발버둥이지요. 하지만 이런 세속적인 노력으로 조금 덜 불안해지기는 하겠지만, 저절로 찾아오는 불안과 두려움과 불만족이 근원적으로 해결되지는 않습니다. 세속의 범부가 이런 불안과 불만족을 인식하면 공부를 하려고 마음을 냅니다. 그러나 보통 사람들은 이런 불안과 두려움과 불만족을 잘 인식하지 못하고 그냥 정신없이 헤매며 살아갑니다. 그 때문에 불교에서는 죽음을 들이대어 "당신이 아무리 권력이 높고 지식이 많고 재산이 많아도 안 죽을 수 있어?" 하고 범부가 가진 두려움을 알려 줍니다. 공부를 하려는 마음을 내도록 하기 위해서 그렇게 하는 겁니다. 이것(손을 들어 올리며)에 통하면 삶을 걱정하지도 않고 죽음을 두려워하지도 않습니다. 여기(두 손을 흔들며)에서는 삶도 쉬어지고, 죽음도 쉬어지고, 다만 아무 일 없는 안식이 있을 뿐입니다.

46.

得失是非　얻고 잃음과 옳고 그름을
一時放却　일시에 놓아 버려라.

　"놓아 버리자!" 하고 생각한다고 놓아지지는 않습니다. 참으로 놓으려면 이것(두 손을 들어 올리며)에 통해야 합니다. 이것(두 손을 들어서 보이며)에 통하면 저절로 놓여 버립니다. 얻고 잃음, 옳고 그름 등의 시비 분별이 이것(두 손을 들어 올리며)에 통하는 순간 저절로 사라져 버려요. 모든 분별이 저절로 사라져 버리고 온 우주는 다만 차별 없는 이것(두 손을 흔들어 올리며)입니다. 망상은 저절로 놓이는 것이지, 내가 의도적으로 놓을 수 있는 것은 아닙니다. 우리들 공부하는 사람은 망상을 놓아야 한다고 생각할 것이 아니라, 오직 이것(두 손을 들어 올리며)에만 관심을 가져야 합니다.

　스스로 세속에 만족하지 못하고 공부하겠다고 마음을 내어 찾아오는 사람들에게는 왜 공부를 해야 하는지 말해 주지 않고, 다만 이것(두 손을 들어 올리며)을 가리켜 줍니다. 이런 사람들에게는 공부해야 하는 이유를 말해 줄 필요 없이, 단지 법만 가리켜 주면 됩니다. 그런 사람들은 스스로 알아서 쉽사리 공부에 빠져듭니다. 하지만 대부분의 사람들은 그렇지가 못합니다. 왜냐하면 스스로 병의 근원이 무엇인지를 모르기 때문에 익숙한 습관에 따라 이런저런 일을 좋아하고 싫어하면서, 병을 병으로 알지 못하고 당연한 일로 여기며 자꾸 좋아하고 싫어하는 쪽으로 쫓아갑니다. 마치 집 나간 아이가 집과는 반대 방향으로 달려가는 것과 같습니다. 이런 사람이 올바른 쪽으로 방향을 틀게 하

200

려면 여러 가지 방편을 쓸 수밖에 없습니다.

지금 여기에서 이런저런 말을 하는 것들이 모두 방편입니다. 사실 이 법을 가리키는 것은 매우 단순합니다. 이렇게(두 손을 들어 올리며) 하거나, 이렇게(탁자를 톡톡 두드리며) 하거나, "매미가 시끄럽게 웁니다"라고 하거나, "뜰 앞에 있는 잣나무"라고 합니다. 이렇게 단순하고 명확합니다. 그러나 공부하고자 하는 마음을 내고서 이 문제에 오랫동안 마음을 둔 사람이 아니라면, 이렇게 곧장 가리키는 것이 당장 효과를 발휘하지는 않습니다. 공부에 목말라 하면서 오랜 시간 동안 바른 가르침을 찾고 가르침에 귀를 기울인 사람만이 이렇게(탁자를 톡톡 두드리며) 가리키면 어느 순간 문득 확 열리며 통하게 됩니다. 씨앗을 뿌리고 물을 주면 때가 되어 싹이 트듯이 공부도 마찬가지로 때가 되어야 결실을 맺습니다. 깨달음을 얻겠다는 뜻을 세우고, 바른 가르침을 찾아서 그 가르침에 귀를 기울이며, 시간을 보내다 보면 어느 날 문득 이것(손을 흔들며)에 통하는 것입니다. 그런 뒤에는 저절로 부처님과 조사 스님들의 가르침이 거짓말이 아님을 확인하게 됩니다.

이런 말을 믿지 않는 사람들은 "자기가 하는 공부니까 좋다고 하는 것이겠지" 하고 생각할 수도 있을 것입니다. 저도 이 공부하기 전에는 이런 일이 있을 줄은 정말 상상도 못했습니다. 이런 식으로 될 줄은 몰랐어요. 이런 일이 벌어질 줄은 몰랐습니다. 근데 이런 일이 있더란 말이죠. 자신에게 상상할 수 없는 변화가 옵니다. 그러니까 지금 주제넘게 공부를 권하기도 하고 그러는 거 아니겠어요? 참으로 이런 일이 있다는 것을 알려 드리고 싶은 것입니다. 이 이상(두 손을 흔들며) 더 바람직한 공부가 없어요. 누구든 꼭 해야 할 공부입니다. 남한테 자랑하거나 내보이는 공부가 아닙니다. 스스로 구원받고 안식을 얻는 공부입니다.

《반야심경》에 "두려움이 사라진다"는 구절이 있습니다. 이것(두 손을 들어 올리며)이 분명하면 두려움이 사라집니다. 이것(탁자를 두드리며)이 분명하면, 온 우주가 하나하나(손으로 여기저기를 가리키며) 빠짐없이 분명하면, 저절로 두려움은 없습니다. 사람이 바뀌어 버려요. 사람이 바뀝니다. 그래서 사회적인 관계라든지 인간관계도 따라서 바뀌기도 합니다. 이 공부를 하지 않는 사람하고는 이제 친구가 되기 어렵습니다. 마음이 통하는 사람은 오직 함께 공부하는 도반들뿐입니다. 공부하는 사람들끼리 만나게 되고, 공부 안 하는 사람하고는 그냥 간단한 사무적인 얘기만 하게 되죠.

이것(두 손을 들어 올리며)에 통하면, 의지할 무엇을 찾을 일이 없고, 평소 전혀 아쉬움이 없습니다. 온 세상이 나를 따돌려도 나는 아무 상관이 없습니다. 옛날 스님들 가운데는 이거 알고서 세상을 등지고 산에 올라가서 작은 초막 하나 지어 놓고 지낸 사람도 있습니다. 아무것도 원하는 것이 없고, 아무런 부족한 것도 없어요. 이(두 손을 들어 올리며)보다 더 좋은 것이 없어요. 이(두 손을 흔들며)보다 더 자유로운 것이 없어요. 이것(두 손을 들어 올리며)이 분명하면 아무 일이 없습니다.


47.
眼若不睡　눈이 잠들지 않으면
諸夢自除　모든 꿈은 저절로 사라진다.


202

이것(두 손을 들어 올리며)이 분명하면 모든 망상은 본래 없습니다. 보통 교학에서는 파사현정(破邪顯正)이라고 합니다. "삿됨을 부수면 바름이 드러난다"는 뜻이지요. 하지만 이것을 더 정확히 말한다면, "바름을 확인하면, 즉 바름이 드러나면, 삿됨은 저절로 사라진다"입니다. "삿됨을 부순다"는 말은 그럴듯하지만, 실제로는 "삿됨을 부순다"는 일은 없어요. 삿됨이란 곧 분별인데, "삿됨을 부순다"는 것 역시 분별입니다. "이것은 바르고, 저것은 삿되다"는 것은 분별입니다. 더구나 부순다는 것 역시 분별입니다. 취하고 버리는 분별이지요. 분별하여 취하고 버리는 것은 참된 공부가 아닙니다. 삿된 것이 따로 없고 바른 것이 따로 없으며, 취하고 버리는 일이 없는 것이 참된 바름입니다. 이것이라고 하든 저것이라고 하든 차별 없이 다만 이것(손을 들어 올리며)입니다.

선의 역사에서 말한다면, 《육조단경》의 가르침이 바로 이것입니다. 육조 혜능은 어떤 방식으로 수행하여 무엇을 취하고 버리라고 가르치는 것이 아니라, 다만 취하지도 버리지도 못하는 이것(손을 들어 올리며)이 바로 법임을 가리킵니다. 이(손을 들어 올리며)처럼 바로 가리킬 뿐, 달리는 어떻게도 가리킬 수가 없습니다. 이렇다거나 저렇다고 말하게 되면 바로 분별이요, 망상입니다. 이렇게(두 손을 흔들며) 바로 가리킬 수밖에 없습니다. 그렇다고 이렇게(두 손을 흔들며) 바로 가리키는구나 하고 생각하고 이해하라는 것은 아닙니다. 바로 가리킨다고 생각하고 이해하면, 이미 바로 가리키는 법이 아니라 생각입니다.

삿됨을 부술 필요도 없고, 망상을 없앨 필요도 없어요. 다만 이것(두 손을 들어 올리며)이 분명하면, 삿됨과 바름이 따로 없고 망상과 실상이 따로 없습니다. 우리는 습관처럼 망상을 없애야 한다거나 업장을 소멸해야 한다고 말하지만, 이미 망상과 실상이 있고 업장과 업장의 소멸이 있다면, 이것이야말로 분별이요, 망상입니다. 망상과 실상이 따로 없고, 업장과 소멸이 따로 없습니다. 이 이치를 설명해 보겠습니다.

본래자리는 둘이 없고 둘로 분별되지 않습니다. 둘이 없고 둘로 분별되지 않는 것을 확인하려면, 곧장 둘로 분별함이 없어야 합니다. 우선 둘로 분별해 놓고 다시 둘이 없는 곳으로 가려 한다면, 이것은 불가능합니다. 이미 둘로 분별했기 때문에, 둘이 없다는 말도 둘로 분별한 말에 불과하기 때문입니다. 말하자면 둘로 분별하지 않는다고 말하면서 자꾸 둘로 분별하고 있는 것이지요. 둘이 없는 본래자리라면, 곧장 둘 아닌 것(두 손을 들어 올리며)일 뿐입니다. 처음부터 둘이 없을 뿐이지, 둘인 것에서 둘 아닌 것으로 가는 것이 아닙니다. 이쪽에서 저쪽으로 간다는 것이 이미 둘로 분별한 것입니다. 곧장 이것(두 손을 들어 올리며)입니다. 처음부터 이것(두 손을 움켜쥐며)일 뿐입니다.

《신심명》의 첫 구절에서 "지극한 도는 어렵지 않으니, 다만 가려서 선택하지만 말라"고 하는 말이 바로 이것을 가리킵니다. 사실 《신심명》에서 처음부터 끊임없이 말하는 것은 이것과 저것을 분별하여 취하고 버리면 안 된다는 것입니다. 그리하여 다만 이것(두 손을 들어 올리며)을 곧장 가리키는 것입니다. 이것(두 손을 흔들며)이 분명해지면, 삿되니 바르니 하는 차별이 저절로 없어집니다.

미래를 기대하지도 말고, 과거를 돌아보지도 말고, 현재에 머물지도 말고, 다만 이것(두 손을 들어 올리며)입니다. 깨닫기를 기대하지도 말고, 스스로 어리석다고 생각하지도 말고, 눈앞의 감각에 머물지도 마십시오. 다만 이것(두 손을 들어 올리며)입니다. 이것(두 손을 흔들며)을 이렇게도 가리킵니다. "새 소리를 들어 보시오." "하늘은 푸르고 구름은 흘러갑니다." "바람은 시원하고 물 소리는 또렷합니다." "톡톡톡!(탁자를 두드림)" "이것(죽비를 들어 올리며)은 죽비입니다." "이것(두 손을 들어 올리며)입니다." "오늘 날씨가 덥습니다."

조심하실 것은, 생각으로 알아차려서 "어, 그래, 바로 그것!" 하고 판단을 내리는 것입니다. 절대로 그렇게 하지 말아야 합니다. 이렇게 판단하는 것이 바로 분별이요, 망상입니다. 이것(두 손을 들어 올리며)은 생각하고 판단하는 것이 아니라, 그대로 분명하고 막힘 없이 뚜렷한 것입니다. 마치 눈앞에 밝은 빛이 있으면 여러 가지 사물의 모습이 드러나지만, 빛 자체는 어떤 모습의 사물도 아님과 같습니다.

반드시 이렇게(손을 흔들며) 명백해야 합니다. 마치 구름 없는 맑은 날 산하대지가 전부 밝은 햇볕이듯이 온 천하에 분명합니다. 만약 구름이 햇볕을 가리면 우리는 생각 속에서 햇볕을 그려 내겠지만, 생각 속의 햇볕은 허망하여 따스하지 않습니다. 그처럼 법도 이렇게(두 손을 들어 올리며) 뚜렷하고 분명하고 생생합니다. 이것(두 손을 들어 올리며)은 허망한 생각 속에 있는 일이 아닙니다. 이것(두 손을 들어 양쪽으로 벌리며)이죠.

그럼에도 불구하고 우리는 이것(두 손을 들어 올리며)을 표현하는 많은 말들을 접합니다. "현묘하다", "텅 비었다", "진공묘유다", "대기대용이다", "인연따라 흐르는 것이다", "도는 물과 같다", "밝고 밝아서 태양과 같다", "주인공이다", "지금 여기다", "여기 이 순간이다", "온전한 작용이다" 등등 온갖 말을 많이 듣습니다만, 참으로 이것(두 손을 들어 올리며)을 확인하고자 한다면 어떠한 말도 귀에 담아 두면 안 됩니다. 이 모든 이름과 말들은 헛된 개념이고 생각일 뿐, 아무런 진실함이 없습니다. 이것(두 손을 들어 올리며)은 어떠한 개념이나 생각과도 상관이 없습니다.

그러나 오랜 불교와 선(禪)의 역사에서 (불교는 2,500년이 넘었고, 조사선(祖師禪)이라는 것도 나온 지가 벌써 혜능 스님이 8세기 사람이니 1,000년이 넘었어요) 많은 사람들이 이것(두 손을 들어 올리며)에 대하여 나름으로 여러 가지 말을 해 놓고 있습니다. 그렇지만 아무리 그럴듯해 보이는 말일지라도 지금 자신의 이것(두 손을 들어 올리며)에는 전부 쓸데없는 쓰레기들일 뿐입니다. 싹 치워 버려야 해요. 만약 어떤 말이나 개념을 놓고 "선(禪)이란 그런 것이고, 도(道)는 그런 것이다"라고 긍정하고 수긍한다면, 그런 말이나 개념이 곧 자기의 공부를 가로막는 장애물이 되어 버립니다.

절대로 개념으로 이해하거나 생각으로 수긍하면 안 됩니다. 이것(손을 흔들며)은 흐르는 물이나 타고 있는 불꽃과 같아서 한 순간도 멈추어져 있지를 않습니다. 이것(두 손을 들어 올리며)은 사진을 찍듯이 머릿속에 기억해 둘 수 있는 그런 것이 아닙니다. 바로 이것(손을 흔들며)을 어떻게 머릿속에서 상상하고 기억해 둘 수 있겠습니까? 언제나 생생하고 분명하고 또렷할 뿐이죠.

햇빛을 가지고 비유하겠습니다. 허공 속을 달리는 햇빛은 그 존재가 드러나지 않습니다. 눈에 보이는 게 없다는 말이죠. 그런데 햇빛이 지구상에 떨어지면 온갖 색깔로서 드러납니다. 하늘과 땅에 드러나는 온갖 색깔들이 모두 햇빛이 드러내는 색깔일 뿐입니다. 푸른 하늘도 햇빛이요, 빛나는 바다도 햇빛이요, 초록빛 산과 나무도 햇빛이요, 알록달록한 숲의 단풍도 햇빛이요, 흰 눈과 검푸른 바다도 햇빛입니다. 눈에 나타나는 모든 색깔과 모습이 단지 햇빛일 뿐입니다. 온 세계와 삼라만상이 하나의 빛이란 말이죠. 온 세계의 삼라만상이 하나의 빛이듯이, 우리에게 드러나는 모든 것이 다만 이것(두 손을 들어 올리며)입니다. 온 세계와 삼라만상이 다만 이것(두 손을 앞으로 내밀며)입니다. 햇빛은 눈앞에 그대로 드러나 있으니 개념으로 이해할 필요가 없는 것처럼, 이것(두 손을 들어 올리며)도 눈앞에 딱 드러나 있으니 생각으로 이해할 필요가 전혀 없습니다. 생각으로 이해하는 햇빛이 허망한 가짜이듯이, 이것(두 손을 앞으로 내밀며)을 생각으로 이해한다면 허망한 가짜일 뿐입니다.

이것(두 손을 들어 올리며)이라고 이렇게 가리키는 것도 달리는 어떻게도 할 수 없어서 마지못해 이렇게(두 손을 들어 올리며) 가리키는 것입니다. 달리 가리켜 보겠습니다. (죽비를 들어 올리며) "죽비입니다." (탁자를 두드리며) "탁자입니다." "날씨가 덥습니다." "매미 소리가 시끄럽습니다." "식사는 하셨습니까?" "등에 땀이 납니다." "시원한 물을 마시고 싶어요." 가리키고 가리키지 않음의 차이가 없군요.


48.

心若不異  마음이 만약 다르지 않으면
萬法一如  만 가지 법이 한결같다.


만법일여(萬法一如)라, "온갖 법이 한결같다"는 말이죠. 잠과 깨어 있음이 하나라는 오매일여(寤寐一如)니, 꿈 속에서도 하나라는 몽중일여(夢中一如)니, 깊은 잠 속에서도 하나라는 숙면일여(熟眠一如)니 하는 말들을 흔히 듣는데, 그런 것만 일여가 아니라 사실은 만법이 일여입니다. 또 "일즉다(一即多)요, 다즉일(多即一)"이라는 말도 있지요. 하나가 곧 여럿이요, 여럿이 곧 하나라는 말입니다. 이 말 역시 같은 뜻입니다. "마음이 만약 다르지 않으면"이란, "우리가 분별 속에 떨어져 있지 않으면"이란 뜻입니다. 즉, 이것(두 손을 들어 올리며)이 분명하면 온갖 법이 한결같다는 말입니다. 이것(두 손을 들어 올리며)이 분명하면, 달리 말해 분별에 떨어져 있지 않으면, 생각에 떨어져 있지 않으면, 그러면 만법이, 온갖 것들이 둘이 아닌 차별 없는 하나입니다. 언제나 전체요, 언제나 하나입니다. 물론 하나라는 말도 마지못해 억지로 하는 말이니, 하나라는 생각에 집착하면 안 됩니다.

일여(一如)라는 말이 나와서 하는 얘기이지만, 우리 불교계에서는 오매일여(寤寐一如)라는 말을 많이 합니다. 이것은 어떤 유명한 스님이 불교를 공부하는 사람은 잠잘 때와 깨어 있을 때가 하나 되는 오매일여가 되어야 공부를 제대로 하는 것이라고 주장한 것에서 비롯합니다. 그리하여 마치 오매일여가 불교 공부를 바로 하는지 어떤지를 판단하는 기준인 것처럼 사람들에게 알려지게 되었습니다.

그러나 일반적으로 이해되고 있는 오매일여에는 심각한 오해가 있습니다. 일반적으로 사람들은 오매일여를 이해하기를, 잠잘 때와 깨어 있을 때가 동일한 어떤 정신적 상태가 있고, 그 정신적 상태를 우리는 애써 노력하여 성취해야 한다고 알고 있습니다. 예컨대 "뜰 앞의 잣나무"라는 구절을 늘 염두에 두고서 잊지 않고 의식하는 연습을 열심히 하면 깨어 있는 동안에 언제나 이 구절을 의식할 수 있게 되고, 나아가 더욱 열심히 연습하면 꿈 속에서도 이 구절을 의식할 수 있게 되고, 더 나아가 꿈도 없는 깊은 잠 속에서도 이 구절에서 떠나지 않아서 언제나 동일한 의식의 상태가 된다는 식으로 이해합니다.

이러한 이해는 말의 구절을 글자 그대로 이해한 것으로서, 불도(佛道)를 가르치는 모든 말씀은 단지 방편의 말씀일 뿐이라는 것을 모르기 때문에 발생한 오해입니다. 오매일여라는 구절의 애초 유래는 《수능엄경》에 나오는 오매항일(寤寐恒一)이라는 말입니다. 잠잘 때와 깨어 있을 때가 늘 하나라는 뜻입니다. 《수능엄경》 제10권의 첫 부분에 나오는 석가모니의 말은 이렇습니다.

"아난아, 저 선남자는 삼매를 닦아서 상온(想蘊)이 다 소멸한 자이다. 이 사람은 평상시에 꿈과 생각이 소멸하여 자나깨나 늘 한결같다(是人平常 夢想銷滅 寤寐恒一). 깨달음은 밝고 텅 비고 고요하여 마치 맑게 갠 하늘과 같아서, 다시는 굵직한 앞서의 티끌 그림자가 없다. 세간의 모든 산하대지(山河大地)를 보면 마치 거울에 밝게 비친 듯하여, 다가와도 붙잡지 않고 지나가도 흔적이 없다. 헛되이 비추고 반응하는 오래된 습기(習氣)가 전혀 없고 오직 하나의 맑고 참됨이 있을 뿐인데, 생겨나고 사라지는 뿌리가 원래 이것에서 나타난다."

이 말을 잘못 이해하면, 깨달은 사람에게는 꿈도 없고 생각도 없어서 마음이 텅 빈 허공과 같은 상태라고 할 수 있을 것입니다. 즉, '밝고 텅 비고 고요하여 마치 맑게 갠 하늘과 같은 하나의 참된 마음'이 있으니, 수행하는 사람은 언제나 확고부동하게 이 마음의 상태를 유지해야 한다고 이해할 수가 있는 것입니다. 그러나 이런 이해는 전적으로 잘못된 이해이며, 방편을 오해한 까닭에 일어나는 삿된 이해입니다. 위 경전의 문장에서도 마음을 거울에 비유하였듯이, 거울을 비유로 이용하면 쉽게 오해임을 알 수 있습니다.

삼라만상의 모든 모습은 거울 속에 비쳐 나타납니다. 거울에 나타나는 삼라만상의 모습은 때와 장소에 따라 언제나 변합니다. 그러면 거울에 나타나는 삼라만상의 모습과 거울은 같을까요, 다를까요? 거울에 나타난 삼라만상의 모습과 거울이 같다고 하면 거울은 삼라만상의 모습으로 고정될 것입니다만, 거울에 비친 삼라만상의 모습은 때와 장소에 따라 변화하여 고정되지 않습니다. 거울에 비친 삼라만상의 모습과 거울이 다르다고 하면 거울은 삼라만상의 모습을 떠나 따로 있을 것입니다만, 삼라만상을 비추지 않는 것을 거울이라고 할 수는 없습니다. 이처럼 거울과 거울에 나타나는 모습은 같다고 할 수도 없고, 다르다고 할 수도 없습니다.

여기에서 혹자는 깜깜한 어둠 속에서 아무것도 비추지 않아도 거울은 있는 것이 아니냐 하고 생각할 수도 있습니다. 그러나 거울의 비유에서 거울은 마음을 가리키기 위하여 이용된 방편일 뿐이지, 마음이 곧 거울과 같은 물건이라는 뜻은 아닙니다. 만약 마음이 거울처럼 정해진 사물이라고 한다면, 이것은 불교의 가르침을 오해한 것입니다. 《육조단경》에서 오조(五祖) 홍인은 "몸은 깨달음의 나무요, 마음은 밝은 거울이 붙은 경대(鏡臺)와 같다. 항상 털고 닦아서 티끌 먼지가 끼지 않도록 하라"는 신수 스님의 주장을 삿된 말이라고 배척하고, "깨

210

달음에는 본래 나무가 없고, 밝은 거울도 경대가 아니다. 본래 한 물건도 없는데, 어느 곳에 티끌 먼지가 끼겠는가?"라는 혜능 스님의 말을 수용하여 혜능을 육조(六祖)로 인정하게 됩니다. 요컨대 마음이라는 이름이 가리키는 어떤 사물이 있다고 이해하는 것은 옳지 않습니다.

그러면 왜 "꿈과 생각이 소멸하여 자나깨나 늘 한결같다"(夢想銷滅寤寐恒一)라고 말할까요? 이 말은 사실 직접 체득하여 이것(두 손을 들어 올리며)이 분명하면 전혀 어려운 말이 아닙니다. 직접 체득하지 않고 생각으로 이해하려니 매우 어려운 것입니다. 좀 쉽게 이해되도록 말하자면, 아무리 다양하게 모습이 비쳐 나타나더라도 거울은 언제나 변함없이 하나의 거울일 뿐입니다. 변함없이 하나의 거울일 뿐이지만, 이것이 바로 거울이다 하고 분별할 수 있는 물건은 따로 없습니다. 마치 바다 위에서 물결을 하나하나 헤아리면 온 바다가 제각각의 물결이지만, 물결을 헤아리지 않으면 바다는 언제나 하나의 바다로서 이것과 저것의 구분이 없는 것과 같습니다. 여러 가지 물결을 보지 않고 하나의 바다를 본다고 하여 물결이 없다는 뜻이 아니고, 삼라만상의 모습을 보지 않고 하나의 거울을 본다고 하여 삼라만상의 모습이 없다는 뜻이 아니듯이, "꿈과 생각이 소멸하여 자나깨나 늘 한결같다"라고 하여 꿈과 생각이 없다고 이해하면 안 됩니다. 중도(中道)의 실상(實相)을 있다거나 없다고 분별해서는 안 되는 것입니다.

《수능엄경》의 오매항일을 공부에서 극복해야 할 문제로 처음 경험한 이는 중국 송대의 선승인 대혜 종고입니다. 대혜 스님이 아직 공부하고 있을 때, 낮에 깨어 있는 동안에는 모든 일을 마음대로 행하며 항상 주인공 노릇을 할 수 있었어요. 또렷하게 깨어 있을 때는 모든 것을 마음대로 사용하고 통제하면서 주인공 노릇을 할 수가 있었던 것입니다. 그런데 잠을 자면 그렇지 않았어요. 잠을 자면서 꿈을 꾸면 꿈 속의 장면에 사로잡혀서 제멋대로 흘러가 버리고 전혀 주인공 노릇을 하지 못하는 것입니다.

이에 고민을 하였습니다.

"야, 이거 잠잘 때와 깨어 있을 때가 항상 같다고 하였는데, 깨어 있을 때는 늘 이렇게 주인공 노릇이 되지만 잠만 들면 전혀 그렇지 못하니, 이거 내가 뭔가 잘못되었구나."

그리하여 스승인 원오 스님을 찾아가 묻습니다.

"제가 사실 깨어 있을 때는 항상 주인공 노릇을 하여 모두 마음대로 하고 있습니다만, 잠이 들면 전혀 그렇지 않습니다. 그런데 경전에서는 잠잘 때나 깨어 있을 때나 한결같다고 하는데, 저는 왜 그렇지 못합니까?"

원오 스님은 그 말을 듣자마자 곧 손을 내저으며 말했습니다.

"그만. 그만 하고 망상을 쉬어라. 망상을 쉬어라. 네가 말하는 그 허다한 망상이 끊어질 때, 너는 스스로 깨어 있을 때와 잠잘 때가 늘 하나인 곳에 도달할 것이다."

이 말을 듣고 대혜 스님은 자기의 심각한 고민을 단순히 망상으로 치부해 버리는 스승의 말에 처음에는 화가 났습니다.

"내가 깨어 있는 동안 놓치지 않고 주인공 노릇을 하는 것만 해도 꽤 괜찮은 공부인데, 이것을 단순히 망상이라고 하다니……."

그리하여 몇 번이나 같은 질문을 했지만, 그때마다 원오 스님의 답변은 같았습니다.

"네가 말하는 그 허다한 망상이 끊어질 때, 너는 스스로 깨어 있을 때와 잠잘 때가 늘 하나인 곳에 도달할 것이다."

대혜 스님은 여전히 그 말을 알아들을 수 없었습니다. 절에서는 매월 초하루와 보름에 주지 스님이 법당에 올라가 대중을 모아 놓고 설법을 합니다. 어느 날 설법 도중에 원오 스님이 말했습니다.

"어떤 스님이 운문 스님에게 묻기를 '어떤 것이 모든 부처가 몸을 드러내는 곳입니까?' 하자, 운문은 '동산이 물 위로 간다'고 하였다. 나라면 그렇지가 않아서 다만 그에게 '훈풍이 남쪽에서 불어오니 절의 처마 밑이 조금 서늘하구나'라고 말할 것이다."

그 말을 듣는 순간 대혜 스님은 문득 앞뒤의 시간이 끊어지며 가슴에 걸려 있던 것이 쑥 내려갔습니다. 그러자 비로소 깨어 있을 때와 잠잘 때가 한결같다는 말이 수긍되며 자신이 지금까지 고민했던 일이 망상이었음을 알았습니다.

깨어 있을 때 주인공 노릇 하듯이 잠잘 때도 주인공 노릇을 하는 것이 아니라, 깨어 있을 때 주인공 노릇 하고 잠잘 때는 주인공 노릇 하지 못한다는 고민이 바로 망상이었던 것입니다. 깨어 있을 때도 주인공이라 할 것도 없고 손님이라 할 것도 없고, 잠잘 때도 주인공이라 할 것도 없고 손님이라 할 것도 없었던 것이지요. 주인공 노릇도 없고 손님 노릇도 없었던 것입니다. 하루 24시간, 일 년 365일, 단 한 순간에도 주인공도 없고 손님도 없으니, 한결같아서 다름이 없는 것입니다. 주인공 노릇을 한다는 분별이 바로 망상이지요. 늘 하나라는 말에 속아서, 그 말을 관념으로 이해하여 늘 변함없이 하나인 무엇이 있다고 오해한 것입니다.

일여(一如) 혹은 항일(恒一)이라는 말은 한결같은 하나가 늘 있다는 뜻이 아닙니다. 이것(손을 펴 들어 올리며)을 가리키는 말입니다. 그러나 말을 따라 이해하면 곧 오해가 일어납니다. 말을 따라 이해한다면, 저것이 아니라 이것이라고 분별되는 그 무엇이 늘 있는 것처럼 생각합니다. 하지만 이것(손을 펴 들어 올리며)을 그렇게 생각하면 곧 어긋나 버려 오해가 됩니다. 이것(손을 펴 들어 올리며)은 있다거나 없다는 말과 관계없으며, 참되다거나 거짓이라는 분별과도 관계없으며, 안다거나 모른다는 것과도 관계가 없습니다. 이것(손을 펴 들어 올리며)은 어떤 모양으로도 분별되지 않습니다. 다만 분명하고 또렷하게 이것(손을 펴 들어 올리며)일 뿐입니다. 이런저런 모습으로 분별하면 어긋납니다.

《금강경》제32분에 "모습을 취하지 않으면 여여하여 변동이 없다"(不取於相 如如不動)는 구절이 나옵니다. 여여(如如)라는 말은 일여(一如)라는 말과 같이 한결같다는 뜻입니다. 또《금강경》제10분에 "색에 머물러 마음을 내어서도 안 되고, 소리·냄새·맛·촉감·법에 머물러 마음을 내어서도 안 된다. 마땅히 머묾 없이 그 마음을 내어야 한다"(不應住色生心 不應住聲香味觸法生心 應無所住 以生其心)라는 구절도 나옵니다. 어떤 모습에도 머물지 않고 모습을 취하지 않으면, 한결같이 하나라는 말입니다. 하나의 모습에 머물러 그 모습을 취하여 변동 없는 하나가 되는 것이 아니라, 어떤 모습에도 머물지 않고 어떤 모습도 취하지 않으면 한결같이 하나라는 가르침입니다.

이처럼 어떤 분별된 모습에도 머물지 않기 때문에 경전에서는 또 상대적으로 분별된 모습을 같은 것이라고 말하기도 합니다. 가령《화엄경》에서 말하는 "하나가 다수인 전체요, 다수인 전체가 곧 하나다"나,

《유마경》에서 말하는 "온갖 삼라만상을 잘 분별하면서도 언제나 하나여서 움직임이 없다"나, 《금강경》에서 말하는 "모든 모습이 모습이 아니다"나, 《반야심경》에서 말하는 "색(色)이 곧 공(空)이요, 공이 곧 색이다"는 말들이 그런 말들입니다. 이것과 이것 아님의 분별을 부수어 버리는 것입니다. 이것과 이것 아님의 분별에서 빠져나오면 저절로 온갖 것들은 하나입니다. 만법(萬法)이 일여(一如)한 거지요.

분별을 따라가는 것이 곧 망상입니다. 분별에 얽매이지 않으면 삼라만상은 차별 없이 하나입니다. 나뭇잎 흔들리는 모습, 바람 소리, 선풍기 소리, 배가 고프다, 덥다, 춥다는 느낌과 생각, 이 모든 것이 차별이 없습니다. 다만 이것(탁자를 두드리며)이지요. 만법은 이처럼 본래 차별 없는 하나입니다. 우리 자신이 의식적으로 분별하여 차별을 만드니 하나가 되지 못하는 것입니다. 이것(두 손을 들어 올리며)이 분명해지는 것이 곧 만법이 차별 없이 되는 것입니다. 이것(탁자를 두드리며)이 분명하면 원래 만법은 차별 없는 하나임이 저절로 분명합니다.

(매미 소리가 들림) 저 매미가 설법을 하는군요. 나뭇가지가 흔들거리며 설법을 하고, 선풍기가 윙윙 돌아가며 설법을 하고, 졸졸졸 흘러가는 물이 설법을 하고, 두둥실 떠가는 흰 구름이 설법을 하고, 손가락이 꼼지락거리며 설법을 하고, 더워서 흐르는 땀이 설법을 합니다.


49.

一如體玄   한결같은 바탕은 현묘하니
兀爾忘緣   그윽이 차별 인연을 잊는다.

다만 이 하나(손가락을 흔들며)뿐입니다. 한결같이 이 하나(두 손을 들어 올리며)입니다. 한결같이 둘 없이 하나이니 분별할 수 없지요. 분별할 수 없으니, 현묘(玄妙)하다고 합니다. 현묘하다는 것은 분별할 수 없다는 뜻입니다. 있는지 없는지를 알 수 없고, 붉은색인지 푸른색인지를 구분할 수 없고, 고요한지 시끄러운지를 차별할 수 없고, 과거인지 현재인지 미래인지를 구별할 수 없고, 둥근 모양인지 모난 모양인지를 정할 수 없고, 좋은지 나쁜지를 분별할 수 없고, 깨끗한지 더러운지를 알 수 없습니다. 이런저런 모든 차별 인연이 딱 끊어지니 한결같다고 합니다.

모든 차별 인연이 다만 이 하나(두 손을 들어 올리며)입니다. 있어도 이것(두 손을 들어 올리며)이요, 없어도 이것(두 손을 들어 올리며)이요, 과거도 이것(두 손을 들어 올리며)이요, 현재도 이것(두 손을 들어 올리며)이요, 미래도 이것(두 손을 들어 올리며)이요, 고요해도 이것(두 손을 들어 올리며)이요, 시끄러워도 이것(두 손을 들어 올리며)이요, 깨끗해도 이것(두 손을 들어 올리며)이요, 더러워도 이것(두 손을 들어 올리며)이요, 둥글어도 이것(두 손을 들어 올리며)이요, 모가 나도 이것(두 손을 들어 올리며)이요, 차별이 없다고 해도 이것(두 손을 들어 올리며)이요, 차별이 있다고 해도 이것(두 손을 들어 올리며)입니다.

이것(두 손을 들어 올리며)이고 또 이것(두 손을 들어 올리며)이니, 이것(두 손을 들어 올리며)도 없고, 이것(두 손을 들어 올리며) 아님도 없습니다. 떨어지는 빗방울 방울방울이 이것이고, 불어오는 바람 갈래갈래가 이것이고, 흩날리는 먼지 티끌 하나하나가 이것입니다. 모든 차별 인연이 곧 이것이니 차별 인연은 차별 인연이 아니요, 삼라만상이 모두 이것이니 삼라만상은 삼라만상이 아니요, 허공이 모두 이것이니 허공은 허공이 아닙니다.

# 열 번째 법문

50.

萬法齊觀  만법을 평등하게 보면
歸復自然  본래 그러함으로 되돌아간다.


51.

泯其所以  그 까닭을 없애 버리면[7]
不可方比  견주어 비교할 수 없다.


52.

止動無動  그침에서 움직이니 움직임이 따로 없고
動止無止  움직임에서 그치니 그침이 따로 없다.

53.

兩旣不成　둘이 이미 이루어지지 못하는데
一何有爾　하나가 어찌 이루어지겠는가?

54.

究竟窮極　마지막 끝까지 결코
不存軌則　격식[8]을 두지 말라.

---

7) 삼라만상이 삼라만상인 데에는 아무 까닭이나 원인이 없다. 세계가 세계인 데에는 아무
까닭이나 원인이 없다. 까닭과 원인을 찾고 헤아리는 것이 곧 허망한 분별의 시작이요,
번뇌의 시작이다. 그렇다고 우연히 삼라만상이 되고 우연히 세계가 된 것이라고 해서도
안 된다. 이들은 모두 생각이 만들어 낸 헛된 견해일 뿐이다. 그렇다면 결국 어떤가? 고
개를 들면 하늘이 보이고, 고개를 숙이면 땅이 보인다. 겨울에는 찬 바람이 불고, 여름에
는 장맛비가 내린다.

8) 궤칙(軌則) 즉 격식(格式)은 바로 분별로 말미암아 생기는 견해다. 망상으로 분별하지 않
으면 어떤 견해도 있을 수 없다. 망상으로 분별함이 없으니 무념삼매(無念三昧)요, 견해
로 헤아리지 않으니 무쟁삼매(無諍三昧)요, 어떤 격식도 두고 있지 않으니 무상삼매(無相
三昧)다.

50.

萬法齊觀 만법을 평등하게 보면
歸復自然 본래 그러함으로 되돌아간다.


  평등하다는 것은 곧 차별이 없음입니다. 만법을 볼 때에 모두 평등
하여 차별이 없으면, 바로 우리의 본래 모습입니다. 만법에 차별 없
는 것이 바로 우리 본래 모습입니다. 차별은 우리가 만든 것입니다.
평등은 억지로 만드는 것이 아니라 본래 평등하며, 한결같음은 애써
만드는 것이 아니라 원래 한결같습니다. 우리 자신이 분별하고 망상
하여 왜곡시키지 않으면, 본래 만법이 평등하고 삼라만상이 한결같
습니다. 마조 스님이 말했습니다. "도는 닦을 게 없으니, 다만 오염되
지만 않으면 된다." 오염이 뭡니까? 생각하고 분별하는 것입니다. 생
각하고 분별하는 것으로부터 자유롭게 되면, 도(道)는 본래 있는 그대
로입니다. 본래 그런 것이 도입니다. 닦아서 깨끗하고 좋게 만들 것
이 없어요.

고요할 때도 한결같고, 시끄러울 때도 한결같고, 깨어 있을 때도 한결같고, 잠잘 때도 한결같고, 꿈꿀 때도 한결같은 것은 도가 본래 그런 것이지, 우리가 억지로 애써 만들어 내는 한결같음이 아닙니다. 그러한 한결같음이 있다고 하는 생각과 분별이 오염의 근원입니다. 그것이 옳다고 여기고 그렇게 만들어 나가는 것이 곧 오염이고, 그것이 바르다고 여기고 그렇게 하려고 애쓰는 것이 곧 오염이고, 그것을 진실이라고 여기는 것이 곧 오염입니다.

　　이것(두 손을 들어 올리며)을 대하여 어떤 것이라는 분별을 하는 것이 곧 오염인 것입니다. 이것(두 손을 들어 올리며)은 옳은 것도 아니고 그른 것도 아닙니다. 이것(두 손을 들어 올리며)은 바른 것도 아니고 틀린 것도 아닙니다. 이것(두 손을 들어 올리며)은 진실도 아니고 거짓도 아닙니다. 이것(두 손을 들어 올리며)은 있는 것도 아니고 없는 것도 아닙니다. 이것(두 손을 들어 올리며)은 알 수 있는 것도 아니고 모를 수 있는 것도 아닙니다. 이것(두 손을 들어 올리며)은 다만 이렇게(두 손을 들어 올리며) 분명할 뿐, 어떻게도 분별되는 것이 아닙니다.

　　만법은 본래 한결같아서 둘이 없는데, 우리 스스로가 망상을 일으켜서 자꾸 차별을 짓는 것입니다. 차별 없는 본래 법이 어디 있습니까? 이것(손가락을 세우며)입니다. 차별 없는 본래 법이 뭡니까? 이것(죽비를 들어 올리며)입니다. 차별 없는 본래 법이 뭡니까? 선풍기 바람이 시원합니다. 차별 없는 본래 법이 뭡니까? 해가 떠서 비추니까 한낮에는 더워요. 차별 없는 본래 법이 뭡니까? 매미가 맴맴 하고 우는군요. 차별 없는 본래 법이 뭡니까? 시냇물이 졸졸졸졸 흘러갑니다. 차별 없는 본래 법이 뭡니까? 나뭇잎이 한들한들 흔들거려요. 차별 없는 본래 법이 뭡니까? 바로 이것(두 손을 옆으로 벌리며)입니다.

51.

泯其所以   그 까닭을 없애 버리면
不可方比   견주어 비교할 수 없다.

　중생의 마음은 생각이 지배합니다. 생각은 반드시 앞뒤를 연결하여 이유와 목적을 만들어 냅니다. 그저 손을 한 번 씻어도 이유가 있고 목적이 있어요. 생각 속에서는 이 세상에 까닭 없는 일이 단 하나도 없습니다. 눈에 보이는 모든 것이 왜 그렇게 보이는지 까닭을 생각하고, 귀에 들리는 모든 것이 왜 그렇게 들리는지 까닭을 생각하고, 느껴지고 경험되는 모든 일이 왜 그렇게 느껴지고 왜 그렇게 경험되는지 까닭을 생각합니다. 앞과 뒤를 분별하고, 원인과 결과를 구분하고, 이유와 목적을 이해하는 것이 생각의 속성입니다. 이와 같이 생각으로 만드는 세계를 세속(世俗)이라 합니다. 그러므로 세속의 법은 인과법(因果法)이라 합니다. 까닭 즉 원인과 결과를 분별하는 세계란 말이지요. 앞과 뒤, 아래와 위, 좋음과 나쁨, 원인과 결과, 과거와 현재와 미래, 이것과 저것을 분별하고 해석하고 이해하는 세계가 바로 중생이 살아가는 세속입니다.

　하지만 이것(두 손을 들어 올리며)에는 이유가 없어요. 이것(두 손을 들어 올리며)에는 앞도 뒤도 없고, 과거도 현재도 미래도 없고, 원인도 결과도 없어요. 유명한 대화가 있어요. 사찰에 법회(法會)가 있는 날에는 법회를 알리는 깃발을 내걸었는데, 그 깃발이 바람에 나부끼는 것을 보고서 한 스님이 말했습니다.

"깃발이 움직이는구나."

그러자 옆에 있던 스님이 말했습니다.

"깃발이 아니라 바람이 움직이는 것이죠."

이리하여 서로 왈가왈부 하고 있었는데, 마침 곁에 있던 혜능이 말했습니다.

"바람이 움직이는 것도 아니고, 깃발이 움직이는 것도 아니고, 스님들 마음이 움직입니다."

마음이 원인이 되고 깃발과 바람이 움직인다는 뜻이 아닙니다. 마음에는 원인도 없고 결과도 없습니다. 원인과 결과는 생각이 만드는 것입니다. (바람에 나뭇잎이 흔들리는 것을 가리키며) 저기 나뭇잎이 흔들흔들 합니다. 생각이 개입하여 해석하지 않으면, 원인도 없고 결과도 없습니다. 다만 이것(손을 흔들며)일 뿐이죠.

생각으로 원인과 결과를 분별하지 않으면 견주고 비교할 일이 없습니다. 견주고 비교하는 것 역시 분별이니, 생각으로 분별함이 없으니 견주고 비교하는 일이 없는 것이지요. 그러니까 세속의 학문하고는 다르죠. 세속의 학문은 반드시 원인과 결과를 찾아요. 원인과 결과를 찾아서 그 관계를 밝히는 것이 곧 학문입니다. 그러나 이것(손가락을 세우며)에는 원인도 없고 결과도 없습니다. 원인을 찾고 결과를 찾는 것은 전부 생각하고 분별하는 일입니다. 그러면 생각하고 분별하지 말라는 말이냐? 아닙니다. 이것(손을 흔들며)이 분명해지면, 아무리 생각하고 분별하여도 생각이 없고 분별이 없습니다. 생각하고 분별하는데도 생각이 없고 분별이 없다고 하면, 말이 되지 않는 소리라고 할 것입니다만, 이것(손을 흔들며)이 분명하면 그렇게 이해할 수 없는 세계가 곧 진실한 세계임을 알게 됩니다.

물이 졸졸졸 흐릅니다. 원인이 있고 결과가 있습니까? 나뭇잎이 흔들흔들 합니다. 원인이 있고 결과가 있습니까? 태양이 이글이글 내리쬡니다. 원인이 있고 결과가 있습니까? 차를 한 잔 마십니다. 원인이 있고 결과가 있습니까? 언제나 차별 없이 이(손을 흔들며)뿐입니다. 시작도 없고 끝도 없이 이(손을 흔들며)뿐입니다.

《서장》에 보면, 어떤 거사가 대혜 스님에게 보낸 편지에 이렇게 썼습니다.

"제가 어젯밤 꿈에 스님을 만나서 스님에게 절을 올렸습니다."

대혜 스님은 그에 대하여 이렇게 답했습니다.

"꿈 속에서 절하는 것이 생시에서 절하는 것과 전혀 다르지 않습니다. 꿈 속에서 절한다고 생각하지 마십시오."

이것을 달리 말하면, 밥 먹는 생각을 하는 것과 손으로 밥을 입에 떠 넣는 것이 전혀 다르지 않다는 말입니다. 수긍이 됩니까? 이것(손을 흔들며)이 분명해야 비로소 이 말이 수긍될 것입니다. 꿈 속의 절과 깨어서 하는 절, 생각 속에서 먹는 밥과 입에 떠 넣는 밥의 차이는 감각에서 옵니다. 육체가 움직이느냐 아니냐의 차이지요. 그러나 진실은 육체가 움직이든 생각이 움직이든 아무런 차이가 없습니다. 동일한 일이지요.

눈 오는 날에 방거사가 말했습니다. "눈 송이송이가 다른 곳에 떨어지지 않는구나!" 눈 한 송이 한 송이가 다른 곳에 떨어지지 않는다, 눈 한 송이 한 송이가 다르지 않다…… 바로 이것(주먹을 쥐며)을 가리킴니다. 지금 여러분 스스로의 모든 것이 바로 이것(주먹 쥔 손을 다른 손으로 툭툭 치며)입니다. 여러분 스스로가 다른 곳을 보고 있습니다. 다른 곳을 보고 있더라도 여러분이 있는 곳은 바로 여기(주먹 쥔 손을 다른 손으로 가리키며)입니다. 사실은 다른 곳이 없는데도 여러분 스스로 다른 곳을 만들어 보고 있으니 망상(妄想)이라고 하는 것입니다. 여러분은 실상(實相)을 못 보고 망상을 보고 있다고 여기겠지만, 그 망상은 망상이 아닙니다. 꿈과 깨어 있음이 다름이 없듯이 망상과 실상도 다름이 없습니다. 자신의 생각으로 만든 분별에 속지 마십시오. 여러분이 아무리 이런저런 생각을 하고 분별을 하더라도 다만 이것(주먹을 쥐어 들어 올리며)입니다.

마조 스님은 덩치가 컸는데, 누군가가 찾아와서 물으면 그 큰 덩치를 가지고 몰아붙여 손으로 때리고 발로 차고 하면서 가리키곤 했습니다. 지금 스스로의 모든 것이 바로 이것(주먹을 쥐어 들어 올리며)인데, 자꾸 엉뚱한 생각에 휘말려 딴 소리를 하고 밖으로 찾으니 그렇게라도 가리킨 것입니다. 바로 이것인데(멱살을 붙잡고 흔드는 시늉을 하며) 또 무엇을 찾고 있는가? (매미 소리가 들림) 저 매미 소리가 곧 나 자신입니다. 저 매미 소리가 우리 각자 자기 자신입니다. 매미 소리와 자기 자신이 따로 없어요. 매미 소리도 없고 자기 자신도 없어요. 매미가 맴맴맴 시끄럽게 우는군요.


52.
止動無動　그침에서 움직이니 움직임이 따로 없고
動止無止　움직임에서 그치니 그침이 따로 없다.


226

"그쳐 있다가 움직이니까 움직임이 그침 바깥에 따로 있지 않고, 움직이다가 그치니까 그치는 것이 움직임 바깥에 따로 있는 것이 아니다. 움직임과 그침은 결국 하나다"라는 말입니다. 이것(손을 흔들며)은 움직이는 것이라 해도 안 되고, 그쳐 있다고 해도 안 됩니다. 움직인다거나 그쳐 있다거나 고요하다거나 시끄럽다고 하면 모두 분별이 됩니다. 어느 무엇도 생각으로 정하면 안 됩니다. 움직이든 멈추어 있든 다만 이 하나(손을 들어 올리며)입니다. 움직이든 멈추든 다름이 없어요.

움직이든 멈추든 다만 이것(두 손을 들어 올리며)입니다. 고요하든 시끄럽든 다만 이것(손을 들어 올리며)입니다. (매미 소리가 들림) 매미 소리가 온 우주에 가득 울리는군요. 들리지 않습니까? 맴맴맴 온 우주에 가득 차 있습니다. 이것(주먹 쥔 손을 들어 올리며)이 온 우주입니다. 이것(주먹 쥔 손을 들어 올리며)이 우주 전체입니다. 이것(손을 들어 올리며) 이외에 다른 우주가 없습니다. 이것(손을 들어 올리며)이 전부입니다.

53.

兩旣不成　둘이 이미 이루어지지 못하는데
一何有爾　하나가 어찌 이루어지겠는가?

우리가 둘로 나누어 분별하는 습관에 빠져 있기 때문에, 이 병을 치유하기 위하여 둘이 없는 불이법문(不二法門)을 말합니다. 그렇지만 둘이 아니니까 하나라고 생각한다면, 이 역시 분별입니다. 이미 둘이 없다면 하나라는 말도 성립하지 못합니다. 둘이라 하든 하나라 하든 분별이요, 생각입니다. 그러므로 하나도 아니고 둘도 아니며, 하나이기도 하고 둘이기도 하다고 말합니다. 둘로 나누는 병을 치료하려고 둘이 아니라고 하지만, 그렇다고 해서 하나라고 생각한다면 이 역시 병입니다.

다만 이(손을 들어 올리며)뿐입니다. 생각을 하든 생각이 없든 다만 이(손을 들어 올리며)뿐입니다. 말을 하든 말이 없든 다만 이(손을 들어 올리며)뿐입니다. 둘이라 하든 하나라 하든 다만 이(손을 들어 올리며)뿐입니다. 둘이 아니라 하든 하나도 아니라 하든 다만 이(손을 들어 올리며)뿐입니다. 작다고 하든 크다고 하든 다만 이(손을 들어 올리며)뿐입니다. 먼지 한 톨이라 하든 우주 전체라 하든 다만 이(손을 들어 올리며)뿐입니다. 삼라만상 하나하나가 다만 이(손을 들어 올리며)뿐입니다. 다만 이(손을 들어 올리며)뿐임도 다만 이(손을 들어 올리며)뿐입니다.


54.

究竟窮極  마지막 끝까지 결코
不存軌則  격식을 두지 말라.


궤칙(軌則)이라고 하는 것은 법칙(法則), 격식(格式)입니다. 구경(究竟)이나 궁극(窮極)이나 같은 뜻으로서 '끝까지', '끝내'라는 말입니다. 끝내 마지막까지 격식을 두지 말라…… 말하자면, 개념을 두지 말라, 알음알이를 두지 말라, 견해를 두지 말라는 말입니다. 하나의 틀을 만들지 말라, 이런 것이다 저런 것이다 하고 정하지 말라는 말입니다. "이런 것이 마음이다" 하고 정하는 순간에 그건 이미 마음이 아니라 개념이 되고 허망한 생각이 되는 것입니다. "무엇은 이러한 것이다"라고 정하는 것이 바로 격식을 만드는 것이고 궤칙을 세우는 것입니다. 즉, 관념을 가지는 것이죠. 끝내 그런 관념을 만들지 말라는 말이죠. 달리 말하면, 끝내 어디에도 머물지 말라는 말도 됩니다.

머물지 말라, 정하지 말라, 만들지 말라 하면 명령을 하는 것이지만, 실제로는 이것(손을 들어 올리며)이 분명해지면 저절로 어디에도 머물지 않고, 어떠한 견해도 가지지 않게 됩니다. 명령을 해서 그렇게 실행하는 것이 아니라, 저절로 그렇게 됩니다.

불교에서는 어디에도 머물지 않고 어떤 격식도 만들지 않는 것을 일러 중도(中道)라고 합니다. 중도라는 것은 이쪽과 저쪽의 가운데에 머무는 것이 아니라, 이쪽에도 저쪽에도 머물지 않고 가운데에도 머물지 않는다는 뜻입니다. 즉, 어디에도 머물지 않는다는 말이지요. 그래서 중도에서는 아무런 견해가 있을 수 없습니다. 중도와 상대적인 말이 변견(邊見)입니다. 변견은 이렇다 하든 저렇다 하든, 이렇지 않다 하든 저렇지 않다 하든 아무튼 어떤 견해가 있는 것입니다.

보십시오. 마음은 바로 이것(손가락을 세우며)인데, 이것(손을 들어 올리며)을 무엇이라 하겠습니까? 손가락을 세우는 것이 곧 마음이라고 한다면 바로 관념이고 허망한 생각입니다. 이것(손가락을 세우며)은 생각으로 아는 것은 아닙니다. 예컨대, 만약 "동그랗다"라고 생각한다면, "동ㅡ그ㅡ랗ㅡ다ㅡ"라고 할 때에 벌써 "동ㅡ"에서 이것(손을 들어 올리며)이 몽땅 드러납니다. "동ㅡ 그ㅡ 랗ㅡ 다ㅡ." "동ㅡ", "그ㅡ", "랗ㅡ", "다ㅡ"…… 한 마디 한 마디(손가락을 세우며)가 다름이 없습니다. 이처럼 하나하나가 생생하고 분명하면 한 글자 한 글자, 한 마디 한 마디가 관념이나 생각이 되질 않고, 한 글자 한 글자(손가락을 세우며), 한 마디 한 마디(손가락을 세우며)가 모두 이것(손가락을 세우며)입니다. 처음부터 끝까지 하나하나 끊어짐이 없고 한결같이 이것(손가락을 세우며)입니다. 그렇지만 이것(두 손을 흔들며)은 어떤 식으로도 말할 수도, 생각할 수도 없습니다.

마음이라고 이름을 부르지만, 마음이라는 이름으로 어떤 대상을 다른 것과 차별하여 가리킬 수는 없습니다. 비유하여 말하면, 모든 사물이 황금으로 만들어진 곳이 있다고 한다면, 이곳에서는 집과 나무와 자동차를 차별하여 가리킬 수는 있으나, 황금을 다른 사물과 차별하여 가리킬 수는 없는 것과 같습니다. 그렇다고 모든 것이 곧 마음이라고 막연하게 알라는 말은 아닙니다. 마음은 가장 구체적이고, 가장 실제적이고, 가장 가깝고, 가장 직접적입니다. 그렇지만 분별하여 "이것이 곧 마음이다" 하고 가리킬 수 있는 그런 마음이라는 물건은 없습니다. 그러므로 마음이라는 이름의 대상에 머물 수 없는 것입니다. 지정된 대상이 어디엔가 있다면 거기에 머물 텐데, 마음이라고 하는 것은 이름뿐이고, 마음이라고 하는 정해진 물건은 지정할 수 없습니다. 육조 스님이 "본래 무일물(本來無一物)!" 하고 말한 것이 바로 이것입니다.

《금강경》에서는 이렇게 말합니다. "법(손을 들어 올리며)은 법이 아니라, 이름으로 법이라 말한다." 만법(萬法)이 즉 온갖 것들이 모두 그렇다는 것입니다. 나무, 돌, 별, 하늘, 남자, 여자, 진여(眞如), 부처, 깨달음, 중생 등등 모든 것이 전부 그것은 그것이 아니고 이름으로 부른다는 것입니다. 그리고 다시 말하기를, "그러한 어떠한 이름이 있더라도, 그 이름에 해당되는 물건은 없다"고 합니다. 마음 역시 마찬가지입니다. "마음은 마음이 아니고 그 이름이 마음이다. 마음이라고 하는 것에 해당되는 어떤 물건도 없다." 《금강경》의 이런 말은 우리 범부들이 들어 있는 병에 대한 약입니다. 우리의 병은 이름으로 구분하고 생각으로 지정하여 무엇이 있다거나 없다는 분별에 머물러 버리는 것입니다. 이러한 분별병에 대한 약 처방이 바로 《금강경》의 이런 구절입니다. 그러므로 "마음은 이런 것이다"라거나 "마음은 이런 것이 아니다"라거나 "마음은 있다"거나 "마음은 없다"거나 하는 것이 모두 분별의 병입니다. 마음에 관해서는 어떤 분별이나 헤아림이나 견해도 해당이 되질 않습니다.

우리는 보통 형광펜 같으면, 형광펜(탁자 위의 형광펜을 들어 올리며)이라는 이름에 해당되는 물건이 있다는 걸 당연시합니다. 이것이 세속적 사고방식입니다. 이게 분별심입니다. 그런데 마음이니 도니 법이니 실상이니 하는 이름의 경우에는 형광펜처럼 이렇게 분별하여 가리킬 수가 없습니다. 즉, 세속이 아닌 진실을 가리키는 경우에는 이 진실은 분별되거나 지정될 수 없는 것입니다. 그러므로 실상이라 하든 마음이라 하든 도라 하든, 이 이름에 해당되는 법은 없다고 하는 것입니다.

이처럼 분별하거나 지정하여 가리킬 물건은 없지만, 마음이니 도니 실상이니 하고 늘 말하고 또 이렇게(손을 흔들며) 가리킵니다. 이렇게(손을 흔들며) 가리키지만, 분별하여 지정할 물건은 없습니다. 이렇게(손을 흔들며) 분명하고 명백하게 가리킵니다만, 분별하고 지정할 대상은 없습니다. 이렇게(손을 흔들며) 가리키는 것은, 가리킨다고 하기보다는 오히려 드러낸다고 해야 할 것입니다. 이렇게(손을 흔들며) 드러냅니다. 이렇게(손을 흔들며) 드러내는 이것은 오로지 스스로 확인하는 것만이 가능합니다. 설명해 줄 수 없고, 이해할 수 없습니다. 이렇게(손을 흔들며) 드러내는 것은 오로지 스스로, 저절로 확인되어야 합니다.

　이것(손을 들어 올리며)은 있다거나 없다는 말로 분별되는 게 아니에요. 왜냐하면 있다고 할 때도 이것(손가락을 세우며)이고, 없다고 할 때도 이것(손가락을 세우며)이어서 다름이 없기 때문이지요. 그러니까 "있(손가락을 세우며)－", "다(손가락을 세우며)－", "없(손가락을 세우며)－", "다(손가락을 세우며)－", 하나하나가 다름이 없단 말이죠. 그러니 무엇이 있느냐 없느냐가 아니고, "있(손가락을 세우며)－", "다(손가락을 세우며)－", "없(손가락을 세우며)－", "다(손가락을 세우며)－"입니다. 있다느니 없다느니, 옳다느니 그르다느니 하는 말들이 다만 모두 이것(손을 흔들며)입니다. "옳(손가락을 세우며)－", "다(손가락을 세우며)－", "그(손가락을 세우며)－", "르(손가락을 세우며)－", "다(손가락을 세우며)－". 옳은 것이 있거나 그른 것이 있는 게 아니고, "옳다(손가락을 흔들며)", "그르다(손가락을 흔들며)", "있다(손가락을 흔들며)", "없다(손가락을 흔들며)"입니다. 늘 이것(손을 흔들며)뿐입니다.

　《금강경》은 이것(두 손을 들어 올리며)을 가리키는 것입니다. 《금강경》은 《대반야경》의 일부입니다. 불교 경전 중에서 분량이 제일 큰 경전이 《대반야경》이에요. 보통 《화엄경》이 큰 경전이라고 하지만, 《대반야경》과는 비교가 되질 않습니다. 《대반야경》은 《화엄경》의 수십 배나 될 거예요. 이렇게 덩치가 큰 《대반야경》이 처음부터 끝까지 《금강경》처럼, 이름에 해당하는 대상을 구분하는 것은 우리의 허망한 분별이라는 사실을 알려 주고 있습니다. 온갖 이름을 들먹이면서 이 이름에 해당하는 그런 물건은 없다고 합니다. 반복하여 수없이 많은 이름 들을 나열하면서 그 이름에 해당하는 물건은 따로 없다고 합니다. 《대 반야경》의 이러한 말이 "세계에는 단지 허망한 이름만 있을 뿐, 사실 아무것도 없다"는 견해를 주장하는 것은 아닙니다. 경전의 이런 말은 우리가 이름으로 분별하는 사물에 머물러 버리는 병을 치유하려 하는 약입니다.

"궤칙을 끝까지 두지 말라"고 하는 것은 "분별하여 머물지 말라", "고정된 관념을 가지지 말라", "어디에도 머물지 말라", "어떤 견해도 가지지 말라", "어떤 시각으로도 보지 말라", "어떻게도 이해할 수 없 다"는 말입니다. 이것(두 손을 들어 올리며)은 다만 이렇게(손을 흔들며) 드러내어 보여 줄 수 있을 뿐입니다. 이것(두 손을 내보이며)에 대하여 어떠한 견해나 관념이나 관점이라도 가지기만 하면 이미 어긋난 것입 니다. 다만 이렇게(손을 흔들며) 생생하고 분명하게 드러낼 뿐입니다. 이것(손을 흔들며)이 분명해지면, 온 세상, 온 우주가 분명해집니다. 그 리하여 벽도 마음을 드러내고, 천장도 마음을 드러내고, 돗자리도 마 음을 드러내는 겁니다. 온 우주가 생생하고 또렷하게(두 손을 내보이며) 마음을 드러냅니다.

이것(두 손을 내보이며) 하나를 확인하면 더 이상 더 확인할 게 없어 요. 어떤 경우에도 이것(손을 들어 올리며)뿐입니다. 무엇이 나타나든 모두 이것(손을 들어 올리며)입니다. 마치 텔레비전을 보면 그 안에서 나타나는 온갖 장면이 모두 다만 텔레비전 화면에 나타날 뿐, 다른 곳 이 있는 게 아닌 것과 같습니다. 마찬가지로, 무엇이 나타나든 이것(두 손을 들어 올리며)을 벗어난 다른 것은 없습니다. 관세음보살이 모습을 드러내어 설법을 한다 하더라도 이것(손을 흔들며)일 뿐이고, 용왕이 나타나고 지옥에서 온갖 귀신이 나타나서 여기서 무슨 짓을 한다고 해도 이것(손을 흔들며)일 뿐, 다른 일이 없어요. 지금 눈앞에서 내일 일어날 일을 보고, 내년에 일어날 일을 본다고 하더라도 역시 이것(손을 흔들며) 이외에 다른 일이 아닙니다. 과거, 현재, 미래가 모두 이것(손을 흔들며)이어서 아무런 차별이 없습니다. 언제나 어디서나 늘 다만 이것(두 손을 들어 올리며)뿐입니다. 단지 이 하나(손을 흔들며)의 실상이 있을 뿐이에요.

생각할 필요도 없습니다. 바로 이것(두 손을 들어 올리며)입니다. 어쨌든 이것(손을 흔들며)에 통해야 합니다. 이것(손을 흔들며)에 통하려면 생각을 굴리면 안 되고, 바로 곧장 통해야 합니다. "도가 뭡니까?" (죽비를 들어 올리며) "대나무 죽비." "도가 뭡니까?" (찻잔을 들어 올리며) "차 한 잔 해요." "마음이 뭡니까?" "뜰 앞의 잣나무." 이런 곳에서 문득 통하면 저절로 다른 둘이 없고 전체가 또렷합니다.

"뜰 앞의 잣나무." 이 한 마디에 통해 버리면, 분열되어 있던 마음이 문득 하나가 되어 버립니다. (손을 들어 올리며) "뜰 앞의 잣나무." (손을 들어 올리며) "마삼근(麻三斤)." (손을 들어 올리며) "방하착(放下着)." (손을 들어 올리며) "수미산." 모두가 이것(손을 흔들며)입니다. "시계", "죽비", "사과", "하늘", "땅", "배부르다", "배고프다"…… 하나하나(손을 흔들며)가 그대로 완전합니다. 한 마디 말, 한 순간, 하나의 일이 그대로 완전해요. 그대로 이것(손을 흔들며)이죠. 아무런 문제가 없어요. 생각할 것이 전혀 없어요. 무엇을 하든 그대로가 부족함도 남음도 없습니다. 모든 일, 모든 순간이 그대로 얻을 것도 없고 잃을 것도 없습니다. 언제나 100%일 뿐, 99%도 아니고 101%도 아닙니다.

다만 이것(손을 들어 올리며)을 가리킬 뿐입니다. 이밖에 다른 것은 없습니다. 늘 이것(손을 흔들며)에 관심을 기울이고 있으면, 어느 순간 문득 자신도 모르게 통합니다. 말끝에, 말 한 마디 듣고 홀연 깨닫는다고 하잖아요? 한 마디 말을 듣는 순간, 갑자기 모든 분별망상이 꼬리를 싹 감추어 버립니다. 그렇게 되면 언제나 하나이고 전체이어서 분열이 없습니다.

격식이란 분별하고 이해하는 겁니다. 분별과 이해가 생기면 이건 망상입니다. 생각이 개입되면 안 됩니다. "법(法)이 뭡니까?" "차 한 잔 마셔라." "법이 뭡니까?" "무(無)!" "법이 뭡니까?" "유(有)!" "법이 뭡니까?" "공(空)." "법이 뭡니까?" "색(色)." "법이 뭡니까?" (손가락을 흔들며) "이것." 의미를 두지 마십시오. 다만 "공", "색", "유", "무", (손가락을 흔들며) "이것"입니다. 문학적으로 표현하면, "티끌 하나가 바람에 휘날리니 우주 전체가 휘날린다"고 표현을 할 수 있습니다. 어렵지도 쉽지도 않습니다. 아는 것도 아니고 모르는 것도 아닙니다. 다만 이것(손을 흔들며)입니다.

# 열한 번째 법문

55.

契心平等　마음에 계합하면 평등하게 되어

所作俱息　하는 일이 모두 쉬어진다.


56.

狐疑盡淨　여우같은 의심이 깨끗이 사라지면

正信調直　올바른 믿음이 알맞고 바르게 된다.


57.

一切不留　아무것도 머물러 두지 아니하면

無可記憶　기억[9]할 만한 것이 없다.

58.

虛明自照　텅 비고 밝아 저절로 비추니
不勞心力　애써 마음을 수고롭게 하지 않는다.


59.

非思量處　생각으로 헤아릴 곳이 아니니
識情難測　의식과 감정으로 측량키 어렵다.


60.

眞如法界　진실하고 변함없는 법계에는
無他無自　남도 없고 나도 없다.[10]

---

9) 마음에 분별한 모습을 남겨서 지니고 있는 것을 기억이라고 하니, 분별에서 떠나 모습
　이 남아 있지 않으면 기억이 따로 없다. 기억이라는 이름으로 나타나는 모든 것은 다만
　과거·현재·미래로 나누어지지 않고 이것과 저것이 따로 없는 이 하나일 뿐이다.

10) 나와 남을 생각으로 분별하여 입으로 말하는 것이야 얼마든지 할 수 있으나, 진실로 나
　라는 물건도 남이라는 물건도 따로 없다. 나도 없고 남도 없다면 모든 이름이 사라져서
　진여도 없고 망상도 없고 언제나 한결같을 뿐이다.

55.

契心平等　마음에 계합하면 평등하게 되어
所作俱息　하는 일이 모두 쉬어진다.

이것(손을 들어 올리며)에 통하면 분별망상이 싹 쉬어져 버립니다. 할 일이 없어요. 지금까지 하던 일을 그대로 하면서도 아무 할 일이 없어요. 눈앞에 닥치는 일은, 청소도 하고, 빨래도 하고, 일도 하고 뭐든지 다 합니다. 모든 일을 하면서도 하는 일이 없고, 할 일도 없어요. 이러한 말은 이것(손을 들어 올리며)에 통하지 않으면 결코 이해할 수 없습니다. 이건 자기가 직접 겪어 봐야 해요. 체험해 보아야 이게 무슨 말인지 알 수가 있습니다. 어떤 일을 해도 육체는 피곤하지만 마음은 피곤하지 않습니다. 피곤할 마음이 없어요.

"마음에 계합한다"고 하는데, 계합이란 이것(손가락을 세우며)에 통하는 것입니다. "도가 뭡니까?" "뜰 앞의 잣나무." "마음이 뭡니까?" "마삼근." 이것은 "마삼근"이라는 구절에 집중하라는 말이 아닙니다.

집중하는 것은 의지적인 행위이기 때문에 조작이고, 조작은 엉터리입니다. 조작된 건 다 엉터리에요. 집중하라는 말이 아닙니다. 이 마음(손을 들어 올리며)은 한 곳에 집중되어 있지 않습니다.

마음을 허공에 비유합니다. 허공이 어디 집중되어 있는 데가 있습니까? 허공이 어디 끊어지고 이어진 곳이 있습니까? 허공이 이곳과 저곳으로 차별되어 있습니까? 허공이 있는 곳과 없는 곳으로 나누어져 있습니까? 과거의 허공과 현재의 허공과 미래의 허공이 따로 있습니까? 허공을 붙잡거나 놓을 수 있습니까? 허공을 더하거나 줄일 수 있습니까? 허공을 얻거나 잃을 수 있습니까? 허공에는 아무런 조작이 가해질 수 없습니다. 마음도 마찬가지입니다. 그렇기 때문에 마음을 집중한다고 해서 거기서 마음이 찾아지지는 않습니다.

다만 한 마디(손가락을 세우며) 말을 듣고 문득 통하여 분명해지는 것입니다. 그래서 문득 깨닫는다는 뜻인 돈오(頓悟)라는 말을 합니다. 문득 확인되면 한계가 사라집니다. 문득 통하면 마음이 사라집니다. 문득 통하면 앞뒤가 사라집니다. "도가 뭡니까?" "마삼근." "마음이 뭡니까?" "마삼근." "마음이 뭡니까?" (손가락을 세우며) "이것." 이것(손을 들어 올리며)에 의미를 두지도 말고, 해석하지도 하지 말고, 집중하지도 말고, 다만 "도가 뭡니까?" "마삼근." "마음이 뭡니까?" (손가락을 세우며) "이것." 이것(손가락을 세우며)이 분명하면, 바람이 불고, 나뭇잎이 흔들리고, 물이 흘러가고, 새가 지저귀는 것들이 모두 이것입니다만, 이것이라고 할 어떤 물건도 없습니다.

56.

狐疑盡淨　여우같은 의심이 깨끗이 사라지면
正信調直　올바른 믿음이 알맞고 바르게 된다.

　의심이 깨끗이 사라지려면 이것(두 손을 흔들며)에 통하여 이것이 확
인되어야 합니다. 이것이 확인되는 순간에 모든 의심은 저절로 깨끗
이 사라져 버려요. 의심이란 뚜렷이 드러나 확인되지 않을 때에 일어
나는 생각입니다. 예를 들어, 편지로 서로 사귀는 연인이 있다고 합시
다. 편지를 오랫동안 주고받으면서 서로를 그리워하지만 아직 실물은
보지 못했습니다. 제각각 나름으로 상대방의 모습을 그리고 있겠지
만, 여전히 그런 모습이 맞는지 의심스럽고 궁금합니다. 이제 드디어
두 사람이 만났습니다. 두 사람이 만나 서로를 보는 순간, 지금까지 가
슴 속에 그려 왔고 궁금해 했던 생각은 씻은 듯이 사라져 버립니다. 실
물이 눈앞에 뚜렷이 드러나 있기 때문이지요. 이와 마찬가지입니다.
이 진실을 그리워하고 궁금해 했던 마음이 이것(손을 들어 올리며)에 통
하는 순간 싹 사라져 버리는 것입니다. 분명히 확인되기 때문이지요.
　이것(손을 들어 올리며)은 아주 확실합니다. 세상에서 가장 확실한 것
이 바로 이것(손을 들어 올리며)입니다. 육체보다도, 느낌보다도, 생각
보다도, 감정보다도 이것이 더욱 확실하고 가깝습니다. 그래서 이것
(손을 들어 올리며)을 눈앞에 또렷하다거나 발밑에 또렷하다고 말하기
도 합니다. 또, 이것(손을 들어 올리며)을 일러 당처(當處), 당체(當體), 서
있는 자리가 전부 진실하다는 뜻인 입처개진(立處皆眞)이라고도 합니
다. 또, 이것(손을 들어 올리며)을 일러 두 번째가 없다고도 하고, 첫 번

째라고도 하고, 둘이 없다고도 합니다. 둘이 없으니 이것(손을 들어 올리며) 이외에 달리 찾을 것이 없는 것입니다.

지금 어디에 있습니까? 여기(손을 들어 올리며)에 있습니다. 무엇이 있습니까? 이것(손을 들어 올리며)이 있습니다. "어디에 있느냐?" 하고 분별하여 생각하면, "지금 지리산에 있지"라고 할 것입니다. 이렇게 말하면 모습을 분별하여 말한 것입니다. 마음을 말한다면, "어디에 있습니까?"(손가락을 내보이며) "여기!" "무엇이 있습니까?"(손을 들어 올리며) "이것!" 분별하고 생각하면 이것(손을 들어 올리며)과는 아무 상관이 없습니다. 사실 이것(손을 들어 올리며)에는 질문이 있고 답이 있는 것이 아닙니다. 질문하는 것이 바로 이것(손을 들어 올리며)이고, 답하는 것이 바로 이것(손을 들어 올리며)입니다.

보통 종교에서는 "의심하지 말라", "믿어라"고 합니다만, 참으로 의심이 없어지고 믿음만으로 충만하려고 한다면, 믿음만 남고 의심이 없어지려고 한다면, 이것(두 손을 내보이며)이 분명해져야 합니다. 예컨대, 세속의 일일지라도 우리는 내 눈으로 직접 보기 전에는 완전히 믿지를 않습니다. 이것(손을 들어 올리며)이 분명해지면, 믿는다거나 의심한다거나 하는 차별도 없습니다. 마치 물 속에 있는 물고기가 물을 믿는다거나 의심한다는 것이 모순인 것과 같습니다.

제 경험을 말하자면, 이것(손을 들어 올리며)을 확인한 뒤에는 순간순간 문득 이것을 확인하는 감동이 있었습니다. 어느 가을날에 산으로 단풍 구경을 갔는데, 옛날에는 단풍이 저쪽에 있었는데 이제는 단풍이 저기 있는 게 아니었습니다. 단풍 하나하나가 전부 내 몸이고 살이고 피인 양 또렷하고 분명했습니다. 저쪽과 이쪽이 차별되지 않습니다.

세상일이 모두 나의 일이고 내 집안일처럼 가깝습니다. 나와 세상이 분리되어 있지 않아요. 안심이 되고 안도가 되고, 말 못할 만큼 편안합니다. 보고 싶은 것도 없고, 찾고 싶은 것도 없고, 원하는 것도 없어요. 완전한 만족이랄까 이런 느낌이죠. 모든 세계가 손에 잡히는 듯이 또렷합니다. 이런 경험은 반드시 본인이 직접 체험해야 알 수 있습니다.

하여튼 이런 이야기를 듣고 생각으로 상상하려고 해도 소용이 없습니다. 이 모든 이야기들은 오직 이것(손가락을 세우며)을 가리키는 것일 뿐입니다. 이처럼(손을 들어 올리며) 실물이 있으니, 이 실물(손을 들어 올리며)을 스스로 확인해야 합니다. 제 이야기는 마치 장사꾼의 말과 같습니다. 장사꾼이 이 실물(죽비를 들어 올리며)을 팔기 위해 이것에 관하여 온갖 이야기를 하지요. 마찬가지로, 실물은 이것(손을 들어 올리며)입니다. 장사꾼에게 장사꾼의 이야기를 사는 것이 아니라 장사꾼이 가진 물건을 사듯이, 저의 이야기를 기억하여 가지고 있지 마시고 이것(손을 들어 올리며)을 확인해서 스스로 자기 물건이 되어야 하는 것입니다. 이것(두 손을 들어 올리며)이 확인되면 저절로 의심이니 믿음이니 하는 차별은 사라집니다.


57.
一切不留   아무것도 머물러 두지 아니하면
無可記憶   기억할 만한 것이 없다.


마음 속에 아무것도 머물러 두지 않으면, 아무것도 남겨 두지 않으면, "이런 것이다" 하는 개념을 일절 남겨 두지 않으면, 기억할 것도 전혀 없습니다. "이런 것이 도(道)다"라거나 "이런 것이 법이다"라는 그런 견해는 있을 수 없습니다.

공부를 하다 보면 여러 가지 현상들을 경험할 수도 있는데, 이러한 경험을 두고 "이것이 마음인가?" 혹은 "이것이 깨달음인가?" 하고 잘못 생각할 수도 있습니다. 마음이나 깨달음은 어떤 정해진 모양으로 고정되어 있을 수 없습니다. 이것(손을 들어 올리며)은 언제나 이렇게 (두 손을 들어 올리며) 분명하지만 정해진 모습은 없어요. 그래서 《육조단경》에서는 무상(無相), 무주(無住), 무념(無念)이라고 합니다. 정해진 모습이 없다, 머물 곳이 없다, 생각할 것이 없다는 말입니다.

그러므로 어떠한 심리적인 경험을 하더라도 그러한 경험에 머물러 있으면 안 됩니다. 과거나 미래를 본다거나, 질병을 낫게 한다거나, 무슨 힘이 생기는 듯이 느껴지거나, 문득 모든 이치가 하나로 정리되는 등 어떤 경험을 하더라도, "아, 이런 것이 바로 깨달음이구나"라고 여기고 그것에 머문다면, 곧장 삿된 경계에 떨어지는 것입니다. "법은 정해진 모습이 없고, 머물 곳이 없고, 생각으로써 기억할 수 있는 게 아니다"라고 한 혜능의 말씀을 삿된 병을 치료하는 약으로 삼아야 합니다. 이런 분별되는 경험들이 생기더라도 그냥 내버려두고 지나가십시오. 마치 길을 가는 사람이 길가에서 여러 가지 풍경을 보아도 오로지 목적지를 향하여 나아가듯이 그냥 나아가십시오. 언젠가는 이 바른 법(손가락을 세우며)이 확실하고 분명하게(손을 펴 보이며) 나타날 것입니다. 이것(두 손을 들어 올리며)이 분명해지면, 지금까지 겪었던 온갖 일들이 그저 허망한 경계일 뿐이라는 것을 알게 됩니다.

진리의 첫 번째 기준이 뭡니까? 보편성입니다. 때와 장소에 관계없이 늘 그러해야 합니다. 때에 따라 있다가 없다가 하거나 장소에 따라 그렇다가 아니다가 한다면, 이것은 진리가 아닙니다. 없었던 것이 새로 생긴다거나 있었던 것이 사라지는 것은 허망한 일이지, 진리가 아닙니다. 불교에서는 이런 허망한 일을 생멸(生滅) 혹은 생사(生死)라 합니다. 이에 상대하여, 진실한 것을 여여(如如) 혹은 진여(眞如)라 합니다. 여여나 진여는 변함없다는 뜻입니다. 새로 얻을 수도 없고, 잃어버릴 수도 없다는 뜻입니다. 이것(두 손을 들어 올리며)은 새로 얻을 수도 없고 잃을 수도 없습니다. 언제나 어디서나 이것(두 손을 들어 올리며)이 다를 수는 없습니다.

그러니까 이런저런 심리적으로 겪는 일들은 그냥 지나가야 하는 것입니다. 길 가다가 개 짖는 소리도 들리고, 바람 소리도 들리고, 흘러가는 물도 보이지만 그냥 가던 길을 가듯이, 오직 이것(두 손을 들어 올리며)이 분명해져야 합니다. 이것(두 손을 들어 올리며)이 분명해지면 저절로 이런저런 심리적인 경험에 속지 않게 됩니다. 언제나 어디서나 이것(손을 들어 올리며)뿐입니다. 그래서 "아무것도 머물러 두지 아니하면, 기억해 둘 만한 것이 없다"라고 하는 것입니다.

학교에서 지식을 배우는 것과 이 공부는 이런 점에서 매우 다릅니다. 학교에서 지식을 배울 때에는 잘 듣고 열심히 기억해야 하지요. 기억력이 부족하면 필기라도 해야 합니다. 그러나 이(손을 들어 올리며) 공부는 도리어 무엇이라도 기억한다면 어긋나 버립니다. 다만 이것(손가락으로 앞을 가리키며)이 분명하기만 하면 되고, 아무것도 기억할 것은 없습니다. 마치 스위치를 켜면 전등이 확 켜지듯이 이것(손가락으로 앞을 가리키며)에 통하면 됩니다. 기억하고 이해하는 것은 전부 어둡고 허망한 생각으로서 결코 밝음과는 상관이 없습니다. 마치 캄캄한 어둠 속에서 주위에 무엇이 있을까 하고 온갖 상상을 하다가 천지가 밝아지면 그러한 모든 헛된 상상이 사라져 버리는 것과 같습니다. 그러므로 지금 이것(손가락을 세우며)을 가리키는 이러한 설법(說法)은 오직 듣는 순간이 있을 뿐이고, 기억해 놓을 것은 전혀 없습니다. 바로 지금 듣는 이 순간에 이것(손가락을 세우며)이 분명할 뿐입니다. 지금 이것(손가락을 세우며)이 분명하면 과거, 현재, 미래의 차별이 사라집니다. 기억해 놓고 다시 생각해 보고 할 일은 전혀 없어요. 지금 이것(손으로 앞을 가리키며)뿐입니다.

물론 설법은 다만 이것(손가락을 세우며)을 가리키면서도, 동시에 여러 가지 삿된 공부, 잘못된 공부, 병든 공부를 지적하여 그 잘못됨과 병을 치유하기도 합니다. 평소 어떤 견해를 가지고 있거나, 무엇에 집착해 있거나, 공부에 대한 격식을 세우고 있거나, 어떤 기분이나 느낌에 머물러 있거나, 있다거나 없다는 분별에 떨어져 있거나, 어떤 특별한 능력에 집착하고 있거나 하는 등의 잘못과 병이 있다면, 이런 설법을 들음으로써 자신의 잘못과 병이 치유될 수 있습니다. 이것(손을 들어 올리며)에는 어떠한 지식이나 견해나 느낌이나 경험도 전혀 용납되지 않습니다. 이것(손을 펼쳐 보이며)은 이렇게 생생하게 살아 있는 것인데, 만약 어떤 무엇을 가지고 있다면 그것에 가려서 이것(손가락을 세우며)이 드러나지 않습니다.

이 공부는 무엇에 의지하여 잠들어 있는 마음을 일깨우는 것이라고 할 수도 있습니다. 우리는 습관 속에 잠들어 있습니다. 우리는 습관적인 생각 속에 잠들어 있고, 습관적인 행위 속에 잠들어 있고, 습관적인

246

가치관 속에 잠들어 있습니다. 마치 몽유병 환자처럼 꿈 속에서 움직이고 있습니다. 매일 생활하고 있지만 깨어 있지 못합니다. 이것(두 손을 들어 올리며)은 습관이라는 꿈 속에 빠져 있는 우리를 깨우는 일입니다. 습관이라는 꿈 속에서 살아가고 있으나 어느 하나도 뚜렷한 것이 없습니다. 모두가 어둡고 흐릿하지요. 이러한 중생의 잠을 깨우려고 이렇게(손을 내밀며) 가리키는 것입니다. 이것(손가락을 세우며)은 잠을 깨우는 것입니다. 잠자는 사람에게 눈을 뜨라고 이렇게(손가락을 세우며) 쿡쿡 쑤시는 겁니다. 그러니까 여기에 기억할 것은 아무것도 없어요. 다만 여기(손가락을 세우며)에서 잠을 깨기만 하면 됩니다. 사실 '깨달음'은 '잠을 깬다'는 뜻입니다. '각(覺)'이란 깨어난다는 뜻이지요. 각(覺)이란 망상의 잠, 생각의 잠, 습관의 잠에서 깨어나는 거예요.

석가모니는 세상에 태어나자마자 사방으로 일곱 걸음을 걷고는 하늘과 땅을 가리키면서 "하늘 위 하늘 아래에 오직 나 홀로 존귀하다"(天上天下唯我獨尊)고 하였다 합니다. 이에 대하여 운문 스님은 이렇게 말했습니다. "내가 만약 그 자리에 있었다면, 석가모니를 콱 밟아 죽여서 후환을 없앴을 것이다." 또 운문 스님은 길을 가다가 시체를 관에 넣어 네 사람이 메고 가는 것을 보고는 이렇게 말하기도 했습니다. "죽은 놈 넷이서 살아 있는 한 사람을 메고 가는구나." 운문 스님의 이런 말들은 바로 관념과 습관의 꿈 속에 빠져 자기의 삶을 즐기지 못하는 우리를 두고 한 말입니다.

이것(손을 펼치며)이 분명하면 우주 전체가 살아 있습니다. 백설공주처럼 잠에 빠져서 살아 있어도 죽어 있는 것처럼 살지 맙시다. 이것(두 손을 들어 올리며)이 분명하면 깨어 있는 삶입니다. 선지식이 학인을 점검하는 것도 다만 살아 있는지, 아니면 습관의 잠 속에 빠져 있는지를 시험해 보는 것입니다. 질문을 던져 보면, 죽은 사람 입에서 나오는 답이 있고, 살아 있는 사람 입에서 나오는 답이 있습니다. 그것을 점검하여 죽은 사람을 살려 내려는 것입니다. 이른바 선문답이란 그런 것이지요. 습관적인 생각을 벗어나지 못하면 죽어 있는 것이고, 이것(손가락을 세우며)이 분명하면 살아 있는 것입니다. 죽은 사람 입에서는 생각으로 하는 말이 나오고, 살아 있는 사람 입에서는 생각으로 하는 말이 아니라 바로 이것(손을 들어 올리며)에서 벗어남 없이 이것(손가락을 세우며)을 드러내는 답이 나옵니다.

## 58.

虛明自照   텅 비고 밝아 저절로 비추니
不勞心力   애써 마음을 수고롭게 하지 않는다.

  "텅 비고 밝아 저절로 비춘다." 언제나 저절로 밝아요. 일부러 의식적으로 불을 밝힐 필요가 없어요. 의식적으로 "이것이로구나"할 필요가 없습니다. 아무런 생각이 없어도 다른 것이 없습니다. 언제나 다름이 없으니 애써 마음을 수고롭게 할 필요가 없죠. 애써서 집중을 한다거나 관찰을 한다거나 깨어 있다거나 할 필요가 전혀 없어요. 언제나 차별이 없고 다름이 없습니다. 언제나 둘이 없습니다. 언제나 다만 이것(두 손을 들어 올리며)뿐입니다. 일진일체진(一眞一切眞)이라는 말이 있습니다. "하나가 참되면 온 우주가 다 참되다"는 뜻입니다. 언제나 다만 이것(손을 들어 올리며)뿐이어서 저절로 다 밝아요. 일부러 생각을 일으키고 마음을 움직여서 이것이다 저것이다 한다면 전부 분별이고 망상입니다.

중국의 구지 스님 일화도 유명합니다. 구지 스님은 조그만 암자에서 시자를 데리고 공부를 하고 있었어요. 어느 해 여름 해거름녘에 구지 스님은 마당의 평상에 앉아 쉬고 있었습니다. 그때 웬 비구니가 삿갓을 쓰고 와서는 삿갓도 벗지 않은 채 구지가 앉아 있는 평상을 한 바퀴 빙 돌더니 구지 앞에 지팡이를 짚고 서서 말했습니다.

"저는 천룡의 문하에서 온 실제(實際) 비구니입니다. 스님께서 한 마디 하시면 제가 삿갓을 벗고 인사를 올리고 여기 앉을 것이고, 그러지 않으면 그냥 갈 겁니다."

그렇지만 구지는 어떻게도 하지 못하고 멀뚱멀뚱 앉아 있었어요. 그러자 그 비구니는 인사도 안 하고 뒤돌아서 가 버리는 겁니다. 이에 구지가 조그만 목소리로 말했습니다.

"날도 저물었는데 묵었다 가시지요."

그 비구니는 다시 돌아와서 앞서처럼 구지 앞에 떡 버티고 서서 말했습니다.

"한 마디 하시면 여기서 자고 갈 것이고, 아니면 그냥 갈 겁니다."

구지는 또 꿀 먹은 벙어리가 되었어요. 그러자 비구니는 뒤도 돌아보지 않고 가 버렸어요. 이렇게 되자 구지는 그때부터 가슴에 병이 들었어요. 부끄러움, 분노, 갑갑함 등이 속에서 병이 되었겠지요. 밤새도록 잠을 설치고는 며칠이나 방에서 나가지 않고 말도 하지 않고 아예 방 안에 드러누워 버렸어요. 손님이 찾아와도 아프다고 만나지 않았습니다.

마침내 구지가 비구니의 말에 대답을 하지 못해 병이 들었다는 소문이 퍼졌습니다. 그러자 그 소문을 들은 실제 비구니의 스승인 천룡 스님은 구지를 찾아가기로 마음먹었습니다. 그리하여 구지의 암자를 찾아가니 시자가 말했습니다.

"우리 스님은 지금 몸이 아파 누워 계시며 아무도 만나지 않습니다."

이에 천룡이 말했습니다.

"안에 들어가 천룡이라는 중이 찾아왔다고 말씀드려라."

시자가 구지에게 그 사실을 말하자, 구지는 벌떡 일어나 뛰쳐나와 삼배를 올리고 말했습니다.

"어찌하여 이렇게 오셨습니까?"

천룡이 말했습니다.

"실제 비구니가 무슨 짓을 했기에 스님이 지금 이렇게 병들어 누워 있습니까?"

구지는 지금까지의 일을 말하고는 말했습니다.

"제 가슴에 못이 박혀서 죽을 지경입니다."

천룡이 말했습니다.

"그렇다면 나에게 물으시오. 내가 답해 주겠소이다."

그리하여 법당에 들어가 천룡은 법상에 앉고, 구지는 그 앞에서 삼배를 올리고 물었습니다.

"한 마디 해 주십시오."

그러자 천룡은 말없이 다만 이렇게(손가락을 세우며) 하였습니다. 그 순간 구지는 문득 통하여 막혔던 물건이 사라져 버렸습니다. 병이 씻은 듯이 나았어요. 가슴에 박혔던 못이 싹 없어져 버렸죠. 그 뒤에 구지는 누가 찾아와 도를 묻기만 하면 다만 말없이 이렇게(손가락을 세우며) 할 뿐이었습니다. 그리하여 죽을 때에도 이렇게 말했습니다.

"나는 천룡 스님에게서 이것(손가락을 세우며) 하나를 얻어 일평생 사용하였지만 아직도 다 사용하지 못했다."

이처럼 이것(손가락을 세우며)은 단 한 마디 말이나 하나의 가리킴에서 문득 합하여 통하는 것입니다. 공부한다고 자신을 억지로 고통스럽고 힘들게 만들 필요가 없습니다. 산 속에서 홀로 외로이 온갖 고생을 스스로 사서 하면서 하루하루를 힘들게 지내는 것을 공부로 삼지 마십시오. 특히 이런 사람들이 많아서 하는 말입니다만, 공부는 힘들고 고통스럽게 하는 것이 아닙니다. 자신을 극도로 억제하고 통제하면서 하루하루 힘들게 견디는 것을 공부로 삼지 마십시오. 이렇게 하면 힘든 시간을 견뎌 냈다는 보람은 있겠지만, 이렇게 한다고 이것(손가락을 세우며)에 통한다는 보장은 전혀 없습니다.

참으로 이것(손가락을 세우며)과 합하여 하나가 되고자 한다면, 첫째 진실한 믿음이 있어야 하고, 둘째 참으로 이것(손가락을 세우며)에 관심을 가지고 있어야 하고, 셋째 끝까지 가 보겠다는 굳은 뜻이 있어야 합니다. 이 세 가지를 갖추고서 바른 가르침을 주는 스승을 만난다면, 그때에야 비로소 공부의 씨앗이 싹을 틔우는 것입니다. 남악 회양 스님이 말했습니다. "모든 사람은 지혜의 씨앗을 마음 속에 품고 있다. 그씨앗의 싹을 틔우고자 하는 결심을 하고, 스승의 가르침이라는 빗물을 만나, 때가 되면 반드시 깨달음의 싹이 나온다."

무엇보다도 가장 중요한 것은 이(손가락을 세우며) 진리에 대한 믿음과 관심입니다. 고봉 스님이 말했습니다. "그대가 참으로 믿음이 있다면 6일 안에 깨달을 것이다. 참으로 믿음이 있고도 6일 안에 깨닫지 못하면 나를 때려 죽여라." 사실 세속의 일에 관심을 기울이는 것만큼만 관심을 기울인다면 이것(손가락을 세우며)을 깨닫는 것은 어렵지 않습니다. 대부분의 사람들은 세속의 사소한 일에는 목숨을 걸고 덤비면서도 이것(손가락을 세우며)에 대해서는 마치 시간이 나면 한 번 해보는 그런 과외의 일처럼 여기고 있습니다. 그러니 깨닫고자 하여도 깨달음을 얻기가 힘든 것입니다.

세속의 일을 좋아하는 만큼만 이 일을 좋아하고, 세속의 일에 기울이는 관심만큼만 이 일에 관심을 기울여 보십시오. 그러면 이 일에 곧 익숙해져서 오래지 않아 이것(손가락을 세우며)과 통하여 하나가 될 것입니다. 이것(손가락을 세우며)과 하나가 되느냐 마느냐 하는 것은 오직 자신의 뜻에 달려 있습니다. 참으로 관심이 있고 사심 없이 좋아한다면, 이것(손가락을 세우며)을 깨닫는 일은 오래 걸리지 않습니다. 그러나 생각으로 궁리하거나, 손익을 헤아리거나, 더욱 효과적인 길을 찾거나, 이것(손가락을 세우며)을 지식으로 탐구한다면, 100년이 지나도 한 걸음도 나아가지 못할 것입니다. 공부에는 정해진 길이 없습니다. 다만 참으로 이것(손가락을 세우며)을 그리워하고 좋아한다면 언젠가는 이룰 것입니다.

59.
非思量處  생각으로 헤아릴 곳이 아니니
識情難測  의식과 감정으로 측량키 어렵다.

생각으로 헤아릴 것도 아니고, 의식과 감정으로도 헤아릴 수 없다…… "전광석화(電光石火)라도 이미 늦었다"라는 말이 있죠. 번갯불이 번쩍이거나 부싯돌에 불꽃이 튀기는 틈만 있어도 이미 늦었다…… 이미 생각이 개입되었다는 겁니다. 이것(손가락을 세우며)에 조금의 틈이라도 생기면 바로 생각에 말려들어 갑니다. 불이법(不二法)이라는 말이 이것을 가리킵니다. 전혀 틈이 없습니다. 순간순간의 생각이 모두 이것(손가락을 세우며)입니다. 이것(손가락을 세우며)과 생각이 따로 있지 않습니다. 그러므로 생각은 생각이 아니고, 이것(손가락을 세우며)은 이것(손가락을 세우며)이 아닙니다.

"도가 뭡니까?" 틈이 없습니다. "뜰 앞의 잣나무다." 틈이 없습니다. 틈이 없으니 한 순간 한 순간이 전체입니다. 하나하나가 곧 전체입니다. "뜰 – 앞 – 의 – 잣 – 나 – 무", 망상과 실상으로 구분되는 틈이 없습니다. "뜰 – 앞 – 의 – 잣 – 나 – 무", 주관과 객관으로 구분되는 틈이 없습니다. "뜰 – 앞 – 의 – 잣 – 나 – 무", 안과 밖으로 구분되는 틈이 없습니다. "뜰 – 앞 – 의 – 잣 – 나 – 무", 실재와 생각으로 구분되는 틈이 없습니다. "법이 뭐냐?" 틈이 없어요. "마삼근." 틈이 없어요. "도가 뭐냐?" 틈이 없어요. "뜰 앞의 잣나무." 틈이 없어요. 언제나 이렇게 (두 손을 들어 올리며) 틈이 없습니다.

틈 없이 하나라면, 생각을 해도 생각이 없고, 말을 해도 말이 없고, 보아도 보이는 것이 없고, 들어도 들리는 것이 없습니다. 틈 없이 하나이니 생각이 곧 이것(두 손을 들어 올리며)이고, 말이 곧 이것(두 손을 들어 올리며)이고, 보는 것이 곧 이것(두 손을 들어 올리며)이고, 듣는 것이 곧 이것(두 손을 들어 올리며)입니다. 이것을 선(禪)에서는 활구(活句)라고 합니다. 살아 있는 말이라는 뜻입니다. 이(두 손을 들어 올리며) 틈 없는 하나를 잃어버리면, 한 마디 한 구절의 말이 모두 차별되어 틈이 생깁니다. 이것을 일러 사구(死句)라 합니다. 죽은 말이라는 뜻이지요. 사구에서는 온갖 차별되는 말이 있을 뿐, 차별 없는 이(두 손을 들어 올리며) 하나는 없습니다.

보고, 듣고, 생각하고, 느끼는 일이 모두 마찬가지입니다. 이(두 손을 들어 올리며) 하나가 늘 끊어짐 없이 분명하면 살아 있는 것이고, 이(두 손을 들어 올리며) 하나가 없이 차별되는 것들만 있다면 죽은 것입니다. 그러므로 온갖 차별되는 것들이 곧 이(두 손을 들어 올리며) 하나이고, 이(두 손을 들어 올리며) 하나가 곧 온갖 차별되는 것들입니다. 이(두 손을 들어 올리며) 하나가 분명하면 아무리 많이 차별을 해도 늘 차별이 없습니다. 늘 차별 없는 곳에서 헤아릴 수 없이 차별하는 것이기도 합니다.

차별하고 분별하는 곳에만 머물러 있고, 이(두 손을 들어 올리며) 하나가 밝지 못한 것이 곧 어리석음이요, 중생입니다. 이(두 손을 들어 올리며) 하나가 분명하게 밝혀지는 것이 곧 불교 공부입니다. 이(두 손을 들어 올리며) 하나가 분명해지면, 평소 매 순간순간 대하고 경험하는 모든 일이 헤아릴 수 없이 많이 있지만, 이 모든 순간은 언제나 변함없이 이(두 손을 들어 올리며) 하나일 뿐입니다. 이것이 곧 불법이요, 불교입니다. 이(두 손을 들어 올리며) 하나가 분명하면 모든 경우 대하고 경험하는 일들이 진실하지 않은 것이 없습니다. 이(두 손을 들어 올리며) 하나가 분명하지 못하면 모든 경우 대하고 경험하는 일들이 단 하나도 진실한 것이 없고 믿을 것이 없고 참된 것이 없습니다.

그러니까 생각으로 헤아리는 데 머물면 진실에 어둡습니다. 감정에 머물거나 느낌에 머물러 좋고 나쁨을 헤아려도 진실에 어둡습니다. 다만 이(두 손을 들어 올리며) 하나가 분명해져야 할 뿐입니다. 이(두 손을 들어 올리며) 하나는 생각으로 헤아려서 분명해질 수 없습니다. 이(두 손을 들어 올리며) 하나는 감정이나 느낌에 머물러 분명해질 수 없습니다. 이(두 손을 들어 올리며) 하나는 애써 노력하여 분명하게 밝아질 수 없습니다. 언제나 이(두 손을 들어 올리며) 하나에 관심을 가지고 바른 가르침에 귀를 기울이다 보면 언젠가 자기도 모르게 저절로 이(두 손을 들어 올리며) 하나가 분명하게 밝아집니다.

60.
眞如法界  진실하고 변함없는 법계에는
無他無自  남도 없고 나도 없다.

"진실하고 변함없는 법계에는 남도 없고 나도 없다." 나와 남이라는 그런 차별이 없다는 말입니다. 진실하고 변함없는 법계란 이(손을 흔들며) 하나입니다. 이(손을 흔들며) 하나를 진여(眞如)라고 이름 붙였습니다. 세계가 원래 이(손을 들어 올리며) 하나입니다. '나'를 구분하고 '남'을 구분해도 다만 이(두 손을 들어 올리며) 하나입니다. '나'도 이(두 손을 들어 올리며) 하나이고, '남'도 이(두 손을 들어 올리며) 하나입니다. 시계도 이(두 손을 들어 올리며) 하나이고, 마이크도 이(두 손을 들어 올리며) 하나이고, 탁자도 이(두 손을 들어 올리며) 하나이고, 매미 소리도 이(두 손을 들어 올리며) 하나이고, 바람 소리도 이(두 손을 들어 올리며) 하나이고, 흘러가는 흰 구름도 이(두 손을 들어 올리며) 하나이고, 이(두 손을 들어 올리며) 하나도 이(두 손을 들어 올리며) 하나입니다.

이것을 일러 진실하고 변함없는 법계 즉 진여법계라 합니다. 우리는 누구든지 이 진여법계에 살고 있습니다. 이 진여법계에 살고 있으면서도 이 진여법계를 알지 못하고 허망한 꿈 속에 살고 있는 사람을 일러 중생이라고 합니다. 부처란 중생이 이 진여법계를 확인할 때에 부르는 이름입니다. 이(두 손을 들어 올리며) 하나에 통하여 둘이 없으면 부처라고 하는 것입니다. 그러므로 중생과 부처가 한 사람이고 세계도 진여법계 하나뿐입니다만, 이(두 손을 들어 올리며) 하나에 통하는 확인 절차가 필요합니다. 이러한 확인을 깨달음이라 합니다. 확인한 뒤에는 중생과 부처가 따로 없고, 확인한다는 일 역시 따로 없습니다. 중생이라고 하든 부처라고 하든 깨달음이라고 하든, 다만 이(두 손을 들어 올리며) 하나일 뿐입니다.

"도가 뭡니까?" "시계입니다."
이(두 손을 들어 올리며) 하나를 확인합니다.

"마음이 뭡니까?" "찻잔입니다."
이(두 손을 들어 올리며) 하나를 확인합니다.

"부처가 뭡니까?" "마이크입니다."
이(두 손을 들어 올리며) 하나를 확인합니다.

이(두 손을 들어 올리며) 하나에 통하려면 우선 생각으로 아는 것에 의지하지 말아야 합니다. 지금까지 보고 듣고 이해한 것들에는 어디에도 의지하지 말아야 합니다. 손발이 꽉 묶인 사람처럼 어떻게도 할 수가 없어야 합니다. 함정에 빠진 짐승처럼 으르렁거리기만 할 뿐 빠져나올 길이 없어야 합니다. 출구가 없는 감옥에 갇힌 사람처럼 절망적이어야 합니다. 손도 쓸 수 없고, 발도 쓸 수 없고, 머리도 쓸 수 없어서 절망에 빠지면, 바로 그곳이 이(두 손을 들어 올리며) 하나에 통할 곳입니다. 만약 조금이라도 머리를 써서 아는 것이 있거나, 손과 발을 움직여 무언가를 할 여지가 있으면 절대로 이(두 손을 들어 올리며) 하나에 통하지 못합니다.

사지가 멀쩡하면서도 우리에 갇혀 꼼짝달싹할 수 없는 맹수처럼 막다른 골목에 떨어지면, 어느 순간 문득 상황이 바뀌면서 사방의 벽이 사라집니다. 사방의 벽이 사라지면, 온 우주의 모든 벽과 장애물이 사라지고 마음에 막힘이 없어집니다. 그리하면 이(두 손을 들어 올리며) 하나뿐이라는 말도 저절로 확인됩니다. 이(두 손을 들어 올리며) 하나가 확인되지 않으면, 경전을 천 번 읽고 만 번 읽어서 교리를 모르는 것이 없다고 하더라도 모두 망상이요, 꿈 속의 일입니다. 전부 밖의 일들일 뿐, 자기 살림살이하고는 아무 관계가 없어요. 이(두 손을 들어 올리며) 하나가 분명하면 경전 한 번 읽지 않아도 모든 곳에서 언제나 부처님의 말씀을 듣습니다.

여기 "만법이 진실하고 변함없는 법계에는 남도 없고 나도 없다"고 합니다. 나와 남을 구별하지 않는 것이 아니라, 나와 남을 구별하면서도 나와 남이 따로 없어요. 나와 남을 구별하고, 시계와 마이크를 구별하고, 하늘과 땅을 구별하고, 부처와 중생을 구별하지만, 나와 남이 따로 없고, 시계와 마이크가 따로 없고, 하늘과 땅이 따로 없고, 부처와 중생이 따로 없습니다. 구별을 하지 않아서 구별이 없는 것이 아니라, 자유롭게 구별하면서도 구별이 없는 것입니다. 그러므로 자유롭게 구별하면서도 구별에 막히지 않습니다. 자유롭게 구별하면서도 언제나 이(두 손을 들어 올리며) 하나뿐입니다. 만약 구별을 하지 않아서 구별이 없다면, 그것이야말로 구별입니다. 진실은 그런 것이 아닙니다. 구별을 마음대로 하면서도 구별이 없고, 분별을 마음대로 하면서도 분별이 없는 것입니다.

텔레비전에 비유하자면, 텔레비전 화면 속에 온갖 장면이 나타나지만, 그 모든 장면은 다만 차별 없이 흐르는 하나의 전기일 뿐이지요. 호수에 일어나는 물결을 보면 온갖 모양의 물결이 끊임없이 밀려오지만, 그 모든 물결은 단지 호수의 물일 뿐입니다. 영화관에서 영화를 보는데 스크린에 나타나는 온갖 장면들은 사실 영사기에서 나오는 한 줄기 빛일 뿐입니다. 밝은 한낮에 눈앞에 나타나는 온갖 색깔과 모습의 삼라만상은 사실 태양이 내뿜는 색깔 없고 모양 없는 빛일 뿐입니다. 이와 같아요. 우리 앞에 나타나는 온갖 차별되는 경험들은 다만 이(두 손을 들어 올리며) 하나일 뿐입니다. 온갖 차별이 차별 없는 이(두 손을 들어 올리며) 하나일 뿐입니다. 이(손가락을 세우며) 하나가 분명해야 합니다.

천룡 스님이 손가락 한 번 세우는 것을 본 구지 스님에게 문득 온갖 차별이 싹 사라져 버린 것처럼, 이(손가락을 세우며) 하나가 분명해져야 합니다. 차별이 저절로 사라지면 아무리 분별하여도 다만 이(손가락을 세우며) 하나뿐입니다. 온 세계의 삼라만상이 모두 이(손을 흔들며) 하나입니다. 구지 스님은 죽을 때까지 법을 말할 기회가 있기만 하면 다만 이(손가락을 세우며) 하나를 보였을 뿐입니다. 법을 깨닫고 법에 통하는 모든 사람이 마찬가지입니다. 아무리 이런저런 말을 많이 하는 것 같아도, 사실은 다만 이(손가락을 세우며) 하나를 가리키고 있을 뿐입니다. 왜냐고요? 이(손가락을 세우며) 하나일 뿐이기 때문이죠. 조그만 모래알을 보아도 이(손가락을 세우며) 하나요, 커다란 바위덩이를 보아도 이(손가락을 세우며) 하나요, 드넓은 하늘을 보아도 이(손가락을 세우며) 하나요, 눈에 보이지 않는 소립자를 연구해도 다만 이(손가락을 세우며) 하나일 뿐입니다. 수많은 차별이 모두 차별 없이 이(손가락을 세우며) 하나입니다.

# 열두 번째 법문

61.

要急相應　재빨리 상응하고자 한다면
唯言不二　오직 둘 아님만을 말하라.


62.

不二皆同　둘 아니니 모두가 같아서
無不包容　품지 않는 것이 없다.


63.

十方智者　온 세상의 지혜로운 이들은
皆入此宗　모두 이 근본으로 들어온다.

64.

宗非促延　근본은 빠르지도 늦지도 않아

一念萬年　한 순간이 곧 만 년이다.

61.

要急相應　재빨리 상응하고자 한다면
唯言不二　오직 둘 아님만을 말하라.


　　상응(相應)이라는 말은 계합한다고도 하는데, 정확히 딱 들어맞는다
혹은 막힘 없이 통한다는 뜻입니다. (두 손을 마주 치며) 딱! 이렇게 계
합하고자 한다면, "오직 둘이 아니다"라고만 말하라. 불교에서 불이법
문(不二法門)을 강조하는 대표적인 경전은 《유마경》입니다. 《유마경》
은 초기 대승불교의 경전이예요. 《유마경》에서 불이법(不二法)을 가르
침으로써 소승불교와는 차별되는 대승불교를 주장합니다. 대승불교
에서는 소승불교의 문제점을 말할 때엔 언제나 이법(二法)에서 벗어나
지 못했음을 말합니다. 대승불교는 불이법이지만, 소승불교는 이법이
라는 것입니다.
　　이법(二法)이란 곧 분별한다는 말이고, 분별하여 취하고 버리는 의
도적 행위를 한다는 말입니다. 부처와 중생을 분별하여 중생을 버리

고 부처를 취하고, 깨달음과 어리석음을 분별하여 깨달음을 취하고 어리석음을 버리고, 실상과 망상을 분별하여 실상을 취하고 망상을 버리고, 분별 없음과 분별 있음을 분별하여 분별 없음을 취하고 분별 있음을 버리는 것입니다. 한 마디로 말하여, 분별하여 취하고 버림으로써 분별도 없고 취하고 버림도 없는 곳을 지향한다고 할 수 있습니다. 이것은 마치 손으로 물을 만져서 물결이 잠자기를 바라는 것처럼 모순적이고, 꿈 속에서 꿈과 깨어 있음을 분별하여 꿈을 버리고 깨어 있음을 취하는 일처럼 헛된 일입니다. 흔히 마음을 가지고 마음을 찾는다거나, 마음을 가지고 마음을 버린다는 말이 이런 모순을 표현한 것입니다. 분별하여 취하고 버리는 것이 이미 분별 속에 있는데, 어떻게 다시 분별도 없고 취하고 버림도 없는 일이 있겠습니까?

대승불교에서는 소승불교의 이런 모순을 분명히 지적하면서, 분별 있음과 분별 없음, 혹은 취함과 버림의 틀 속에 들어 있지 않은 것이 우리 자신의 본래 모습임을 가리킵니다. 분별 있음에서 분별 없음으로 가는 것이 아니라, 분별 있음과 분별 없음을 차별하지 않는 것입니다. 분별 있음에도 머물지 않고, 분별 없음에도 머물지 않는 것입니다. 분별을 취하지도 않고, 분별을 버리지도 않는 것이지요. 곧장 둘이 없음을 가리키는 것이죠. 부처와 중생은 다르지 않으니 취하고 버릴 일이 없고, 깨달음과 어리석음이 다르지 않으니 취하고 버릴 일이 없고, 실상과 망상은 둘이 아니니 취하고 버릴 일이 없습니다. 달리 말하면, 부처의 자성(自性; 고유하고 독립적인 성질)도 없고, 중생의 자성도 없고, 깨달음의 자성도 없고, 어리석음의 자성도 없고, 실상의 자성도 없고, 망상의 자성도 없음을 가르칩니다. "만법(萬法)에 자성(自性)이 없다"는 말은 불교에서 가장 흔히 하는 말입니다.

중생이라고 불리는 우리의 문제는 둘로 나누어 보는 분별의 눈을 통하여 세계의 모든 것을 보고 이해하고 알고 그렇다고 여기는 것입니다. 이처럼 나누고 차별하는 곳에 머물러 있기 때문에 우리 스스로 진실에 어두운 것입니다. 마치 한 그루 나무를 보는데 뿌리, 줄기, 가지, 잎, 꽃, 열매를 따로따로 보면서 그 모든 것이 단지 한 그루 나무일 뿐임을 알지 못하는 것과 같다고나 할까요. 뿌리, 줄기, 가지, 잎, 꽃, 열매는 제각각 분별되면서도 한 그루 나무요, 한 그루 나무이면서도 또 뿌리, 줄기, 가지, 잎, 꽃, 열매로 제각각 분별됩니다. 뿌리, 줄기, 가지, 잎, 꽃, 열매를 버리고 한 그루 나무만 있을 수도 없고, 한 그루 나무 없이 뿌리, 줄기, 가지, 잎, 꽃, 열매만 있을 수도 없습니다. 뿌리를 보는 것은 곧 한 그루 나무를 보는 것이요, 줄기를 보는 것은 곧 한 그루 나무를 보는 것이요, 가지를 보는 것은 곧 한 그루 나무를 보는 것이요, 잎을 보는 것은 곧 한 그루 나무를 보는 것이요, 꽃을 보는 것은 곧 한 그루 나무를 보는 것이요, 열매를 보는 것은 곧 한 그루 나무를 보는 것입니다. 마치 손톱 밑에 가시 하나가 박혀도 온 몸이 아픈 것과 같다고나 할까요.

이런 이야기를 들으면 세계는 수많은 부속품으로 조립된 하나의 거대한 기계와 같으니, 부속품들을 제각각 보지 말고 전체를 유기적 체계로 보는 통합적 사고를 해야 한다고 주장하는 것처럼 들릴지도 모릅니다만, 결코 그런 주장을 하는 것이 아닙니다. 우리가 세계를 통합적으로 이해하든 차별적으로 이해하든 관계없이, 세계를 이해한다는 이 사실이 곧 진실을 왜곡하는 근본 원인입니다. 차별적이라 하든 통합적이라 하든 분별하고 헤아려서 이해하는 이것이 곧 문제의 근본입니다. 그래서 불교에서는 중생의 마음을 분별하는 마음이라고 합니다. 대승불교는 우리가 세계를 이해하는 가장 근본인 분별하고 헤아리는 것을, 분별하고 헤아리는 바로 그곳에서 곧장 가로막아 부수어 버립니다. 이것을 일러 불이(不二)라 하고 중도(中道)라 합니다.

분별하는 바로 그곳에서 분별을 가로막아 버리면, 우리는 잘 닦인 길을 가려다가 갑자기 앞에 끝 모를 벽이 가로막힌 것처럼 어찌할 바를 모르게 됩니다. 대승불교에서 중생의 꿈을 일깨우는 방식은 바로 이처럼 분별의 꿈이 더 이상 진행하지 못하게 가로막아 버리는 것입니다. 이것은 악몽을 꾸다가 꿈을 깨는 방식과도 유사합니다. 저기 멀리 호랑이가 다가옵니다. 호랑이에게서 도망할 여유가 있는 동안에는 우리는 꿈을 깨지 않습니다. 꿈 속에서 호랑이를 피하여 이리저리 도망가지요. 그런데 갑자기 호랑이가 눈앞을 가로막고 뒤는 절벽이라 도망갈 곳도 없으면, 이때에는 호랑이를 피하여 도망가는 것이 아니라 바로 그런 꿈에서 깨어나는 것입니다.

우리의 마음도 마찬가지입니다. 분별 속에서 헤아려 취하고 버릴 수 있는 동안은 분별에서 벗어나지 못합니다. 어떻게도 분별할 수가 없을 때에 문득 분별에서 벗어나는 것입니다. 대승불교나 선(禪)에서 도무지 분별할 수 없는 불가사의한 것을 곧장 가리키는 것이 바로 이런 까닭입니다. 색(色)이 곧 공(空)이고 공이 곧 색이라 하거나, 부처가 곧 중생이고 중생이 곧 부처라 하거나, 망상이 곧 실상이고 실상이 곧 망상이라 하거나, 하나가 곧 전체요 전체가 곧 하나라고 하는 경전의 말씀이 바로 분별 앞에 벽을 세워 가로막는 것입니다.

"도가 무엇인가?"
"뜰 앞의 잣나무."

"선이 무엇인가?"
"벽돌."

"마음이 무엇인가?"
"나무토막."

이러한 선사들의 말씀도 곧장 분별 앞에 벽을 세워 가로막는 것입니다. 제가 여기서 시계도 이(손가락을 세우며) 하나요, 찻잔도 이(손가락을 세우며) 하나요, 마이크도 이(손가락을 세우며) 하나라고 말하는 것도 역시 분별 앞에 끝 모를 벽을 세워 가로막는 것입니다. 《육조단경》에 보면 육조 스님이 교법(敎法)을 가르치는 요령을 말하는 부분이 있습니다. 육조 스님은 "듣는 사람의 생각이 갈 곳을 잃게 만들면, 곧 중도로 이끄는 것이다"라고 하시는데, 바로 이 말씀도 분별 앞에 끝 모를 벽을 세워 가로막는 것을 가리킵니다.

소승불교는 차별 있는 곳에서 차별 없는 곳으로 향하여 나아가는 것입니다. 즉, 소승불교는 수행을 통하여 깨달음을 얻는다고 주장합니다. 그러나 대승불교는 처음부터 차별 없음을 바로 가리킵니다. 즉, 수행과 깨달음이라는 단계를 주장하지 않습니다. 소승과 대승은 같은 불교이지만, 불교를 보는 안목이 이처럼 다릅니다. 분별하는 마음으로 보면 소승의 주장이 더 그럴듯해 보이지만, 법을 보는 안목을 가지고 보면 대승의 주장이 더 나은 것입니다. 소승이든 대승이든 방편입니다. 방편이란 수단이지요. 수단이란 목적을 달성하는 효과에 그 가치가 있습니다. 더욱 효과적인 수단이 더 나은 것이지요.

진실은 둘이 없는 하나인데, 둘이 있다고 착각하는 것이 중생의 마음입니다. 둘로 분별하는 것은 착각이므로 망상(妄想)이라 합니다. 착각은 헛된 오해일 뿐이고 망상은 허망한 생각이니, 인정할 대상도 없고 부정할 대상도 없습니다. 다만 착각이 아닌 진실을 가리키면 그만이지요. 소승은 착각인 분별을 일단 인정한 뒤 그 착각인 분별을 부정하고 진실을 찾고자 하는 것이라면, 대승은 착각인 분별을 인정도 부정도 하지 않고 곧장 둘 없는 진실을 가리킬 뿐입니다. 결국 소승에는 망상과 실상이 있고, 어리석음과 깨달음이 차별됩니다. 소승은 둘로 나누어진 틀을 벗어나지 못하는 것입니다. 그러나 대승은 처음부터 차별 없는 하나를 가리킬 뿐입니다. 소승이 실상과 깨달음에 머물기를 바란다면, 대승은 어디에도 머물지 않습니다. 실상과 깨달음에 머문다는 것은 곧 망상과 어리석음을 버리고 실상과 깨달음을 취하는 것이니, 둘로 나누어 한쪽에 치우치는 것입니다. 그러므로 여전히 이분법(二分法) 속에서 벗어나지 못합니다. 대승은 취하고 버림이 없고 어디에도 머물지 않으니 바로 중도(中道)입니다.

《육조단경》에서 육조 스님은 이러한 대승의 가르침을 명확히 천명하고 있습니다. 육조 스님이 오조(五祖) 스님에게 인가를 받은 뒤 15년 동안 사냥꾼 속에 섞여 숨어 살다가, 인종 스님이란 분 아래에서 비로소 머리를 깎고 스님이 되었습니다. 그때 인종 스님이 물었습니다.

"오조 스님의 가르침은 무엇입니까?"

육조 스님이 답했습니다.

"오직 견성(見性)을 말할 뿐이고, 선정(禪定)과 해탈(解脫)은 말하지 않습니다."

선정을 열심히 닦아서 해탈하기를 바라는 것이 곧 불교라고 알고 있던 인종 스님은 이해가 되지 않아서 다시 묻습니다.

"어찌하여 그렇습니까?"

이에 육조 스님이 분명히 말합니다.

"선정을 닦아서 해탈한다는 것은 이법(二法)입니다. 불법은 원래 이법이 아니라 불이법(不二法)입니다."

직지인심(直指人心)이요, 견성성불(見性成佛)이라고 하잖아요? (손을 들어 올리며) 마음을 곧장 가리키고, 타고난 마음을 보아 깨달음을 이룬다는 말입니다. 곧장 둘 아닌 이 마음(손을 들어 올리며)을 가리킵니다. 둘로 나누어 취하고 버리거나, 원인을 제공하고 결과를 얻는 것이 아닙니다.

《반야심경》에서 말하는 색즉시공(色卽是空)도 마찬가지입니다. "색이 곧 공이요 공이 곧 색이며, 색은 공과 다르지 않고 공은 색과 다르지 않다"는 말은, 색과 공을 둘로 나누어 따로따로 인정하고 다시 그 색과 공이 둘이 아닌 하나라고 주장하는 것이 아닙니다. 현상은 색과 공이 다르지만 본질은 다르지 않다는 말도 아닙니다. 이름이 색이고 이름이 공일 뿐, 사실은 공이라 하든 색이라 하든 이(손을 들어 올리며) 하나라는 말입니다. 흔히 개념에 머물러 있는 학자들은 색과 공을 그 뜻에 따라 따로따로 세우고서 다시 색과 공이 둘이 아님을 설명하기 위하여 온갖 이론을 끌어다 붙입니다만, 이것은 매우 어리석은 짓입

니다. 둘 아닌 곳에서 색과 공이라는 둘을 세우고, 다시 그 둘이 둘 아
님을 증명하기 위하여 세 번째 이론을 세우는 것이니, 동쪽으로 가려
고 하면서 끊임없이 서쪽으로만 달려가는 것과 같습니다. 색즉시공은
다만 세계의 진실을 있는 그대로 곧장 말한 것일 뿐, 어떤 이론적 근거
가 필요한 말이 아닙니다. 곧장 둘 없는 진실을 말한 것일 뿐, 제3의
이론을 필요로 하는 말이 아닙니다.

애초부터 색과 공이 둘이 아니라는 게 진실이라면 처음부터 진실을
말해야 합니다. 어떤 선사가 이렇게 말했습니다. "어둠은 빛이 부족한
것이니 빛을 밝히면 될 뿐, 어둠을 따로 없앨 필요는 없다." 둘은 본래
헛된 망상이니 둘이 없음을 밝히면 될 뿐, 다시 둘을 없앨 필요는 없는
것입니다.

좋은 설법과 나쁜 설법의 구분도 여기에 있습니다. 처음부터 둘 아
님을 바로 가리키는 게 좋은 설법이고, 이런 설법에는 사람을 구제할
수 있는 힘이 있습니다. 그러나 둘로 나누어 놓고서 둘을 버리고 하나
가 되라고 가르치는 설법은 사람을 고생만 시키고 구제하는 힘이 부
족합니다. 예컨대 《유마경》에서 계율을 범한 죄를 저지른 비구를 구제
하는 데, 소승의 우파리는 죄를 참회하여 없애라는 식의 취하고 버리
는 이분법의 가르침을 펴다가 유마에게 꾸중을 듣습니다. 유마는 죄
를 진 비구들에게 죄가 안, 밖, 중간 어디에 있느냐고 추궁함으로써 즉
각 죄의 존재를 소멸시킵니다. 이것이 참된 구원입니다. 또 달마는 아
픈 마음을 낫게 해 달라고 간청하는 혜가에게 그 아픈 마음이 어디에
있느냐고 추궁함으로써 아픈 마음을 당장 없애 주었습니다. 분별과
관념에의 집착을 곧장 소멸시키는 이런 가르침들이 바로 사람을 구원

하는 힘을 가진 가르침입니다.

간화선을 제창한 대혜 종고 스님은 언제나 말하기를 "깨달음을 기다리는 사람에게는 결코 깨달음이 찾아오지 않는다"고 했습니다. 무슨 말인지 알겠습니까? 옛날에 들은 이야기가 있습니다. 옛날에 갓을 쓴 할아버지가 밤중에 길을 가는데 문득 쳐다보니 저 앞에 하얀 소복을 입은 여자가 걸어가는 것처럼 보이는 거예요. "아이구, 저게 도깨비냐, 여우냐, 귀신이냐? 한 번 확인을 해 보자"라고 생각하고는 걸음을 재촉하였습니다. 그런데 아무리 열심히 걸어도 늘 똑같이 저 앞에 아스라이 보일 뿐, 따라잡지를 못하는 거예요. 그러다 드디어 집의 불빛 속으로 들어오니 그 여자는 사라졌습니다. 그런데 자기 방에 들어와 갓을 벗어 걸려고 하면서 보니 갓 앞에 하얀 실이 하나 매달려 있는 거예요. 우리가 가진 분별이라는 망상이 바로 그런 식입니다. 깨달음이니, 본래면목이니, 마음이니, 본성이니, 진여니 하는 망상을 저 앞에 만들어 놓고 뒤쫓아 간다면, 영원히 뒤쫓아 갈 뿐 결코 붙잡을 수 없는 것입니다.

"깨달음이 무엇입니까?"
"이것(손을 들어 올리며)입니다."

이렇게(손을 들어 올리며) 바로 가리켜 드립니다. 기다릴 깨달음이 따로 없습니다. 둘로 나누어 버리고 취하려 하면 어긋납니다. 마음을 바로 가리키는 것이 이것(손가락을 세우며)이고, 본성을 보아 깨닫는 것이 이것(손가락을 세우며)입니다. 바로 이것(두 손을 내밀며)입니다. 곧장 가리켜 드리잖아요. 바로 이것(두 손을 내밀며)입니다. 기다릴 것이 없어요. 바로 이것(손을 들어 올리며)입니다. 생각할 필요가 없어요. 생각하면 어긋납니다. 곧장 이것(손가락을 세우며)이니, 생각하면 어긋납니다. 우리는 누구든 똑같이 여기(손가락을 세우며)에 있고, 우리 모두는 바로 이것(손가락을 세우며)입니다. 바로 이것(손을 들어 올리며)이니, 생각할 필요가 없어요. 바로 이것(손을 들어 올리며)이니, 손쓸 것이 없어요. 바로 이것(손을 들어 올리며)이니, 붙잡거나 놓을 것이 없어요. 바로 이것(손을 들어 올리며)이니, 긍정할 것도 부정할 것도 없어요. (손을 들어 올리며) 이것!

"어떻게 공부를 해야 합니까?" 혹은 "저의 공부는 이러이러한 상태인데 어떻게 해야 합니까?"라는 질문을 많이 받습니다. 이 공부는 어떻게 해야 하는 방식이나 요령이 없습니다. 공부의 방식이나 요령이 있다면, 그것은 전부 분별의 일이지 이(손가락을 세우며) 공부는 아닙니다. 자기 공부의 상태가 어떻다고 생각하는 것 역시 모두 분별하여 만들어 낸 허망한 생각일 뿐입니다. 이 공부는 어떤 모습을 갖춘 것이 아니라, 다만 이렇게(손가락을 세우며) 분명한 것일 뿐입니다. 이것(손가락을 세우며)이 분명하면 모든 것이 분명하여 어둠이 없고, 이것(손가락을 세우며)이 아직 분명하지 않다면 늘 이것(손가락을 세우며)에 관심을 두고 가르침에 귀를 기울이십시오.

이 공부는 어렵거나 힘든 것이 아닙니다. 다만 생각을 내고 분별하여 깨달음을 붙잡으려 하니 매우 힘들고 어렵게 느껴지는 것입니다. 《서장》에서 대혜 스님이 "화두를 붙들고 있을 뿐, 깨달음을 기다리지 말라. 깨달음을 기다리는 사람에게는 결코 깨달음이 오지 않는다"고

한 말은 매우 좋은 가르침입니다. 화두가 무엇입니까? 이것(손가락을 세우며)입니다. 깨달음이 무엇입니까? 이것(손가락을 세우며)입니다. 깨달음을 붙잡고 깨달음을 기다리지 마십시오! 마음을 가지고 마음을 찾지 마십시오. 이것(손가락을 세우며)은 잃어버리거나 찾을 수 있는 물건이 아닙니다. 처음부터 끝까지 이것(손가락을 세우며)뿐입니다. 그러니 "재빨리 상응하고자 한다면, 오직 둘 아님만을 말하라"고 한 것입니다.

## 62.

不二皆同   둘 아니니 모두가 같아서
無不包容   품지 않는 것이 없다.

둘이 아니므로 언제나 전체입니다. 크고 작은 차별이 없고 언제나 전체입니다. 어떤 경우에도 부분이 없이 전체입니다. 티끌 하나를 집어 들어도 그대로 우주 전체입니다. 부분 없이 항상 전체입니다. 크기가 없어요. 티끌도 그대로 전체고, 하늘도 그대로 전체입니다. 티끌과 하늘에 아무런 차이가 없어요. 작은 티끌 하나를 들어도 우주 전체고, 큰 바윗덩어리를 들어도 우주 전체입니다. 《화엄경》에서 "작은 티끌 하나 속에 온 우주가 전부 포함되어 있다"라고 하는 말이 바로 이것입니다. 작은 티끌 하나를 들어도 전체고, 큰 하늘을 보아도 전체입니다. 볼펜 하나(볼펜을 들어 올리며)도 그대로 우주 전체입니다.

그러나 분별하면, 티끌은 볼펜 속에 들어가고 볼펜은 하늘 속에 들어가니, 티끌보다 볼펜이 더 크고 볼펜보다 하늘이 더 큽니다. 분별하면 이처럼 차별이 생깁니다. 분별하면 모든 사물은 우주의 한 개 부분이 되고, 사물 하나하나도 서로 비교가 되고 구분이 되어 모든 삼라만상은 제각각 달라집니다. 그게 분별이죠. 그런 식으로 분별하는 것이 바로 우리의 생각입니다.

"둘 아니니 모두가 같아서, 품지 않는 것이 없다."

이것(손가락을 세우며)은 언제나 전체이어서 부분이 없습니다. 티끌 하나를 가리키든, 말 한 마디를 하든, 눈길 한 번 돌리든, 눈을 한 번 깜빡이든, 바람이 휘몰아치고 태풍이 휘몰아치고 하늘이 뒤집히더라도, 언제나 그대로 부분 없는 전체입니다. 삼라만상 모두가 그대로 이것(손가락을 세우며)입니다. 항상 부분 없는 전체입니다. 이것을 일러 진여(眞如)라 하고, 여여(如如)라 하고, 평등법(平等法)이라 하고, 불이법(不二法)이라 합니다. 언제나 전체요, 몽땅이어서 차별이 없습니다.

공부란 이(손가락을 세우며) 하나를 확인하는 것이고, 모든 차별이 사라지는 체험이라고 할 수도 있습니다. 이(손가락을 세우며) 하나에는 어떤 이치도 없습니다. 다만 스스로 막힘 없이 통하여 언제나 전체이고 하나일 뿐입니다. 이치로 이해하는 것이 아니므로 이 공부를 체험이라 합니다만, 체험해야 한다고 말하면 체험하는 주체가 있고 체험되는 객체가 있는 것처럼 오해될 수 있으므로 사실은 체험해야 한다는 말도 좋은 말은 아닙니다. 이치로 이해하는 잘못을 범할까 봐 어쩔 수 없이 체험이라는 말을 하는 것일 뿐입니다.

다만 이렇게 하는 것이 오해의 여지가 적습니다.

"법이 뭡니까?"

274

"마이크!"

"도가 뭡니까?"
"시계!"

"선이 뭡니까?"
"뜰 앞의 잣나무!"

"마음이 뭡니까?"
(손을 들어 올리며) "이것!"

《화엄경》에서 말하는 이사무애(理事無碍), 사사무애(事事無碍), 일즉
일체(一卽一切), 일체즉일(一切卽一), 일념즉만년(一念卽萬年), 만년즉일
념(萬年卽一念) 등의 말들이 모두 "둘 아니니 모두가 같아서, 품지 않
는 것이 없다"에 해당합니다. 이(손가락을 세우며) 하나가 분명하면 이
런 말들은 너무나 당연한 말입니다. 어렵고 현묘한 이치가 들어 있는
말이 아니라 그저 생각할 필요도 없는 당연한 사실을 말하는 것입니
다. 티끌 하나를 들어도 이것뿐이고, 온 우주를 들어도 이것뿐입니다.
비유하면, 컵 속의 물도 물이고, 세숫대야 속의 물도 물이고, 드럼통
속의 물도 언제나 똑같은 물인 것과 같습니다. 물은 작거나 큰 것이 없
이 언제나 물인데, 컵이니 세숫대야니 드럼통이니 하고 모양을 분별
하니 차별이 생깁니다. 스스로 모양 따라 분별하지 않으면 언제나 이
(손가락을 세우며) 하나뿐입니다. 크고 작은 차별이 없이 언제나 전체

요, 하나입니다.

이처럼 세계의 진실한 모습은 본래 둘 아닌 전체입니다. 처음부터 끝까지 둘 아닌 전체입니다. 둘을 버리고 둘 아닌 전체가 되는 것이 아닙니다. 그렇기 때문에 공부에는 절차가 없고, 한 계단 한 계단 올라가는 것이 아닙니다. 지금 여기서 곧장 둘 아닌 전체이지, 둘인 마음이 둘 아닌 마음으로 변하는 것이 아닙니다. 경전에서는 방편으로 말하기를, 현재 우리가 사는 곳은 더러운 땅이요, 공부하여 깨달으면 서쪽에 있는 깨끗한 극락정토로 간다고 합니다. 이 말을 다시 하면, 어리석을 때에는 더러움과 깨끗함이 따로 있는 줄 알지만, 깨닫게 되면 더러움과 깨끗함이 따로 없다고 할 수 있습니다. 어리석을 때에는 지금 눈앞의 세계가 더러운 세계이고 깨끗한 정토가 따로 있는 것처럼 생각하지만, 깨닫고 보면 지금 눈앞의 세계가 하나 있을 뿐, 더럽고 깨끗함의 차별은 없습니다. 그러므로 피안의 세계와 차안의 세계가 다만 이 (두 손을 들어 올리며) 하나입니다.

방편이란 믿음이 없는 중생을 구제하기 위하여 임시로 만든 장치입니다만, 그 효과는 매우 뛰어납니다. 《법화경》에 이런 이야기가 있죠. 집 안에 아이들을 놓아두고 부모가 출타했는데, 아이들은 무서워서 문을 안으로 잠그고 저희끼리 집 안에서 재미있게 놀았습니다. 부모가 돌아와서 보니 지붕에 불이 붙어 활활 타고 있어요. 부모는 다급하게 말했습니다. "얘들아, 지붕에 불이 붙었다. 얼른 문 열고 나오너라." 그런데 아이들이 천장을 바라보니 멀쩡하고 불은 보이지 않았어요. 아이들은 부모 말을 믿지 않고 여전히 놀기에 바쁩니다. 이에 부모는 꾀를 내어 말했습니다. "얘들아, 너희들이 평소에 원했던 장난감 수레를 사 왔다!" 그러니까 아이들은 얼른 문을 열고 밖으로 뛰쳐나왔습니다. 나와서 보니 지붕에 불이 붙어 활활 타는 것이 보여요. 이제 장난감 수레는 생각도 하지 않고 "아이고, 살았구나!" 하는 안도감이 있을 뿐이고, 비로소 부모님의 말씀이 거짓이 아님을 믿게 됩니다.

이것이 바로 방편입니다. 이것(손을 번쩍 들어 올리며)을 믿고 힘써 보십시오. 이것(손을 들어 올리며)이 법이라고 믿고 계속 관심을 가지십시오. 예기치 못한 어느 순간 문득 이것(손을 들어 올리며)일 뿐이고, 더하거나 빼거나 손댈 일이 없게 될 것입니다. 중생이 부처가 되는 것이 아니라 중생도 본래 없고 부처도 본래 없고, 다만 지금 이 한 사람이 있을 뿐입니다. 중생의 세계가 따로 있는 것이 아니고 부처의 세계가 따로 있는 것이 아니고, 다만 눈앞의 세계가 언제나 있을 뿐입니다. 이것(손을 들어 올리며)밖에 없어요. 헤아리지 말고 그냥 믿으십시오. 이것(손을 들어 올리며)뿐입니다.


63.
十方智者  온 세상의 지혜로운 이들은
皆入此宗  모두 이 근본으로 들어온다.


온 세상의 지혜로운 이들은, 말하자면 자기 문제를 해결했다는 사람은, 결국 이곳(손을 들어 올리며)으로 온다, 다른 곳으로 가질 않는다, 결국 이것(손을 들어 올리며)을 경험하는 것이다, 이것(손을 들어 올리며)을 확인하는 것이다…… 이것(손을 들어 올리며)을 확인하는 것을 불교에서는 "할 일을 다 했다"라고 표현합니다. "나의 할 일을 다 했다."

이것은 석가모니의 표현입니다. 석가모니의 말씀을 적어 놓은 초기 경전에 "나는 이제 할 일을 끝마쳤다. 다 했다"라는 표현이 나와요. 할 일을 다 한 사람은 바로 이것(손을 들어 올리며)을 확인하고, 언제나 여기(손을 들어 올리며)에 있습니다.

"온 세상의 지혜로운 이들은 모두 이 근본으로 들어온다." 이걸(손을 들어 올리며) 확인하고 여기(손을 들어 올리며)에 있다는 말이죠. 언제나 이(두 손을 들어 올리며) 하나일 뿐입니다. 다른 둘이 없어요. 바로 이것(손을 들어 올리며)을 가리켜 드릴 뿐이니, 다만 이것(손을 들어 올리며)을 확인하면 애초부터 이것(손을 들어 올리며)뿐임이 분명해집니다. 《전등록》 같은 책을 보면, 이것을 확인한 사람이 "몰랐을 때는 다른 무슨 법이 있는 줄 알았는데, 알고 보니 애초에 이것밖에 없었구나"라고 말하는 장면들이 나옵니다. 몰랐을 때는 마음이라는 무엇이 따로 있는 줄 알았는데, 알고 보니 언제나 이(손을 들어 올리며) 하나일 뿐이로구나…… 애초부터 이(손을 들어 올리며) 하나뿐이었는데, 왜 그렇게 찾아 헤매었던지 까닭을 알 수 없어요.

불교에 '독화살의 비유'라는 이야기가 있습니다. 독화살이 날아와서 자기 팔에 턱 박혔단 말이죠. 그런데 이 화살을 빼내지는 않고 "누가 쐈을까?", "어디서 쐈을까?", "어떻게 쐈을까?", "무슨 독일까?" 하고 따지고 헤아린다면, 그는 매우 어리석은 사람일 것입니다. 이렇게 따지는 동안 죽어 가고 있어요. 지혜로운 자라면 당연히 이런저런 생각 없이 얼른 뽑아야지요. 헤아리고 따지는 것은 어리석은 것이고, 얼른 뽑아 내는 것이 지혜로운 것입니다. 우리들 중생의 어리석음이라는 독화살도 마찬가지입니다. 본래 하나인데 왜 둘로 분별하는가

278

하고 헤아리고 따질 시간이 없습니다. 얼른 뽑아 내서 어리석음이라는 병을 완치시켜야 합니다.

왜 이런 가르침이 나왔을까요? 그 당시에 브라만교 철학자들이 석가모니를 믿지 못하고 석가모니의 지혜를 시험해 보기 위하여 몇 가지 질문을 던집니다. "사람은 태어날 때 어디서 와서, 죽을 때 어디로 가는가?" 하는 식의 철학적인 질문들을 던지면서, 당신이 이 질문에 답변을 하면 내가 당신에게 배울 것이고, 답변을 못하면 나는 당신을 믿을 수가 없다고 하였습니다. 그러나 석가모니는 그 질문에 대답하지 않고 이 이야기를 해 줍니다. "예를 들어, 지금 몸에 독화살이 박힌 사람이, 그 독화살이 어디서 날아왔고, 누가 쐈고, 독의 성분이 무엇인지를 알아야 독화살을 뽑겠다고 한다면, 이 사람은 얼마나 어리석은 사람이냐? 재빨리 그 독화살을 뽑아 내는 것이 지금 당장 해야 할 일이다." 말하자면, 석가모니는 우리에게 박힌 어리석음이라는 독화살을 재빨리 뽑아 내도록 가르치는 사람이지, 그 이유를 설명하는 사람이 아닙니다. 불교는 그러한 가르침입니다. 석가모니의 말씀이 독화살을 뽑으라는 명령이라면, 선(禪)은 독화살을 뽑도록 곧장 도와 주는 행위입니다.

이처럼 불교와 선은 환자를 치료하는 의료 행위입니다. 가르치는 스승은 의사입니다. 병을 설명하는 의학자가 아니라, 병을 치료하는 의사입니다. 불교를 공부하고 선을 공부하는 사람은 자신의 병을 치료하려고 하는 환자이지, 의학을 공부하는 의학도가 아닙니다. 우리는 다만 우리의 어리석음이라는 병을 확실히 치료하면 될 뿐입니다. 의학에는 너무 많은 관심을 가지지 마십시오. 병의 치료가 우선이지,

병의 원인과 치료법을 이해하는 것은 나중의 일입니다.


"도가 뭡니까?"
"10시 10분 전."


"선이 뭡니까?"
"뜰 앞의 잣나무."


"마음이 뭡니까?"
"마삼근."


"깨달음이 뭡니까?"
(손을 앞으로 내밀며) "이것."


이것이 선의 치료약입니다. 어리석음의 독을 해독하는 해독약이지요. 이 해독약은 받는 즉시 삼켜야 합니다. 조금이라도 망설이며 의심한다면 이 해독약을 삼킬 수 없습니다. 도무지 해독약처럼 보이질 않으니까 말이죠.


"마음이 뭡니까?"
"마삼근."
즉각 삼키십시오.

"도가 뭡니까?"

(손을 번쩍 들어 올리며) "이것."

곧장 삼키십시오. 생각하고 이해하려 하면 절대로 삼킬 수 없습니다.


"도가 뭡니까?"

"차 한 잔 하십시오."

망설임 없이 삼키십시오.


"깨달음이 뭡니까?"

(손을 움켜쥐면서) "악수 한 번 합시다."


64.

宗非促延　근본은 빠르지도 늦지도 않아

一念萬年　한 순간이 곧 만 년이다.


하나하나의 물건(죽비를 들어 올리며)이 곧 전체이고, 순간순간이 영원입니다. 언제든 이(두 손을 들어 올리며) 하나뿐이고, 언제든지 이(두 손을 들어 올리며) 한 순간뿐입니다. 빠르고 늦음의 차별이 없습니다. 크고 작음의 차별이 없습니다. "근본은 빠르지도 늦지도 않아서 한 순간이 곧 만 년이다." 하나하나의 티끌 그대로가 우주 전체고, 한 순간순간이 그대로 영원입니다. 언제나 이(두 손을 들어 올리며) 시간뿐입니다. 이(두 손을 들어 올리며) 시간을 떠나 다른 시간이 어디에 있겠습니까? 아무리 해도 이(두 손을 흔들어 올리며) 시간밖에 없습니다. 아무리 해도 이(두 손을 들어 올리며)뿐입니다. 어디를 가도 이(두 손을 들어 올리며)뿐이고, 무엇을 만나도 이(두 손을 들어 올리며)뿐입니다.

"근본은 빠르지도 늦지도 않아서." 빠르다거나 늦다는 것은 차별입니다. 이것(두 손을 들어 올리며)에는 아무런 차별이 없어요. "한 순간이 곧 만 년이다." 한 순간이 곧 영원이다…… 이 구절은 《화엄경》에도 나오지요. 언제나 차별이 없으니, 보는 것이 늘 같고, 듣는 것이 늘 같고, 움직이는 것이 늘 같고, 생각하는 것이 늘 같습니다. 새로운 것이 따로 없고, 낡은 것이 따로 없습니다. 《금강경》에서는 여여부동(如如不動), 언제나 한결같아 변동이 없다고 합니다. 말을 해도 여여하고, 입을 다물어도 여여하고, 밥을 먹어도 여여하고, 물을 마셔도 여여하고, 잠을 자도 여여하고, 깨어 있어도 여여하고, 일을 해도 여여하고, 쉬고 있어도 여여하고, 무엇을 하든 하는 그것으로 여여합니다. 무엇을 하든 남음도 없고 모자람도 없습니다. 어떤 경우에도 온전히 전체입니다. 밥 먹고, 물 마시고, 일 하고, 쉬고, 잠자고, 일어나고, 춥고, 덥고, 말하고, 침묵할 뿐, 다시 도(道)나 마음이나 진리는 없습니다.

저녁인데도 많은 사람이 방 안에 모여 있으니 더워서 땀이 나는군요. 이제 시원한 바람이 부는 마당으로 나가시고, 시원한 물이 흐르는 냇가로 가십시오. 바람을 쏘이고, 물에 발을 담그십시오.

딱! 딱! 딱!(죽비 소리)

65.

無在不在　있거나 있지 않음이 없어
十方目前　온 세상이 바로 눈앞이다.


66.

極小同大　지극히 작은 것이 곧 큰 것과 같으니
忘絕境界　상대적인 경계를 모두 잊고 끊는다.


67.

極大同小　가장 큰 것이 작은 것과 같으니
不見邊表　그 가장자리를 보지 못한다.

68.

有卽是無　있음이 곧 없음이요
無卽是有　없음이 곧 있음이다.


69.

若不如此　만약 이와 같지 않다면
必不須守　반드시 지키지 말아야 한다.

65.

無在不在　있거나 있지 않음이 없어
十方目前　온 세상이 바로 눈앞이다.


　있다거나 없다 하는 차별이 없으면, 온 세상이 바로 눈앞에 있습니다. 있다거나 없다 하는 차별이 있으면, 온 세상이 바로 눈앞에 있어도 바로 눈앞의 세계를 보지 못하고, 있다거나 없다 하는 분별과 헤아림의 망상만 보게 됩니다. 생각이라는 허망한 모습이 눈앞을 가로막아서, 바로 눈앞의 참된 세계를 보지 못하는 것입니다. 생각을 개입시키지 않으면, 보는 그대로, 듣는 그대로, 느끼는 그대로, 아는 그대로가 곧장 진실이고 둘이 없습니다. 하나하나가 전체이고, 하나하나가 차별이 없고, 하나하나가 평등하고, 하나하나가 앞뒤가 없습니다.
　그래서 이렇게 말할 수도 있습니다.


　"온 세상이 따로 있지 않고, 떨어져 있지 않다."

"말하는 곳에 온 세계가 있다."

"보는 곳에 온 세계가 있다."

"듣는 곳에 온 세계가 있다."

"행동하는 곳에 온 세계가 있다."

"느끼는 곳에 온 세계가 있다."


또는 이렇게 말해도 좋습니다.


(죽비를 들며) "죽비가 곧 세계다."

(마이크를 가리키며) "마이크가 온 세계다."

(시계를 가리키며) "시계가 곧 우주다."

(탁자를 두드리며) "온 세상이 이것이다."

(손가락을 세우며) "오직 이것이다."


이런 말도 있죠?


"먼지 한 톨 속에 온 우주가 다 있다."

"바람에 흔들리는 나뭇잎에 온 세상이 다 있다."


온 세상이라는 게 뭐냐 하면 전체라는 말이죠, 전체. 이거다 저거다 하는 그런 차별, 나누어짐이 없는 전체. 작다거나 크다는 것이 없이 그대로 전체입니다. 모래알을 보면 모래알이 그대로 전체고, 자갈을 보면 자갈이 그대로 전체고, 바위를 보면 바위가 그대로 전체고, 산을 보면 산이 그대로 전체고, 하늘을 보면 하늘이 그대로 전체입니다. 모래, 자갈, 바위, 산, 하늘이 차별이 없습니다.

시계가 째깍째깍 가는 순간순간이 그대로 전체입니다. 그리하여 길고 짧은 시간의 차별이 없습니다. 온 세계의 하나하나, 순간순간이 차별 없이 밝고 분명합니다. 그래서 "한 순간이 곧 헤아릴 수 없는 세월이고, 헤아릴 수 없는 세월이 곧 한 순간이다"라는 말도 있고, "하나가 곧 전체요, 전체가 곧 하나다"라는 말도 있지요. 크다 작다, 길다 짧다 하는 분별을 스스로 일으켜서 자기의 눈을 가로막지 않으면, 이처럼 차별 없는 세계의 실상은 분명한 것입니다.

그런데 만약 생각으로 헤아려서 작은 것과 큰 것을 배치하고, 긴 것과 짧은 것을 구분한다면, 바로 그런 구분과 배치가 곧장 자기의 눈을 가로막아서 실상을 눈앞에 두고도 놓쳐 버리는 겁니다. 옛날 선사들이 이런 얘기를 했잖아요. 아침에 일어나서 밥 먹고 서로 인사하고 옷 입고 이야기하고 차 마시는 이런 일들이 모두 실상을 드러내고 있으니, 따로 말할 실상이 없다고. 바로 이것(손을 들어 올리며)입니다. 따로 찾으려 하니까 없어요. 따로 헤아려 보려 하니까 보지 못하는 것입니다.

실상에 의문을 가지라고 하지만, 의문을 품을 때도 어떤 개념을 가지고 의문을 품는 건 별 효과가 없습니다. 예를 들어 "세계는 누가 창조했는가?"라든지, "손을 무엇이 움직이는가?"라든지, "송장 끌고 다니는 그놈이 무엇이냐?"라든지, "참된 나, 참자아, 참나가 누구냐?"라는 등의 의문은 별 효과가 없어요. 이런 의문들은 모두 단지 생각 속의 일이기 때문에, 단지 생각을 불러일으킬 뿐이고 실상을 보는 눈이 열리게 하지는 못합니다. 참된 의문이란 단지 모르는 것입니다. 모른다고 생각하고서 포기해 버리는 것이 아니라, 관심은 있지만 모르는 것이죠. 마치 하늘에도 땅에도 아무것도 보이지 않는 깜깜한 밤에 모르는 곳에 내던져진 사람과 같아야 참된 의문입니다. 무엇이 어떻다고 생각할 근거조차도 없이 그저 깜깜하게 모르기만 한 것이 바로 실상을 깨달을 수 있는 참된 의문입니다.

아무것도 분간할 수 없고, 어떻게도 헤아릴 수 없고, 손도 쓸 수 없고 발도 쓸 수 없는 그런 깜깜한 어둠 속에서 살아나고자 한다면, 올바른 가르침을 찾아야 합니다. 바른 가르침에 의지하되, 여전히 궁리할 수도 없고 손도 발도 쓸 수 없다면, 어느 날 문득 밝음과 어둠의 경계가 사라져 버릴 것입니다. 올바른 가르침은 언제나 궁리할 필요도 없고, 손을 쓸 필요도 없고, 발을 쓸 필요도 없는 이 법(탁자를 두드리며)을 바로 이렇게(손을 들어 올리며) 가리킵니다.

그러나 들리는 소리나 보이는 모습이 곧 법이라고 생각하면, 달을 가리키는데 손가락만 보는 어리석은 사람입니다. 그렇지만 언제나 법은 이렇게(손가락을 세우며) 곧장 가리킬 수 있을 뿐입니다. 설명하거나 이해시킬 것은 전혀 없습니다. 다만 이렇게(탁자를 두드리며) 가리킬 뿐입니다. 이 하나(탁자를 두드리며)에 온 우주의 비밀이 싹 밝혀져 있습니다. 이것(손을 들어 올리며)에 온 우주가 차별 없이 모자람 없이 몽땅 드러나 있습니다.

"법이 뭡니까?" 하고 물으면, (죽비를 들어 올리며) "이게 대나무입니다." 달리 할 말이 없어요. 다시 "법이 뭡니까?" 하고 물으면, "시계 바늘이 째깍째깍 가고 있는데 아홉 시 십 분을 넘겼습니다." 혹은 "점차 더워지고 있으니 몸에 땀이 납니다." 숨김없이 다 드러내었습니다.

"법이 뭡니까?" (시계를 들어 올리며) "시계!" "법이 뭡니까?" (죽비를 들어 올리며) "죽비!" "법이 뭡니까?" (책을 들어 올리며) "책!" "법이 뭡니까?" (손을 흔들며) "저녁에도 덥군요!" "법이 뭡니까?" (배를 쓰다듬으며) "아직 배가 부릅니다!" "법이 뭡니까?" (하늘을 가리키며) "하늘에 별이 총총하군요!" 달리 어떻게 가리키겠습니까? 이밖에 다시 무슨 법이 있겠습니까? 하나하나의 사물을 떠나 달리 법은 없습니다. 하나하나의 현상을 떠나 다시 마음은 없습니다. 그렇다고 사물이 곧 법이고, 현상이 곧 마음이라고 생각하지는 마십시오.

이렇게밖에는 가리켜 드릴 수가 없습니다. 어쨌든 생각으로 이해하면 이것(손을 들어 올리며)과는 관계가 없어요. 모든 생각이 여기(손을 들어 올리며)에 나타나지만, 이것(손을 들어 올리며)을 생각으로 알 수는 없습니다. 일단 이것(손을 들어 올리며)이 확인되기만 하면, 이것(손을 들어 올리며)은 너무나 당연한 일입니다. 언제나 어디서나 한 순간도 틈이 없이 이것(손을 들어 올리며)입니다.

"발밑을 돌아보라"는 말이 있지요? 우리의 육체는 항상 발 위에 서 있습니다. 그러나 우리의 눈은 언제나 발이 아닌 다른 곳을 보고 있습니다. 언제나 발 위에 의지하고 있으면서, 또 언제나 발이 아닌 다른 것들을 보고 있습니다. 범부의 마음이 이와 같습니다. 언제나 여기(손을 흔들며)에 의지하고 있으면서도, 생각은 늘 다른 무엇을 보고 있습니다. 마치 모든 보이는 사물들이 눈에 의지하여 눈을 벗어나지 않듯이, 모든 경험되는 세계는 단지 여기(손을 들어 올리며)에 의지하여 이것(손을 흔들며)을 벗어나지 않습니다. 여기(손을 흔들며)에서 보고, 듣고, 느끼고, 생각하고, 알고 합니다. 온 우주가 단지 여기(손을 흔들며)에서 나타납니다. 모든 것이 다만 이것(손을 들어 올리며) 하나 란 말이죠.

온 우주에 두루두루 마치 허공처럼 한결같은 이 하나가 확인되지 않 는 이유는 결국 "이것이 어떤 것이다"라는 분별을 추구하기 때문입니 다. 우리 중생의 마음은 언제나 "무엇이 어떻다"는 식으로 알기를 바 라고, 있다거나 없다거나 정하길 바라고, 좋다거나 나쁘다거나 알기 를 바라고, 진짜라거나 가짜라거나 확인하기를 바랍니다. 또 어떤 모 습이라거나, 어떤 느낌이라거나, 어떤 기분이라거나 하는 등의 경계 에 머물기를 바랍니다. 그러나 이렇게 바라는 마음으로는 결코 이것 (손을 들어 올리며)에 통할 수가 없습니다. 이렇게 바라면 결국 이런 분 별이 눈앞을 가로막아서 실상을 보지 못합니다.

불교에서는 경험되는 세계를 분석하여 색수상행식(色受想行識), 즉 육체, 느낌, 생각, 감정, 욕망, 의식 등의 다섯으로 분류하여 오온(五 蘊)이란 이름으로 부릅니다. 이들은 분별된 경계를 나타내는 말입니 다. 그러므로 만약 공부하는 사람이 육체적으로 나타나는 어떤 현상 이나 느낌이나 생각이나 감정이나 욕망이나, 의식 속에서 나타나는 어떤 변화나 현상에 관심을 두고서 이런 현상에서 무엇을 찾으려 한 다면, 그 사람은 경계에 관심이 있는 사람일 뿐, 실상이니 법이니 진리 니 하는 말로써 표현하는 이것(손을 들어 올리며)에 관심을 둔 사람은 아닙니다. 염불에는 관심이 없고 잿밥에만 관심이 있다고 하듯이, 이 런 사람은 근본과 말단을 뒤집어 놓고 있으니 법을 보는 눈이 열릴 수 없습니다.

이런 일에 관심이 있는 사람은 깨달음을 원하는 사람이 아니라, 더

290

그럴듯하고 더 좋은 몸과 느낌과 생각과 욕망과 의식을 바라는 사람입니다. 이런 사람은 불법(佛法)을 공부할 것이 아니라, 육체를 다스린다든지 감정을 다스린다든지 생각을 정리한다든지 욕망을 조절한다든지 의식을 조화시켜 평온하게 만든다든지 하는 등의 심리 상담이라든지 심리를 조절하는 과정을 행해야 할 것입니다. 이런 일들은 좋고 나쁨을 분별하여 취하고 버리는 일을 하는 것이므로, 시종일관 둘이 없는 불이법(不二法)인 불법은 아닙니다. 불법에서는 이렇게 좋은 것을 취하고 나쁜 것을 버리는 사람을 불도(佛道)가 아니라고 하여 외도(外道)라고 부릅니다. 불도에서 말하는 해탈이니 열반이니 반야니 하는 것은 이렇게 취하고 버리는 일과는 아무런 관계가 없습니다. 이들 외도들은 분별하여 취하고 버리는 행위를 하므로 어떤 방법이 있고, 거쳐 가는 길이 있고, 애써 갈고 닦아야 할 수행이 있습니다.

그러나 불도를 깨달음에는 분별도 없고 취하고 버림도 없으므로, 가야 할 길도 없고, 행해야 할 수행도 없고, 의지할 방법도 없습니다. 오로지 당사자의 진실한 뜻이 있을 뿐입니다. 이것(손을 들어 올리며)을 어떻게 분별하겠습니까? 이것(손을 들어 올리며)을 어떻게 취하고 버리겠습니까? 이것(손을 들어 올리며)으로 가는 길이 어디에 있겠습니까? 이것(손을 들어 올리며)에 무슨 갈고 닦을 필요가 있겠습니까?

불도(佛道)의 공부는 마음의 현상을 하나하나 탐구하는 것도 아니고, 육체를 조절하는 것도 아니고, 의식을 집중하여 한 곳에 모으고 있는 것도 아니고, 무심하게 일어나는 현상들을 지켜보는 구경꾼이 되는 것도 아니고, 생각을 없애는 것도 아니고, 한 생각을 붙잡고 놓지 않는 것도 아닙니다. 무엇을 어떻게 하라고 요구하지도 않고, 아무것도 하지 말라고 요구하지도 않습니다. 공부를 한다고 해도 어긋나고, 공부를 하지 않는다고 해도 어긋납니다. 다만 이렇게(손을 들어 올리며) 실상을 바로 가리킬 뿐입니다. 오직 눈앞에 펼쳐져 있는 이 세계의 실상을 가리켜 드리는 것이고, 이 실상에 통하는 것뿐입니다.

옛날 조주(趙州) 스님이 남전(南泉) 스님에게 물었습니다.

"어떤 것이 도(道)입니까?"

남전 스님이 말했습니다.

"평소의 마음이 도(道)이다."

조주 스님이 물었습니다.

"향하여 가야 합니까?"

남전 스님이 말했습니다.

"향하려 하면 어긋난다."

조주 스님이 말했습니다.

"향하여 가지 않으면 어떻게 도인지 알 수 있습니까?"

남전 스님이 말했습니다.

"도는 앎에도 속하지 않고 모름에도 속하지 않는다. 앎은 허망한 깨달음이요, 모름은 캄캄한 무기(無記)다. 만약 향하여 갈 필요가 없는 도를 참으로 통달한다면, 마치 커다란 허공과 같아서, 텅 비고 막힘 없이 탁 트여 있으니, 어찌 억지로 옳고 그름을 따지겠느냐?"

조주 스님은 이 말을 듣자 크게 깨달았습니다.

불교에서는 단지 본래부터 변함없는 이 하나(손을 들어 올리며)를 곧장 가리킬 뿐입니다. 있다거나 없다거나 하는 차별 없이 삼라만상 하나하나가 이것(손을 들어 올리며)이고, 온 세상과 이 하나(탁자를 두드리며)가 아무런 차별이 없습니다. 하늘은 하늘이고 땅은 땅이지만, 하늘도 이것(손을 흔들며)이고 땅도 이것(손을 흔들며)입니다. 하나하나에서 온 우주가 이렇게 또렷하고, 하나하나에서 이렇게(손을 흔들며) 차별이 없습니다. 말하고, 침묵하고, 보고, 듣고, 생각하고, 행동함에 하나하나가 앞도 없고 뒤도 없고, 법도 아니고 법 아님도 아니고, 있지도 않고 없지도 않고, 옳지도 않고 그르지도 않고, 참도 아니고 거짓도 아니고, 밝지도 않고 어둡지도 않고, 다만 다른 일이 없습니다.

66.
極小同大　지극히 작은 것이 곧 큰 것과 같으니
忘絶境界　상대적인 경계를 모두 잊고 끊는다.

　가장 작은 것이 가장 큰 것과 같다고 하니 생각으로는 이해가 되질 않고 분별로써 헤아릴 수도 없습니다. 작은 것은 작고 큰 것은 큰데, 작은 것이 큰 것과 같다니 말이 안 되잖아요? 이처럼 이 법(손을 들어 올리며)을 가리키는 말은 생각으로 분별해 보면 언제나 모순적인 말이에요. 있는 것이 없는 것이고 없는 것이 있는 것이라거나, 49년 동안 법을 말하고도 한 마디 말도 한 적이 없다고 하거나, 망상(妄相)이 곧 실상(實相)이요 실상이 곧 망상이라거나, 눈도 없고 코도 없고 귀도 없고 입도 없다거나 하는 말들이 모두 이해할 수 없는 모순된 말들이지요. 그러므로 법을 대할 때에는 이해할 수도 없고, 이해할 필요도 없습니다. 법은 이해를 요구하지 않습니다. 이것(손을 흔들어 올리며)에 통하면 이해할 필요 없이 저절로 명백합니다.

이것(손을 들어 올리며)이 분명하면 아무리 작아도 단지 이것이고, 아무리 커도 다만 이것일 뿐입니다. 아무리 작아도 그대로 하나의 전체이고, 아무리 커도 그대로 하나의 전체입니다. 예컨대 허공과 같습니다. 찻잔 속의 허공이나, 방 안의 허공이나, 온 우주의 허공이나, 아무 다름 없이 언제나 하나의 완전한 허공입니다. 다만, 찻잔, 방, 우주라는 사물의 모습에 의지하여 구분하면 모두가 달라집니다. 찻잔이니, 방이니, 우주니 하는 이름을 가지고 분별하니까 크기가 차이 나는 것이지요.

이것(손을 흔들며)이 분명하기만 하면, 하나하나의 티끌이 곧 이것(손을 들어 올리며)이고, 하나하나의 사물이 곧 이것(손을 흔들며)이고, 나타나는 모든 것이 곧 이것(손을 흔들며)입니다. 이것(손을 흔들며)은 모든 삼라만상과 평등하여 차별이 없으니, 작거나 크거나 길거나 짧거나 한결같이 다만 이것(손을 흔들며)입니다. 보이지 않는 작은 티끌을 보아도 온전히 이것이고, 끝없이 드넓은 하늘을 보아도 온전히 이것이어서, 상대적인 차별이 없습니다.

내 몸이 어떻다, 내 생각이 어떻다, 내 감정이 어떻다, 내 욕망이 어떻다고 하는 이런 것들은 전부 상대적인 경계이고 차별입니다. 이런 상대적인 경계를 보면 법을 볼 수 없습니다. 모든 상대적인 경계를 차별하고 분별하는 그것이 곧 아무런 차별도 분별도 없는 이것(손가락을 세우며) 하나일 뿐입니다. 그러므로 법을 보면, 작고 큰 것이 평등하고, 길고 짧은 것이 같습니다.

다만 이것(손가락을 세우며)뿐임이 분명해야 합니다. 오직 이것(손을 내밀며)이 분명해져야 합니다. 그러나 우리는 몸, 느낌, 생각, 감정, 욕망 등 이런 상대적인 경계에는 매우 익숙하고 너무나 친근한데, 이것(손을 들어 올리며) 하나와는 너무 낯이 설고 멀리 있어요. 그런 면에서 공부를 한다는 것은 이것(손을 들어 올리며)과 가까워지고, 지금까지 가까웠던 생각, 감정, 육체, 느낌 등과는 멀어지는 것입니다. 이것(손을 들어 올리며)과 가까워지고, 생각, 감정, 육체, 느낌 등과 멀어지는 것이 바로 초연이고 해탈입니다.

그러면 늘 마음이 한결같고, 이런저런 일들을 대함에 흔들림이 없습니다. 모든 차별되는 경계에서 차별 없이 이 하나(손을 들어 올리며)이니, 이른바 평상심(平常心)입니다. 온갖 경계를 대함에 늘 한결같아서, 생각이 일어나도 생각에서 초연하고, 감정이 일어나도 감정에서 초연하고, 말을 해도 말에서 초연하고, 행동을 해도 행동에서 초연합니다. 이것을 일러 또 조복(調伏)한다고 합니다. 공부를 하면 육체, 욕망, 감정 등에 대한 집착이 조복됩니다. 육체도 있고, 감정도 나타나고, 느낌도 나타나고, 생각도 나타나지만, 이 모든 것에서 초연합니다.

"지극히 작은 것이 곧 큰 것과 같으니, 상대적인 경계를 잊고 끊는다"는 여기에 무슨 현묘한 이치나 법칙이 있는 것도 아니고, 크고 작은 것을 억지로 조정하여 평등하게 만드는 것은 더더욱 아닙니다. 이것(손을 들어 올리며)이 분명하면, 언제나 대하는 모든 경계에서 한결같이 평등하여 상대가 없습니다. 이것은 법이 본래 그런 것이고, 마음이 본래 그런 것이지, 무슨 이론이나 법칙이 숨겨져 있는 것도 아니고, 억지로 조절하고 만들어 그렇게 되는 것은 절대로 아닙니다. 크거나 작다고 분별하고 길거나 짧다고 분별한 뒤 그 차이를 조정한다고 하는 것은 모두 조작이어서 이 진실(손을 들어 올리며)과는 다릅니다. 본래 큰 것과 작은 것이 차별이 없고, 상대적인 경계가 없는 것입니다. 본래 이 하나(손을 들어 올리며)일 뿐입니다.

그러므로 "번뇌를 끊고서 해탈을 이루겠다"라고 한다면, 이미 이 법(손가락을 세우며)과는 어긋나 있습니다. 싫어하고 좋아하거나 버리고 취하면 법을 볼 수 없다고 《신심명》에서 반복하여 말하는 것도 이것입니다. 깨달음은 번뇌를 끊는 것도 아니고 해탈을 얻는 것도 아닙니다. 취하지도 않고 버리지도 않는 곳에서 이(손을 들어 올리며) 실상 하나가 분명하게 드러나면 그만입니다.

《금강경》에 이런 구절이 있지요. "헤아릴 수 없이 많은 중생을 일시에 제도하는데, 제도하고 보니 한 중생도 제도된 중생이 없더라." 자기가 만든 망상을 헤아려서 중생이 있고 부처가 있다고 여기지만, 망상에서 깨어나면 중생과 부처가 따로 없습니다. 그러므로 온갖 차별되는 세계는 꿈과 같다고 하고, 마치 눈을 비벼서 눈앞에 생기는 헛된 환상과 같다고 하는 것입니다.

헤아릴 수 없이 많은 중생을 일시에 제도하고 보니 한 중생도 제도된 중생이 없어요. 본래 다만 모조리 이것(두 손을 들어 올리며)이죠. 다만 이것(손을 펼치며)일 뿐, 진짜니 가짜니, 있다느니 없다느니, 옳다느니 그르다느니 하는 차별 하나하나가 다만 이것(손을 흔들며)입니다. 부처, 중생, 깨달음, 미혹, 진짜, 가짜, 옳음, 그름 등 모든 차별이 그대로 이것(손을 흔들며)입니다. 언제나 이렇게(두 손을 들어 올리며) 분명합니다.

한 순간의 망상으로 우리는 격심한 혼란에 빠집니다. 간단한 예로 어떤 사람이 집에 있는 부인에게 "남편이 요새 바람피웁디다"라고 말합니다. 부인은 처음에는 "그럴 리가 없어요" 하고 부인합니다. 그 사람이 다시 말합니다. "바람피우는 걸 내 두 눈으로 직접 보았습니다." 이렇게 두세 번만 말하면 그때부터 부인은 의심과 배신감 속으로 휩쓸려 들어갑니다. 한 생각에 세상이 바뀝니다. 이렇게 한 번 의심이 생기면, 모든 것이 의심스러워 보입니다. 한 번 망상에 사로잡히면, 모든 것이 망상 속에 나타나고, 벗어나기가 쉽지 않습니다. 이것이 중생의 마음이고, 중생의 번뇌입니다.

다만 이 실상(손을 들어 올리며)이 분명하게 드러나면, 그런 중생의 망상과 번뇌는 본래 없었던 것입니다. 참으로 믿음과 뜻이 있다면 이렇게(손을 들어 올리며) 단번에 실상이 드러납니다. 단번에 모든 망상이 쉬어집니다. 반드시 당장의 이것(손을 들어 올리며)이 분명해야 합니다. 이것(손을 들어 올리며)이 분명하면 어떤 경계를 만나더라도 전혀 다른 일이 없습니다. 눈앞에 온갖 마귀들이 다 나타나서 난장판을 벌여도 단지 흔들리는 나뭇잎을 바라보거나 매미 소리를 듣는 것과 전혀 다를 바 없습니다. 전부 이것(손을 들어 올리며)입니다.

이것(손을 들어 올리며)이 분명하지 않으면, 아무 일 없을 때에 마음을 조절하면 흔들림이 없는 것 같지만, 문득 어떤 경계가 쑥 다가오면 자기도 모르게 확 끌려가 버립니다. 반드시 이것(손을 들어 올리며)이 분명하여 모든 차별이 소멸해야 합니다. 우리 불도(佛道)에서 가리키는 것이 바로 차별 없는 이것(손을 흔들어 올리며)입니다. 이것(손을 들어 올리며)이 분명하면, 어떤 경우에도 아무 일이 없어요. 그래서 둘이 없다고 하고, 다른 일이 없다고 합니다. 어떤 일이 눈앞에 나타나더라도 차별 없이 같은 일이라, 전혀 새로울 게 없습니다. 다른 일이 없습니다. 모두 이것(손을 들어 올리며)뿐! 그러니까 보이는 모양에 끌려 다니질 않아요. 들리는 말에 끌려 다니질 않고, 어떤 감정이나 느낌이나 어떤 의식의 움직임에 끌려 다니질 않습니다. 단지 변함없고 차별 없이 이것(손을 들어 올리며)입니다.

공부하시는 분들이 내 마음이 지금 어떻게 변화가 되고 있는지 내가 관찰한다, 본다고 한다면 이들은 모두 분별된 경계를 보고 있는 겁니다. 이렇게 분별된 경계는 자기 마음인 도(道)와는 아무 관계가 없습니다. 마음은 눈으로 볼 수 있는 게 아니에요. 마음은 움직이질 않습니다. 왔다 갔다 이리저리 변화하는 게 아니에요. 변화하는 건 전부 경계입니다. 그래서 분별된 경계를 허망한 생멸법(生滅法)이라고 합니다. 이것(손을 들어 올리며)은 늘어나지도 않고 줄어들지도 않고, 오지도 않고 가지도 않고, 생겨나지도 않고 없어지지도 않습니다(不增不減 不來 不去 不生不滅). 이것(손을 흔들어 올리며)은 요지부동(搖之不動)입니다. 요지부동한 이것(두 손을 움켜쥐며)이 분명해야 합니다. 이것(손을 들어 올리며)이 분명하면 언제나 변함이 없고 차별이 없습니다.


67.
極大同小  가장 큰 것이 작은 것과 같으니
不見邊表  그 가장자리를 보지 못한다.


"가장 큰 것이 가장 작은 것과 같으니, 그 가장자리를 보지 못한다."


298

가장자리라는 것은 끝 혹은 테두리니, 테두리가 없다는 말입니다. 이 법을 이런 식으로 표현하는데, 참 문학적인 표현들이죠. 《노자 도덕경》에 이런 말이 있지요. "곧은 것이 곧 굽은 것이고, 굽은 것이 곧 곧은 것이다." 이것이 무슨 뜻일까 하고 생각하겠지만, 생각하면 이 진실과는 관계가 없게 됩니다. 굽었든 곧든 동그랗든 모나든 어떤 모양이든지 이것(손을 들어 올리며) 아님이 없어요. 굽다, 곧다, 둥글다, 세모꼴이다, 네모꼴이다, 마름모꼴이다가 모두 이것(손을 흔들며)이고, 점이다, 선이다, 면이다, 입방체다가 모두 이것(손을 들어 올리며)입니다. 하나하나 한 마디 한 마디가 다름이 없습니다.

경계를 분별하며 공부하지 마시라고 거듭 당부 드립니다. 공부를 하니까 몸이 어떻게 되더라, 공부를 하니까 생각이 어떻게 되더라, 감정이 어떻게 되더라, 욕망이 어떻게 되더라, 하는 말들에 현혹되지 마십시오. 이것은 마치 서울 가는 기차를 타고 가니까 사과밭도 보이고, 복숭아밭도 보이고, 산도 보이고, 들도 보이더라는 정도의 말입니다. 이런 주변 풍경을 보면서 갈 수도 있고, 보지 않고 갈 수도 있지만, 서울에 도착해야 기차에서 내리는 것입니다. 서울에 도착해 내려야 가는 일이 끝나는 것이니, 중간에 무엇이 보이고 보이지 않고에는 관심을 두지 마십시오. 이런 종류의 느낌이나 경험을 분별하여 공부의 기준이나 공부가 나아가는 척도로 삼지 마십시오. 서울에 도착하여 보면, 본래 서울이 따로 없고, 본래 서울로 온 적이 없고, 본래 출발하여 기차를 탄 적도 없습니다. 그런데 또 무슨 중간 과정이 있겠습니까?

어떤 과정을 어떻게 거쳐 간다는 차례에 의지하여 공부하면, 이(손가락을 세우며) 공부를 제대로 할 수가 없습니다. 언제나 오직 이(손을 들어 올리며) 하나의 실상에 통할 뿐입니다. 단지 마지막 하나의 진실이 있을 뿐입니다. 둘이나 셋의 차별되는 경지라는 것은 모두 헛된 분별이요, 망상입니다. 결국 이(손을 들어 올리며) 하나의 진실일 뿐입니다. 차례가 있는 것은 아니지만, 전통적으로는 이 공부를 두 가지 측면에서 말해 왔습니다. 망상만 쉬어지는 측면과 눈앞이 밝아지는 측면입니다. 이 두 측면을 정(定)과 혜(慧)라고 합니다. 《육조단경》에서 말하는, "안으로는 시끄러운 망상이 쉬어지고, 밖으로는 만나는 인연에 끌려가지 않는다"라는 것입니다. 정(定)은 망상이 쉬어져서 안정이 되는 것이고, 혜(慧)는 눈앞이 밝아서 어떤 경계에도 속지 않는 것입니다. 이 공부를 분별하면 이렇게 두 가지로 말할 수도 있겠지만, 이 두 측면은 결국 둘 없고 차별 없는 이 하나를 분별하여 말하고 있는 것에 불과합니다. 반드시 시작도 없고 끝도 없고 변함이 없는 이 법(손가락을 세우며) 하나가 분명해야 합니다. 이것(손을 들어 올리며)이 분명하면, 모든 차별이 사라지고 언제나 다른 일이 없습니다.

68.

有卽是無  있음이 곧 없음이요
無卽是有  없음이 곧 있음이다.

이 구절도 생각으로는 이해가 안 되죠? 있으면 있고 없으면 없지, 있음이 곧 없음이고 없음이 곧 있음이라니? 이 구절은 이른바 불이문(不二門)을 말하는 겁니다. 생멸법이 불멸법이고 불멸법이 생멸법이며, 망상(妄相)이 실상(實相)이고 실상이 망상이며, 색(色)이 공(空)이고

300

공이 색이며, 차별이 무차별이고 무차별이 차별이며, 말이 침묵이고 침묵이 말이며, 유(有)가 무(無)고 무가 유다. 이렇게 모든 차별이 소멸된 불이문(不二門)을 말합니다. 이러한 불이문에는 무슨 숨어 있는 현묘한 원리나 이치가 있는 것은 아닙니다. 다만 분별에서 벗어나 세계를 보는 눈을 말하는 것입니다. 공부를 하다가 예기치 못한 순간 자기도 모르게 문득 분별에서 벗어나면, 하나하나를 분별해도 이제는 분별이 없고, 말을 해도 말이 없고, 생각을 해도 생각이 없습니다. 하나하나 차별하고 분별하는 일들이 그대로 차별 없이 분별 없이 한결같습니다.

달리 말하면, 하나하나 위에서 분명하고, 사물사물 위에서 분명합니다. 하나하나 위에서 분명하고 사물사물에서 확실하면, 마음과 세계는 있는 것도 아니고 없는 것도 아니며, 참도 아니고 거짓도 아니며, 잡을 것도 없고 놓을 것도 없으며, 긍정할 것도 없고 부정할 것도 없으며, 알 것도 없고 모를 것도 없습니다. 있는 것도 아니고 없는 것도 아니고 알 것도 없고 모를 것도 없으면, 마음에도 걸림이 없고 세계에도 걸림이 없어서 허공처럼 막힘 없이 자유롭습니다. 사물사물 위에서 분명하면서 걸림 없고 막힘 없이 자유로우면, 이것이 바로 참된 해탈이요, 열반이요, 실상을 보는 것이요, 업장을 깨끗이 소멸하는 것입니다.

우리 대승불교에서 중생을 구제하는 길이 바로 이것입니다. "제가 죄(罪)를 지었습니다", "제가 업(業)을 지었습니다", "저에게 마음의 병(病)이 있습니다" 하는 사람에게 "죄를 지었으니까 죗값을 치러야 해"라든지, "업을 지었으니까 업장을 소멸해야 해"라든지, "아픈 마음의 원인을 찾아서 제거해야 해"라고 한다면, 이것은 사람을 구원하는 것이 아니라, 이미 지고 있는 무거운 짐 위에 도리어 또 다른 짐을 지우는 꼴입니다. 우리 대승불교에서는 단박에 세계의 실상을 보게 만들어 무엇이 있다거나 없다고 하는 분별망상에서 벗어나게 만듭니다. 있다거나 없다거나 하는 분별망상에서 벗어나기만 하면, 죄라든지 업이라든지 병이라든지 하는 것은 그야말로 다만 이름일 뿐 그 실체가 없습니다. 곧장 문제가 해소되어 사라집니다. 잘 아시는 이야기가 있잖아요?

이조(二祖) 혜가 스님이 달마에게 말했습니다.
"저의 마음이 아픕니다."
달마가 말했습니다.
"아픈 마음을 가져오너라. 내가 치료해 주겠다."
혜가는 아픈 마음을 찾아보았으나 찾지 못하자, 말했습니다.
"아픈 마음을 찾을 수가 없습니다."
달마가 말했습니다.
"너의 병을 다 치료하였다."

무엇이 있다고 분별하고 없다고 분별하는 순간, 이미 우리는 망상에 사로잡혀 있습니다. 이러한 망상에 사로잡혀 수십 년 세월을 아무런 반성 없이 살아온 것이 우리 중생입니다. 수십 년 동안 한 번도 이런 망상에서 벗어난다는 상상도 못하고, 망상 속에서 온갖 번뇌에 사로잡혀 사는 것을 당연하게 여기고 살고 있는 것이 우리 중생입니다. 안타깝고 불쌍한 일입니다. 이것과 저것을 분별하여 이름을 붙이고서

302

있다거나 없다고 말하는 것이 모두 망상입니다. 망상이 곧 번뇌입니다. 진실로 번뇌와 망상에서 벗어나면, 이것은 이것이 아니고 저것은 저것이 아니며, 있는 것은 있는 것이 아니고 없는 것은 없는 것이 아닙니다. 이러한 불이문(不二門)에서는 온 우주에 장애가 될 만한 것은 티끌 하나도 없습니다.

69.
若不如此  만약 이와 같지 않다면
必不須守  반드시 지키지 말아야 한다.

　있는 것이 곧 없는 것이고, 없는 것이 곧 있는 것이다…… 있음과 없음, 바름과 그름, 옳으냐 그르냐, 이쪽이냐 저쪽이냐, 육체냐 정신이냐, 이런 모든 차별이 소멸됩니다. 이것은 곧 하나하나 분별하고 차별하는 가운데 또한 하나하나 차별이 없습니다. 차별되는 하나하나는 곧 차별 없는 하나입니다. 차별되는 하나하나가 전부 이것(손가락을 세우며)입니다. 온갖 차별이 곧 차별 없는 이것이 아니라면, 지킬 만한 도가 아닙니다.

　"만약 이와 같지 않다면," 다시 말해 가장 큰 것이 가장 작은 것과 같고, 가장 작은 것이 가장 큰 것과 같지 않다면, 있는 것이 곧 없는 것이고 없는 것이 곧 있는 것이 아니라면, 하나하나 모두가 다만 만약 이것(손가락을 세우며)이 아니라면, 지킬 만한 것이 아닙니다. 이것만이 유일한 진실이기 때문이지요. 모든 차별은 다만 차별 없는 이것입니다.

공부는 차별 없는 하나가 분명하게 성취되는 것입니다. 둘 아닌 하나가 성취되면, 언제나 이 하나를 떠나지 않습니다. 마치 오랜 방랑 끝에 집으로 돌아온 사람이 다시는 집을 떠나지 않는 것처럼, 이 하나를 확인하고 이 하나가 분명해지면 이 하나를 떠나지 않습니다. 사실은 떠나고 싶어도 떠날 수가 없습니다. 어디를 가든 이 하나이고, 언제나 이 하나이니, 나갈 곳이 없습니다. 우주 전체가 이 하나이니 떠날 곳이 따로 없습니다.

일단 이 하나에 발을 딛고서, 이 하나에 익숙해져 가는 것을 일러 보림(保任)이라 합니다. 보림이란 '맡아서 보호한다'는 뜻인데, 여기에서는 '지킨다'고 표현했습니다. 공부란 첫째로 이 하나에 통하는 것이고, 둘째로 이 하나에 익숙해지는 것입니다. 말하자면, 미혹한 중생의 삶에 익숙하게 살아오다가, 문득 해탈한 뒤에는 해탈한 부처의 삶에 익숙해져야 하는 것입니다. 망상의 꿈에서 깨어났다면, 다시 잠들지 말고 깨어 있음에 익숙해져야 합니다. 이것이 곧 '지키는' 것입니다.

이 바른 법을 말하고 있는 것이 이런 《신심명》이나 《반야심경》이나 《금강경》 같은 것들입니다. 말로써는 이렇게 표현하고 있지만, 스스로 확인할 때는 다만 이것(손가락을 세우며)일 뿐입니다. 눈앞에 펼쳐진 세계의 온갖 차별되는 모습 하나하나 그대로가 전부 이것입니다. 이것이 분명하면 저절로 이것에서 떠날 수가 없습니다. 오히려 더욱 여기에 익숙해지려는 목마름이 있고, 더욱더 여기에 익숙해지죠. 마치 한눈에 반한 애인을 만났을 때, 자꾸자꾸 만나고 싶고 더욱더 친해지고 싶은 것과 같아요. 이것에 통하면, 이것과 완전히 하나가 되려고 자꾸자꾸 여기에 익숙해지고 싶어 하죠.

304

공부는 육체나 감정이나 생각 같은 이런 허망한 경계를 좋게 조절하는 것이 아닙니다. 이 공부는 이 법(손가락을 세우며)에 통달하여, 이 법에 익숙해지고, 이 법과 하나가 되어, 언제나 흔들림도 없고 헤매는 일도 없는 것입니다. 이 법 하나를 지금 제가 가리켜 드리는 것이고, 이것 하나를 확인하시면, 언제나 망상에 끄달리지 않고 언제나 여기에서 변함이 없습니다. 공부란 이것이 분명할 뿐, 다른 일이 아닙니다.

이것(손가락을 세우며)이 분명하면 아무것에도 걸리지 않습니다. 마음이라고 하는 물건이 조금도 없습니다. 마음이라는 이름은 삼라만상 하나하나에 붙일 수 있는 이름입니다. 세계에 가득한 것이 마음이죠. 이제 마음은 허공과 같다는 말도 납득이 됩니다. 삼라만상은 있는 것도 아니고 없는 것도 아니라는 말도 이해가 됩니다. 보고, 듣고, 느끼고, 알고 하는 모든 일이 장애가 되질 않습니다. 육체적으로 경험되는 것이든 의식적으로 경험되는 것이든 어디에도 얽매이지 않습니다. 모든 것이 마치 하늘에 구름이 나타나고 없어지는 것처럼 걸림이 없습니다.

이것(손가락을 세우며)뿐입니다. 이것이 분명하면 걸릴 것이 없습니다. 이것이 분명하면 모든 말이나 생각도 모두 이것일 뿐입니다. 화두(話頭)라는 것이 있죠? 화두란 말이라는 뜻입니다. "뜰 앞의 잣나무", "마삼근", "수미산", "병정동자가 불을 찾는구나", "동산이 물 위로 간다", "똥 닦는 막대기" 같은 말들을 화두라고 합니다. 이 모든 말들이 이것(손가락을 세우며)입니다. 이런 말들뿐만 아니라, 경전에 나오는 말들, 신문이나 잡지에 나오는 말들, 소설책에 나오는 말들이 다만 이것을 드러내고 이것을 확인시켜 주는 것입니다. 이것이 분명하면 나타나는 모든 것이 빠짐없이 여기에서 나타나고, 이것을 확인시켜 주는 것이죠.

그러나 생각으로 헤아리고 분별하여 "이것이로구나!"라고 하면 바로 어긋납니다. 이 법에서 어긋나는 까닭은 대체로 생각으로 분별하고 헤아리기 때문입니다. 이것(손가락을 세우며)은 있는 것도 아니고 없는 것도 아니고, 진실도 아니고 허위도 아니고, 이것도 아니고 저것도 아니고, 얻을 수도 없고 버릴 수도 없고, 알 수도 없고 모를 수도 없고, 긍정할 수도 없고 부정할 수도 없고, 지킬 수도 없고 놓을 수도 없습니다. 다만 차별 없이 언제나 이것입니다.

이것을 말할 때에는 "가장 큰 것이 가장 작은 것이고, 가장 작은 것이 가장 큰 것이다"라고 하거나, "있는 것이 없는 것이고 없는 것이 있는 것이다"라고 하거나, "아무리 말을 많이 해도 한 마디 말이 없다"라는 식으로, 이해가 되지 않고 모순되는 듯이 말합니다. 생각으로 분별하고 헤아리면 모순이 있겠지만, 이것에는 아무런 모순이 없습니다. 이런 말들이 헤아림 없이 그냥 막힘 없이 납득되어야 합니다. 스스로 이것이 분명하면, 이런 말들은 저절로 이해됩니다. 물 소리, 바람 소리, 나뭇잎, 하늘, 구름, 몸 안에서 경험하는 것이나 몸 밖에서 경험하는 것이나 모두가 차별 없이 전부 이것이죠.

그러므로 이것(손가락을 세우며)을 의식적이고 의도적으로 붙잡을 수는 없어요. 그저 이것에 관심을 두고 한결같이 지내다 보면, 어느 순간 문득 저절로 이것에 통하게 됩니다. 분별하여 아는 것이 아니라 그냥 아무런 생각 없이 통하는 것입니다. 생각과는 상관없이 확 뚫려서 통하는 것이지요. 통한 뒤에는 생각을 해도 이것이 막히질 않습니다. 그러나 이전처럼 생각에만 의지하면, 다시 이것을 잊어버릴 수가 있습니다. 이것을 조심해야 합니다. 그러므로 이것에 통한 뒤에는 언제나 이것을 지켜야 합니다. 지키는 것은 생각으로 이해하는 것이 아니라, 그냥 마음으로 이것에 통하여 막힘이 없는 것입니다.

지금 제가 (손가락을 세우며) "이것, 이것" 하고 말하는 것은 여러분에게 가리켜 드리기 위하여 어쩔 수 없이 이렇게 표현하는 것입니다. 생각으로 "이것(손가락을 세우며)이 바로 진리로구나" 하고 이해하는 것으로 그친다면, 제가 가리키고자 하는 것과는 아무 상관이 없습니다. 이것이라는 말을 듣고 문득 이것에 통하면, 이것(손가락을 세우며)은 단지 바닷물의 일부분일 뿐입니다. 마치 물고기가 바다에서 헤엄치고 있는데, 한 순간 스쳐 지나가는 물과 같은 것입니다. 온통 물뿐인 바다에서 말이죠. 문득 확 통하면 저절로 모든 차별과 장애가 사라지고 막힘 없고 걸림 없게 됩니다.

이(손가락을 세우며) 하나입니다. 이(탁자를 두드리며) 하나를 마주하여 물러나지 않으면 어느 순간 문득 변화가 옵니다. 이 변화는 설명할 수도 없고 이해할 수도 없습니다. 이것과 마주 서서 설법을 들으면 모르는 사이에 이것 앞에서 꽉 막히게 되지요. 꽉 막혀서 마음이 있는지 없는지 알지 못하고 영혼이 없는 시체처럼 가슴이 텅 비게 되면, 어느 순간 확 하고 뚫리게 됩니다. 그러면 마치 죽었던 사람이 다시 살아난 것처럼 새로운 삶이 나타납니다. 모든 것이 생생하면서도 어느 것도 실제가 아닌 것처럼 방해가 되지 않습니다. 꽉 막힌 장벽이 사라지고 한없이 안락하고 안심이 되고, 까닭 없이 즐거우면서도 즐거움의 흥분은 없습니다. 바로 이것에 들어온 것입니다.

그러니까 이 공부가 어려운 것은 없습니다. 단순히 이 문제에 마음을 두고 이 문제를 마주하고 있는 것입니다. 이 공부는 이렇게 단순한 겁니다. 이 공부가 엄청난 공부라고 말하지만, 사실은 아주 단순한 겁니다. 아주 단순한 거예요. 이 하나의 문제를 그저 붙잡고 있을 뿐입니다. 제가 공부할 때를 돌이켜 봐도 공부니 수행이니 한 일이 아무것도 없어요. 그냥 깨달음이 궁금했고, 궁금하긴 하지만 어떻게 책을 봐서 해결될 문제는 아니니까 책을 볼 수는 없고, 그러니까 그냥 설법을 들었을 뿐이에요. 이것이 궁금하긴 한데 책을 보면 머리로 헤아리게 되니까 해결책이 아니더군요. 단지 스승을 믿고 그 말씀을 아무 생각 없이 듣고 앉아 있었을 뿐입니다. "어떻게 설법을 들어야 하는가?" 하는 생각조차도 없었습니다. 그냥 믿고 들었습니다.

그러다보니 어느 순간 확 통하더군요. 이 공부는 이렇게 간단하고 단순한 겁니다. 이 문제를 가슴에 안고서 스승을 믿고 그 가르침을 듣는 것입니다. 얼마나 쉽습니까? 궁금하긴 한데 스스로는 어떻게 할 수 없으니까 가르침에 그냥 귀를 기울일 수밖에 없었지요. 그것뿐이었고 "어떤 자세로 귀를 기울여야 하는가?" 하는 생각조차도 없었습니다. 그냥 귀를 기울였죠. "어떻게 해야 빨리 깨달을까?"라는 생각도 전혀 없었습니다. 길을 잃은 사람이 무턱대고 안내인을 믿고 안내인을 따라가듯이 했을 뿐입니다. 자신이 초라하긴 하지만 어떻게 합니까? 갈 길을 전혀 알지 못하는데……. 이처럼 이 공부를 바르게 하면 저절로 자신이 낮추어지고, 저절로 자신을 내려놓게 됩니다. 자신을 내려놓고 자신의 존재를 잊어버리게 되면 매우 편안해집니다. 이처럼 이 공부는 하면 할수록 편안해집니다. 자신을 잊고서 오직 진리만 바라보고 가르침을 믿고서 따르므로 저절로 안락해집니다.

이처럼 마음공부는 어렵지 않습니다. 개념을 하나하나 익히는 세속의 공부가 어렵지요. 세속의 공부가 힘들고 어렵고 스트레스 받고 병이 나지, 아무것도 붙잡지 않고 개념을 익히지도 않는 이 공부는 전혀 어렵지 않습니다. 다만 욕심을 내어 더 나은 길을 찾거나 재빨리 깨달음을 얻고자 애를 쓴다면, 이것은 개념을 세우는 것이고 무엇을 붙잡는 일이 되니 반드시 문제가 생깁니다. 생각으로 헤아려 더 나은 길을 찾거나 깨달음을 빨리 얻고자 애를 쓰면, 깨달음은 오지 않고 오히려 병이 생기는 것입니다. 이렇게 공부를 삿되게 하여 생긴 병은 치유하기가 어렵습니다. 육체의 병보다도 마음의 병은 치유하기가 더 어려운 것입니다. 순수한 마음 하나가 진리에 통하는 것이지, 헤아리고 계산하거나 욕심을 부리면 반드시 어긋납니다. 이 점을 명심해야 합니다.

그러므로 이 공부에는 긴장됨이 전혀 없습니다. 바짝 정신을 차리고 긴장하여 무엇을 노리는 것이 아닙니다. 조주 스님이 깨달은 다음의 이야기가 도움이 될 것입니다.


조주 스님이 스승 남전 스님에게 물었습니다.
"무엇이 도(道)입니까?"
"평소의 마음이 도이다."
"도를 향하여 다가갈 수 있습니까?"
"향하여 다가가려 하면 어긋난다."
"도를 향하여 다가가지 않으면, 어떻게 도(道)를 압니까?"
"도는 앎에 속하지도 않고, 알지 못함에 속하지도 않는다. 앎은 허망하게 깨어 있는 것이고, 알지 못함은 깜깜한 어둠이다. 만약 참으로 의심 없이 도에 통달하면, 마치 커다란 허공과 같아서 막힘 없이 텅 비었는데, 어떻게 그 속에서 억지로 옳으니 그르니 할 수 있겠느냐?"

조주 스님은 스승 남전의 이 말을 듣고서 밝게 깨달았습니다.

긴장하는 이유는 애써 무엇을 노리기 때문이고, 욕심을 내어 얻고자 하기 때문입니다. 이 공부는 말하자면, 마치 물 속에서 물을 찾는 것과 같고, 자신의 머리를 잃어버렸다고 착각하여 찾는 것과 같고, 자기 집 안에 앉아 자기 집을 찾는 것과 같습니다. 그러므로 찾고자 하면 더욱 찾을 수 없고, 서두를수록 더욱 늦어집니다. 앞의 대화에서 조주가 깨달은 것도 긴장하여 무슨 미묘한 이치를 이해한 것이 아니라, 도리어 이해하고자 하는 마음이 한 순간 녹아 버리고 바로 막힘 없이 통한 것입니다. 이해하고자 하는 마음이 장애물이 되고, 깨닫고자 하는 욕심이 깨달음을 가로막는 것입니다.

그러나 이런 말을 듣고 찾지 않아도 좋다고 생각한다면 여전히 어둠 속에 있을 뿐입니다. 그러면 어떻게 해야 할까요? 어떻게도 할 수 없습니다. 어떻게 하면 바로 조작이 되고 엉터리가 됩니다. 깨달아야 하지만 깨닫기 위하여 어떻게도 할 수 없는 입장이 공부하는 사람의 입장입니다. 그러므로 그냥 가르침에 귀를 기울이는 수밖에 없습니다. 깨달음이 궁금한데 길을 알 수도 없고 할 수 있는 일도 없으니, 그냥 가르침에 의지할 수밖에 없습니다.

이렇게(탁자를 두드리며) 가리켜 드립니다.

바로 이것(탁자를 두드리며)입니다.

310

이것(손을 들어 올리며)입니다.

이것(탁자를 두드리며)이 도이고 마음입니다.

# 열네 번째 법문

70.

一卽一切   하나가 곧 모두요

一切卽一   모두가 곧 하나이다.


71.

但能如是   단지 이와 같을 수 있다면

何慮不畢   무엇 때문에 끝마치지 못할까 걱정하랴?


72.

信心不二   진실한 마음은 둘이 아니고

不二信心   둘 아님이 진실한 마음이다.

73.

言語道斷 언어의 길이 끊어지니

非去來今 과거도 미래도 현재도 아니로다.

70.

一卽一切　하나가 곧 모두요
一切卽一　모두가 곧 하나이다.

　흔히 듣는 말입니다. "하나가 곧 모두요, 모두가 곧 하나다." 나무,
구름, 하늘, 자동차, 자갈…… 하나하나가 모두 한결같이 이것(손가락
을 세우며)입니다! 눈앞에 나타나는 하나하나가 한결같이 이것입니다.
마이크, 시계, 죽비, 탁자, 선풍기…… 무엇이 나타나든지 전부 이것
입니다. 그야말로 전체가 이 하나이고, 이 하나가 전체입니다. 뭐가 나
타나든 모두가 평등하고 차별이 없습니다. 온갖 생각, 온갖 느낌, 온갖
감정, 온갖 욕망이 모두 한결같이 다름이 없고 차별이 없습니다. 이것
이 전부입니다.
　이런 이치나 원리가 있는 것이 아니라, "이렇게 말할 수도 있겠구
나!" 하고 공감이 되는 것입니다. "어떤 이유로 이렇게 말하는가?" 하
고 따져서 이해되는 말이 아니라, 단지 이런 말을 들으면 "바로 이것

을 두고 이렇게 말하는구나!" 하고 공감이 되는 것입니다. "지금 이 자리가 바로 이렇게 표현될 수도 있겠구나!" 하고 공감이 되는 것이지요. 여기에 통하면 반드시 통한 사람들끼리 서로 공감할 수 있습니다. 마치 어떤 비밀스러운 경험을 한 사람들끼리 그 경험에 대해 공감을 하는 것과 같습니다.

물론 이것을 체험한 처음부터 이렇게 말할 수 있는 것은 아니고, 이런 공감을 할 수 있는 것도 아닙니다. 처음에는 어떻게도 생각할 수 없고, 무엇이라고 말할 수도 없고, 그냥 모든 장애가 사라지고 모든 어둠이 걷히고 시원하게 통할 뿐입니다. 그런데 시간이 지나면서 차차 이 체험을 말할 수 있게 됩니다. 마치 밝은 대낮에 햇빛 속에 있다가 갑자기 어두운 방 속으로 들어가면 처음에는 아무것도 보이지 않지만, 점차 방의 내부가 하나하나 보이는 것과 같습니다. 시간이 지날수록 더욱 뚜렷이 보이게 되지요. 그와 같이 처음에는 문득 쓱 통한 듯도 하고, 앞뒤가 끊어진 듯도 하고, 마치 죽어가던 사람이 되살아난 것 같기도 하고, 세상이 아무런 일 없이 평화롭게 느껴지기도 하고, 모든 일이 좀 더 뚜렷해진 듯도 하고, 알 수 없는 안도감과 한없는 평온함과 깊은 기쁨이 있는 것 같기도 하고 그렇습니다. 시간이 지나면서 지금까지 보고 들었던 말들이 하나하나 조금씩 이해되고 공감되는 것입니다.

문득 확 통하는 공부의 체험은 대개 한 번으로 끝나지 않고 두세 번 정도도 있습니다. 대개 처음의 체험은 지금까지의 모든 구속에서 벗어나 홀가분하게 자유로워지는 체험입니다. 모든 구속에서 벗어나 아무것에도 의지하지 않고, 자신의 정체성이라고 할 그 무엇이 없어도 전혀 아쉬움이나 두려움이 없는 그런 해탈의 자유를 누립니다. 마치 자신이 허공이 된 것 같은 느낌입니다. 그러나 이 경우에는 구속에서 풀려난 경계에 머물러 있는 것이므로, 구속과 풀려남이라는 두 경계가 있기 때문에 아직 완전히 자유롭지도 못하고 완전히 밝지도 못합니다. 진실한 공부인이라면 스스로 말쑥하게 풀려나 걸림 없이 상쾌한 경계에 머물러 있는 한계를 느끼고서 계속하여 공부에 매달리게 됩니다. 왜냐하면 불교와 선에서는 언제나 두 경계가 따로 없다고 가르치기 때문에 자신이 시끄러운 세속이나 망상의 구속을 피하여 말쑥하고 깨끗하고 모든 것이 적멸해 버린 것 같은 고요함 속에 머물러 있는 것은 옳지 않음을 알 수 있기 때문입니다.

그러므로 다음의 체험은 모든 차별이 사라지는 체험입니다. 안과 밖이 하나가 되고, 주관과 객관이 하나가 되고, 생각과 생각하는 사람이 하나가 되고, 모든 경험과 경험자가 하나가 됩니다. 이때에야 비로소 피해야 할 세속이 따로 없고 머물러야 할 해탈이 따로 없고, 버릴 망상이 따로 없고 얻을 실상이 따로 없고, 소멸할 어리석음이 따로 없고 얻은 깨달음이 따로 없고, 나와 남이 따로 있지 않고, 마음도 없고 세계도 없습니다. 모든 차별되는 세계를 이전과 같이 경험하고 있지만 또한 모든 차별이 사라지고 언제나 한결같이 변함이 없습니다.

이때가 되면 경전의 말씀이나 조사의 말씀을 가지고 자신의 공부를 점검해 보아야 합니다. 만약 아직도 경전의 말씀이나 조사의 말씀이 의심 없이 소화되지 않고 이해되지 않는다면, 다시 공부를 해야 합니다. 그리하여 깨달음을 말하고 해탈을 말하는 경전의 말씀과 조사의 말씀들이 의심 없이 확실하게 납득되고 소화되어야 공부가 흔들림 없는 힘을 얻게 됩니다. 흔들림 없는 힘을 얻으면, 경전을 읽으면 저절로 그곳에서 사용하는 방편을 알아보게 됩니다.

  이리하여 완전히 둘 아닌 하나가 되면, 이제는 이 하나에 푹 익숙해져야 합니다. 이 하나에 충분히 익숙해지지 않으면 반드시 생각을 앞장세우게 됩니다. 생각을 앞장세우면 바로 분별망상이고 중생심입니다. 비록 이런 경험이 있고 이런 깨달음이 있다고 하여도, 생각을 앞장세우게 되면 이런 경험과 이런 깨달음조차도 그저 하나의 경계에 불과하게 되고 여전히 망상분별의 테두리를 벗어나지 못합니다. 하나에 익숙해지면, 나와 세계는 있는 것도 아니고 없는 것도 아니고, 진실도 아니고 허깨비도 아닙니다. 하나하나의 사물과 하나하나의 일이 모두 동등하고 차이가 없습니다. 깨어 있을 때나 잠잘 때나 언제나 다름이 없습니다. 세계가 곧 나이고 내가 곧 세계여서, 안도 없고 밖도 없고, 한량도 없고 테두리도 없고, 시간도 없고 공간도 없습니다. 언제나 모든 것이 차별 없이 같은 자리에 있습니다.


71.

但能如是  단지 이와 같을 수 있다면
何慮不畢  무엇 때문에 끝마치지 못할까 걱정하랴?


  "다만 이와 같을 수 있다면," 하나하나가 한결같이 다만 이것(손가락을 세우며)이라면, 보고, 듣고, 말하고, 행동하고, 생각하는 모든 일이 전부 차별 없이 이것뿐이라면, 한결같이 이것뿐이고 다른 것이 없다면, 안과 밖이 따로 없고 나와 남이 따로 없고 언제나 이것 하나뿐이라면, 언제나 막힘 없고 한결같이 이것뿐이라면, 있다 하든 없다 하든, 맞다 하든 틀리다 하든, 좋다 하든 나쁘다 하든, 아래라 하든 위라 하든, 어떤 경우에도 차별 없이 한결같이 이것뿐이라면, 그러면 끝마치지 못할까 걱정하지 않게 됩니다. 아니 모든 걱정이 사라지고 없습니다.

이(손가락을 세우며)뿐입니다. 여기(손가락을 세우며)에서 스스로 생각을 일으켜 자기를 속이지 마십시오. 이(손가락을 세우며) 하나가 분명하면, 모든 일 속에서 아무 일이 없습니다. 이것은 생각으로 이해하기 이전에 벌써 이렇게(손을 들어 올리며) 분명하니, 다시 알아차리고 분별할 것이 없습니다. 마치 대낮에 눈을 뜨고 있으면 하나하나의 사물을 분별하든 분별하지 않든 언제나 눈앞이 밝은 것과 같습니다. 하나하나의 사물을 분별할 때는 생각이 필요하지만 눈앞이 밝음에는 생각이 필요치 않습니다. 그와 같이 이것(손가락을 세우며)은 모든 경우에 저절로 분명하고 밝습니다.

그러므로 이것은 안다 혹은 모른다는 차별이 없고, 있다 혹은 없다는 차별도 없고, 진실하다 혹은 허망하다는 차별도 없고, 얻었다 혹은 잃었다는 차별도 없습니다. 언제나 앞뒤가 없이 다만 이(손가락을 세우며) 하나입니다. 이와 같이 익숙해져 가면 이윽고 금강석 같이 단단한 하나가 되어서 끝내 흔들림 없는 금강의 몸이 됩니다. 금강의 몸이 되면 세간의 모든 일을 하면서도 그 모든 일로부터 벗어나 있게 됩니다. 생각을 하면서도 생각이 없고, 말을 하면서도 말이 없고, 행동을 하면서도 행동이 없습니다. 모든 일을 하면서도 아무 일도 없는 것이 참된 해탈이고 참된 열반입니다.

참된 해탈에서는 해탈도 없고 구속도 없고, 참된 열반에서는 열반도 없고 윤회도 없습니다. 흐르는 시간은 곧 흐르지 않는 것이며, 흐르지 않는 것이 곧 흐르는 시간입니다. 과거, 현재, 미래가 하나의 시간이고, 이곳 저곳이 하나의 장소이고, 안과 밖, 앞과 뒤가 하나입니다. 한 마디 말이 곧 전체이고, 한 토막 생각이 그대로 전 우주입니다. 티끌 하나가 전체고 드넓은 하늘이 전체여서 티끌과 하늘에 차별이 없습니다. 세계의 모든 일이 곧 자신의 일이고, 우주가 곧 자신의 몸입니다. 보이는 것마다 깨달음이고, 온 우주가 한 개 깨달음입니다.

하나하나의 사물이 이럴 뿐이고, 한 순간 한 순간이 이럴 뿐이고, 하나하나의 생각이 이럴 뿐이고, 보고, 듣고, 느끼고, 아는 것들이 모두 이럴 뿐이고, 밥 먹고 옷 입는 것이 이럴 뿐이고, 사람 만나고 이야기하는 것이 이럴 뿐이고, 일하고 공부하는 것이 이럴 뿐이고, 어둡고 밝음이 이럴 뿐이고, 기쁘고 슬픔이 이럴 뿐이고, 즐겁고 고통스러움이 이럴 뿐이고, 행복하고 불행함이 이럴 뿐입니다. 이럴 뿐이고 이럴 뿐인데, 다시 무슨 깨달음이 있고 해탈이 있고 열반이 있겠습니까?


72.
信心不二　진실한 마음은 둘이 아니고
不二信心　둘 아님이 진실한 마음이다.


진실한 마음은 둘이 아닙니다. 언제나 이(손가락을 세우며) 하나뿐입니다. 둘로 나누지 말라, 즉 분별하지 말라는 겁니다. 사람을 만나든, 나무를 쳐다보든, 음악을 듣든, 이야기를 하든, 생각을 하든, 언제나 이 하나뿐이고, 둘이 아니에요. 언제나 이 하나뿐이죠. 이것을 둘로 나누는 것이 바로 생각이고, 생각이 바로 망상이죠. "이 하나가 있다"라고 생각하면 벌써 둘입니다. "진실한 마음은 둘이 아니니, 진실한 마음을 둘로 나누지 말라." 언제든지 이 하나뿐이니, 이 하나뿐이라고 생각하지 말라는 것입니다.

그러므로 공부가 따로 있고 깨달음이 따로 있지 않습니다. 흔히 생활선이라는 말을 하죠. 선을 일상생활 속에서 실현한다는 뜻입니다. 이 하나가 분명하면 저절로 일상생활의 매 순간순간에 다름이 없고 차별이 없고 둘이 없어요. 잠에서 깨어날 때도, 세수할 때도, 옷 입을 때도, 밥 먹을 때도, 출근할 때도, 일할 때도, 다만 이 하나이고 다른 일이 아닙니다. 생활이 곧 이 하나이고 둘이 없어요. 생활이 곧 선이고, 선이 곧 생활이죠. 선과 생활이 따로 있어서 선을 생활에서 실현하는 것이 아닙니다. 선이 따로 있고 생활이 따로 있다면 벌써 둘이 되니, 이것은 망상일 뿐 선이 아닙니다.

순간순간의 삶에 다름이 없고, 모든 경험이 다만 이 하나입니다. 저절로 이렇게 되면 공부가 따로 없고, 깨달음이 따로 없습니다. 삶의 순간순간 아무런 부담이 없고, 아무런 장애가 없고, 아무런 무게가 없고, 전혀 힘들지 않습니다. 삶을 고민하지도 않고, 죽음을 걱정하지도 않습니다. 살아 있는지도 모르고 죽었는지도 모르고, 남자인지도 모르고 여자인지도 모르고, 좋은지도 모르고 나쁜지도 모르고, 이익인지도 모르고 손해인지도 모릅니다. 하나하나의 사물이 또렷하고 하나하나의 경험이 또렷하지만, 마치 아무것도 없는 허공만 펼쳐져 있는 것처럼 한결같이 다름이 없고, 끊어짐이 없고, 걸림이 없습니다.

"진실한 마음은 둘이 아니니 둘로 나누지 말라." 둘로 나누는 것은 바로 생각입니다. 생각을 앞세우면 곧장 둘이 됩니다. 생각을 앞세우면 공부라는 것이 있고, 선이라는 것도 있고, 깨달음이 따로 있고 어리석음이 따로 있고, 부처가 따로 있고 중생이 따로 있고, 세속이 따로 있고 출세간이 따로 있고, 깨끗함이 따로 있고 더러움이 따로 있고, 삶이 따로 있고 죽음이 따로 있습니다. 제각각 따로 있게 되면 늘 분별하고 취하고 버리는 망상 속에서 벗어날 수 없습니다. 세계는 평등하고 삼라만상은 차별이 없습니다. "색(色)이 곧 공(空)이고, 공이 곧 색이다", "하나가 전체요, 전체가 하나다", "있음이 없음이요, 없음이 있음이다"라는 등의 말은 바로 이 평등하고 둘이 아닌 세계를 말하고 있습니다. 언제나 이 하나입니다.


73.
言語道斷　언어의 길이 끊어지니
非去來今　과거도 미래도 현재도 아니로다.


　언어의 길이 뭡니까? 분별의 길이 언어의 길이요, 망상(妄想)의 길이 언어의 길이요, 생각의 길이 언어의 길입니다. 생각하지 않고 분별하지 않는데 무슨 언어가 있겠습니까? 언어는 곧 생각이고 분별이죠. 말이 곧 생각 아닙니까? 그러므로 '언어의 길이 끊어짐'은 분별이 적멸하는 것이고 생각에서 해방되는 것입니다. 분별과 생각에서 벗어나면, 과거도 미래도 현재도 아니지요. 과거, 현재, 미래라는 건 분별이고 생각이고 개념이죠. 과거가 어디에 있습니까? 현재가 어디에 있습니까? 미래가 어디에 있습니까? 생각 속에 있고, 분별로 생겨나고, 개념으로 있지요.

우리가 알고 있는 세계는 모두 분별이고 생각이고 개념이고 이름입니다. 분별로 말미암아 성립되고 개념으로 만들어져 있지요. 우리는 생각을 가지고 사물을 고정시키죠. 그것을 개념이라고 합니다. 개념은 곧 이름이기도 합니다. 그렇게 만든 개념을 이용하여 생각하고 말하고 하면서 세속을 살아가기 때문에 생각과 언어는 생활에 꼭 필요한 도구입니다. 저 마당에 서 있는 살구나무가 원래부터 스스로 "나는 살구나무다"라고 했습니까? 살구나무는 자기가 살구나무인지 모릅니다. 우리가 "네 이름은 살구나무야"라고 한 것이죠.

그런데 이렇게 분별하고 개념과 이름을 만들어서, 이 개념과 이름을 가지고 세계를 바라보고 이해하면, 세계가 본래 가진 실상은 놓쳐 버리게 됩니다. 특히 우리 자신의 경우에는 이것이 매우 심각한 문제가 됩니다. 우리가 스스로 분별하여 만든 개념과 이름으로 자신의 모습을 정해 버리면, 이것은 참된 자신의 모습이 아니고 자신이 만들어 낸 헛된 모습입니다. 헛된 모습을 참된 자기라로 여기는 여기에서 우리의 번뇌는 시작됩니다. 우리는 "나는 이런 사람이다"라고 생각하고 말하지만, 과연 자신이 언제나 그런 사람으로 고정되어 있습니까? 전혀 그렇지 않지요. 우리는 언제든 다른 사람이 될 수 있습니다.

우리 스스로의 진실한 모습은 어떻게도 고정시켜 말할 수 없습니다. 인류의 역사를 통틀어 수많은 철학자와 종교인과 학자들이 "인간은 이런 것이다"라고 정의를 내렸지만, 어느 것도 예외 없고 틀림 없는 정의는 아닙니다. 오히려 인간의 모습을 정하려고 하는 이런 생각들이 언제나 인간의 참된 모습을 왜곡시켰을 뿐입니다. "인간의 본성은 선하다"라고 하면 우리는 악에 대항하여 싸워야 합니다. "인간의 본성은 악하다"라고 해도 역시 그 악을 극복하기 위하여 싸워야 합니다. 이런 정의가 여러 가지 필요에 의하여 만들어지지만, 또한 이런 정의는 우리를 피곤하게 만들고 우리의 참된 모습을 왜곡시킵니다.

이러한 점은 인간뿐만 아니라 세계에 대해서도 마찬가지입니다. 그러므로 진실을 회복하려면 무엇보다도 먼저 분별과 개념의 틀 속에 구속되지 말고 벗어나야 합니다. 불교는 사실 분별의 틀을 벗어나도록 가르치는 것입니다. 분별의 틀을 벗어나는 것을 일러 중도(中道)라고 합니다. 언어의 길인 분별은 기본적으로 사구(四句)로 표현됩니다.

"이것이다."
"이것이 아니다."
"이것이기도 하고, 이것이 아니기도 하다."
"이것도 아니고, 이것이 아닌 것도 아니다."

예컨대 진리에 관하여 우리는 이렇게 말할 수 있습니다.

"진리는 있다."
"진리는 없다."
"진리는 있기도 하고 없기도 하다."
"진리는 있는 것도 아니고 없는 것도 아니다."

이 네 구절 어느 것도 취하지 않을 때에 중도로 가는 길로 들어갑니

324

다. 이 네 구절을 취하지 않으면 어떤 생각이 가능하겠습니까? 진리가 있는지 없는지에 관해서는 이 네 구절 이외에 가능한 생각이 없습니다.

불교에서 가르치는 중도라는 진리는 이 네 구절 밖에서 만나야 합니다. 어떤 판단에도, 격식에도, 개념에도, 생각에도 의지함이 없이 진리를 확인해야 합니다. 그래야 비로소 본래 있는 그대로의 진실에 통하게 되고, 삶과 죽음의 사이에서 고민하고 두려워하는 우리의 번뇌가 모두 사라지는 것입니다. 언어의 길이 끊어진 곳에는 시간도 없고, 공간도 없고, 나도 없고, 타자(他者)도 없습니다. 시간 속에 살면서도 시간이 없고, 공간 속에 살면서도 공간이 없고, 내 생활을 하면서도 내 생활이 없습니다. 언제나 확 트인 허공처럼 막힘도 없고 걸림도 없고 머무는 곳도 없습니다. 이런 사람에게는 존재도 없고 비존재도 없습니다. 이런 사람은 살아 있는 것도 아니고 죽은 것도 아닙니다. 이런 사람에게는 행복도 없고 불행도 없습니다. 순간순간 모든 일에 응하지만 또한 아무 일도 없습니다.

딱! 딱! 딱! (죽비 소리)

# 선(禪)으로 읽는 신심명

초판 1쇄 발행일 2010년 4월 24일
초판 3쇄 발행일 2019년 12월 27일

지은이 김태완

펴낸이 김윤
펴낸곳 침묵의 향기
출판등록 2000년 8월 30일, 제1-2836호
주소 10380 경기도 고양시 일산서구 중앙로 1542,
　　　 635호(대화동, 신동아노블타워 )
전화 031) 905-9425
팩스 031) 629-5429
전자우편 chimmukbooks@naver.com
블로그 http://blog.naver.com/chimmukbooks

ISBN 978-89-89590-68-2 03220

* 책값은 뒤표지에 있습니다.